Beschäftigten-datenschutz der katholischen Kirche

Matthias Ullrich

ISBN 978-3-944427-45-4

Bernhard-Letterhaus-Straße 26, 50670 Köln

Bezugsquelle:
KETTELER-Verlag GmbH, Niederlassung
Schloßhof 1, 93449 Waldmünchen
Tel. 09972/9414-51
kontakt@ketteler-verlag.de
www.ketteler-verlag.de

Layout und Satz:
S. Stumpf, Kommunikation & Design, Lauf a. d. Pegnitz

Druck:
Spintler Druck & Verlag GmbH, Weiden i. d. Opf.

Gedruckt auf:

FSC®
www.fsc.org
MIX
Papier aus verantwortungsvollen Quellen
FSC® C022559

Bibliografische Information der Deutschen Nationalbibliothek
Die Deutsche Nationalbibliothek verzeichnet diese Publikation in der Deutschen Nationalbibliografie; detaillierte bibliografische Daten sind im Internet über http://dnb.dnb.de abrufbar.

Vorwort

Die im Jahr 2018 in Kraft getretene Europäische Datenschutz-Grundverordnung (DS-GVO) hat zur Popularität eines Rechtsgebiets geführt, welches damals bereits seit 40 Jahren existierte, aber häufig nicht im Fokus stand. Die Verordnung rückt den Schutz von Persönlichkeitsrechten deutlicher in den Blickpunkt der Öffentlichkeit.

Im Hinblick auf den Beschäftigtendatenschutz, der Gegenstand dieses Buches ist, gibt sich die europäische Regelung eher zurückhaltend. So verweist Artikel 88 DS-GVO in seinem ersten Absatz auf das Recht der EU-Mitgliedstaaten, Rechtsvorschriften und Kollektivvereinbarungen als spezifischere Vorschriften zur Gewährleistung des Schutzes der Rechte und Freiheiten im Beschäftigungsverhältnis zu erlassen bzw. solche zuzulassen.

Gerade im Rahmen eines Arbeitsverhältnisses werden eine Vielzahl personenbezogener Daten verarbeitet. In diesem Zusammenhang bedarf es bei der Verarbeitung einer besonderen Sensibilität, da Mitarbeiterinnen und Mitarbeiter ihre Stellung selten als gleichberechtigt empfinden und im Rahmen des „Über-/Unterordnungsverhältnisses" zur Dienstgeberin häufig auf ihre Persönlichkeitsrechte verzichten werden, um Nachteile zu vermeiden.

Auch der Politik ist dieses Problem nicht neu. So existierten bereits 2009 und 2020 Gesetzentwürfe der SPD-Fraktion (Bundestags-Drucksache 17/69 vom 25.11.2009) und der damaligen Bundesregierung (Bundestags-Drucksache 17/4230 vom 15.12.2010) für ein Beschäftigtendatenschutzgesetz, die jedoch an den parlamentarischen Hürden gescheitert sind. Im Jahr 2020 gab es einen erneuten Vorstoß mit der Gründung eines Beirats aus 13 Expertinnen und Experten, die erörtern und prüfen sollten, inwieweit zusätzliche konkretisierende Regelungen für den Schutz der Rechte von Beschäftigten in einer digitalen Arbeitswelt notwendig sind. Zwischenergebnisse dieses Gremiums sind zumindest nicht an die Öffentlichkeit gedrungen, ebenso wenig wie ein für Anfang Januar 2021 avisierter Abschlussbericht.

Rechtsanwender und Betroffene sind deshalb auf die gesetzlichen Regelungen sowie auf die inzwischen umfangreiche Rechtsprechung zu diesem Bereich angewiesen.

Das Buch vermittelt zunächst essenzielle Grundlagen zum allgemeinen Verständnis des Datenschutzes (Einführung, ab Seite 11). In den folgenden zwei Kapiteln (Kapitel 1, ab Seite 50 und Kapitel 2, ab Seite 93) werden datenschutzrechtliche Bestimmungen dargestellt, die sich auf das Individualarbeitsrecht beziehen. Dabei orientiert sich die Darstellung an der Entwicklung eines Beschäftigungsverhältnisses, angefangen vom Anbahnungsverhältnis im Einstellungsverfahren über das laufende Arbeitsverhältnis bis zu der Zeit nach Beendigung der Beschäftigung. In einem weiteren Kapitel werden datenschutzrechtliche Normen bezogen auf das kollektive kirchliche Arbeitsrecht und die Aufgaben der Mitarbeitervertretung dargestellt (Kapitel 3, ab Seite 196).

Mein Buch richtet sich damit gleichermaßen an Mitarbeitervertretungen und Dienstgeberinnen sowie betriebliche Datenschutzbeauftragte und am Datenschutz interessierte Mitarbeiterinnen und Mitarbeiter im Geltungsbereich des Kirchlichen Datenschutzgesetzes (KDG). Dabei wurde besonderer Wert auf eine praxisorientierte Darstellung gelegt.

Soweit auf kirchliche datenschutzrechtliche Normen verwiesen wird, sind diese nicht wörtlich im Text wiedergegeben. Insoweit wird auf die kostenlose Arbeitshilfe der Deutschen Bischofskonferenz Nr. 320 (Kirchliches Datenschutzrecht) vom 1. Februar 2021 verwiesen, in der alle relevanten katholischen Datenschutzbestimmungen kompakt zusammengestellt sind.

Ich bedanke mich beim KETTELER-Verlag für die Realisierung dieses Buchprojekts und ganz herzlich bei der Lektorin Andrea Jörger für die freundliche und kompetente Unterstützung.

Schönebeck, im Januar 2022
Matthias Ullrich

Inhalt

Einführung: Grundlagen des Datenschutzes

I. Entwicklung und Aufgaben des Datenschutzes

Datenschutz schützt nicht Daten, sondern **Persönlichkeitsrechte.** Die Notwendigkeit eines umfassenden Schutzes der Persönlichkeit ist mit der technischen Verarbeitung von personenbezogenen Daten entstanden.[1] Mit zunehmender **Komplexität der Informationstechnologie,** insbesondere der automatisierten Datenverarbeitung, wurde deutlich, dass es eine gesetzlichen Normierung geben muss, weil mit der Entwicklung dieser Technologie die Chance einherging, jede gewünschte Menge an Daten speichern, mühelos wieder auffinden und beliebig miteinander verknüpfen zu können.[2] 1

So wurde 1970 das erste **Datenschutzgesetz im Land Hessen** mit der Begründung eingeführt, „dass jetzt für den Schutz des Bürgers und zur Sicherung einer demokratischen Regierung und Verwaltung das Mögliche und Notwendige" zu tun sei.[3] Mit diesem Gesetz wurde der Begriff Datenschutz zum ersten Mal als Gesetzestitel verwendet. Erst sieben Jahre später, im Jahr 1977, ist das erste **Bundesdatenschutzgesetz** verabschiedet worden. 2

Es bestand aber schon immer Einigkeit darüber, dass nicht nur die Daten als solche und schon gar nicht um ihrer selbst willen geschützt werden sollen. Weltweit werden ca. 333,2 Milliarden E-Mails pro Tag versendet.[4] Zwei 3

1 Weichert in Däubler / Klebe / Wedde / Weichert, BDSG (a. F.), Einleitung Rn. 2

2 Simitis / Hornung / Spieker gen. Döhmann in Simitis, Datenschutzrecht, Einleitung Rn. 9

3 Ebd., Rn. 13

4 Quelle: Statista GmbH, vgl. https://de.statista.com/statistik/daten/studie/252278/umfrage/prognose-zur-zahl-der-taeglich-versendeter-e-mails-weltweit/

Milliarden Nutzer von WhatsApp versenden darüber hinaus ca. 100 Milliarden Nachrichten täglich.[5] Hinzu kommen Tweets, Suchanfragen, Chats und Ähnliches. Angesichts dieser Zahlen wird deutlich, dass kein Recht in der Lage sein kann, jegliche Art von Daten zu schützen. Deshalb ist es die Aufgabe der Datenschutzgesetze, personenbezogene Daten und damit Persönlichkeitsrechte zu schützen.

4 **!** Datenschutz schützt nicht Daten, sondern Menschen.

5 Mit dem „Volkszählungsurteil" des Bundesverfassungsgerichts vom 15.12.1983[6] wurde richtungsweisend deutlich gemacht, dass der Schutz personenbezogener Daten ein **Grundrecht** ist. Geschützt werden sollen die Privatsphäre und damit alle Lebensbereiche. Auch die Spuren, die jemand von sich aufgrund von Verpflichtungen oder auf freiwilliger Basis in der Lebensumwelt hinterlässt, indem er beispielsweise Eintragungen in Datenbanken vornimmt oder auf seiner eigenen Website Informationen über sich einstellt, unterfallen dieser geschützten Privatsphäre.

6 Es geht darum, dass auch in einer **digitalisierten Welt** jeder selbst entscheiden können muss, wer etwas über ihn weiß, was mit diesen Daten gemacht wird und welche möglichen Auswirkungen damit verbunden sind. Der Schutz der Daten dient dazu, die Persönlichkeit des einzelnen Menschen durch die „informationelle Selbstbestimmung", wie es in dem grundlegenden Urteil des Bundesverfassungsgerichts zur Volkszählung genannt wird, zu gewährleisten. Dieses Recht leitet das Bundesverfassungsgericht direkt aus Artikel 2 Abs. 1 i.V.m. Artikel 1 Abs. 1 Grundgesetz ab.

7 Aufgabe des Datenschutzes ist also, die grundgesetzlich geschützte freie Entfaltung der Persönlichkeit zu gewährleisten, weil Selbstbestimmung eine elementare Funktionsbestimmung des auf **Handlungs- und Mitwirkungsfähigkeit**

[5] Quelle: Statista GmbH, vgl. https://de.statista.com/statistik/daten/studie/285230/umfrage/aktive-nutzer-von-whatsapp-weltweit/

[6] BVerfG, Urteil des Ersten Senats vom 15.12.1983, 1 BvR 209/83

seiner Bürger begründeten freiheitlich demokratischen Gemeinwesens ist. „Wer unsicher ist, ob abweichende Verhaltensweisen jederzeit notiert und als Information dauerhaft gespeichert werden, wird versuchen, nicht durch solche Verhaltensweisen aufzufallen ... Dies würde deshalb nicht nur die individuellen Entfaltungschancen des Einzelnen beeinträchtigen, sondern eben auch das Gemeinwohl."[7]

Datenschutz war lange Zeit als ein **Abwehrrecht gegen den Staat** verstanden worden, da Daten vornehmlich über das öffentliche Melde- und Steuerwesen und die Polizei in den öffentlichen Verwaltungen akkumuliert wurden. In der totalitären Zeit des Nationalsozialismus wurde das Missbrauchspotenzial derartiger Datensammlungen deutlich, da seinerzeit die Melderegister dazu missbraucht wurden, die planmäßige Vernichtung religiöser und gesellschaftlicher Gruppen zu unterstützen. In demokratischen Systemen können aber die Ansprüche auf Wahrung des Datenschutzes und der Persönlichkeit vom Bürger durch die Kontrolle der staatlichen Stellen und nicht zuletzt durch freie Wahlen beeinflusst werden. 8

Nunmehr ist durch das Internet eine Veränderung eingetreten, die zu einer **Machtkonzentration** bei einigen großen Wirtschaftsunternehmen geführt hat. Eine Kontrollmöglichkeit für den Betroffenen ist dort ohne gesetzliche Regelung nicht möglich. Dazu beigetragen hat insbesondere eine sich wandelnde Einstellung der Gesellschaft zum Umgang mit personenbezogenen Daten. Die freiwillige und umfangreiche Preisgabe von Daten speziell **in sozialen Netzwerken** steht dem Ideal des Datenschutzgesetzes, der Anonymität, entgegen. 9

! Datenschutz ist heute wichtiger denn je! 10

Die zunehmende Transparenz des Einzelnen durch die Abgleichung von Datensammlungen eröffnet die Möglichkeit, jeden Bürger vornehmlich mit bestimmten auf ihn zugeschnittenen Informationen zu versorgen und damit eine Einengung der Informationen zu erreichen. Die **selektive Bereitstellung** 11

[7] BVerfG, Urteil vom 15.12.1983, 1 BvR 209/83

von Informationen bedeutet deshalb Manipulation und Lenkung des einzelnen Menschen auf eine subtile Art mit Hilfe der von ihm selbst zur Verfügung gestellten persönlichen Daten. Informationsfreiheit kann aber nur bestehen, wenn gewährleistet ist, dass dem Einzelnen die Informationen ungefiltert zukommen.

12 Die Aufgabe des Datenschutzes besteht deshalb zunehmend darin, nicht nur rückwärtsgewandt personenbezogene Daten weiterhin geheim zu halten, sondern vorwärtsgerichtet das Persönlichkeitsrecht eines jeden Einzelnen zu respektieren, indem diesem die Möglichkeit eingeräumt wird, sich frei und unbeeinflusst zu informieren. Einem so verstandenen Datenschutz kann der häufig gehörte Einwand „Ich habe nichts zu verbergen" nicht entgegengehalten werden, weil es eben nicht nur darum geht, etwas zu verbergen, sondern auch darum, etwas zu erfahren, was andere verbergen wollen, indem sie Informationen nur gefiltert bereitstellen. Der Datenschutz hat in diesem Sinn für **Transparenz** zu sorgen. Dem wird das Kirchliche Datenschutzgesetz (KDG) durch die neu eingeführten umfangreichen Informationspflichten der Verantwortlichen und Auskunftsrechte Betroffener gerecht.

13 Zu hinterfragen ist die vermeintlich **freiwillige Herausgabe von persönlichen Daten,** ohne die ein Zugang zu den modernen Kommunikationswegen wie beispielsweise der sozialen Netzwerke (Facebook, Instagram, YouTube, Twitter XING und viele andere mehr) nicht möglich ist. So wird der Nutzer diese häufig selbst und unter Kenntnis aller Umstände der Verwendung seiner personenbezogenen Daten zur Verfügung stellen, weil ihm eine vergleichbare Alternative nicht ersichtlich ist.[8] Die persönlichen Daten, die dort abgefragt werden, obwohl sie mit dem bereitgestellten Dienst nichts zu tun haben, sind das „Entgelt" für die scheinbar kostenlose Aufnahme in den Kreis der Nutzer, deren persönliche Daten durch Bereitstellung und Verkauf an Dritte zu Geld gemacht werden.

---

[8] Krüger, ZRP 2016, Seite 191

II. Das kirchliche Datenschutzrecht

Im Rahmen des Gesetzgebungsverfahrens zur Europäischen Datenschutzgrundverordnung (DS-GVO) wurde auch darüber beraten, wie Datenschutz in Religionsgemeinschaften umgesetzt werden soll. Zum einen bestand die Forderung, den Geltungsbereich der DS-GVO auf die Kirchen zu erstrecken. Im Gegensatz dazu gab es andererseits die Forderung, dass kirchliche Datenschutzgesetze nur einen angemessenen Schutz aufweisen müssten. Durch die in Artikel 91 DS-GVO festgeschriebene Einigung hat der Verordnungsgeber für den Bereich der Kirchen eine Regelung geschaffen, die auch dort einen adäquaten Datenschutz gewährleistet. 14

Art. 91 Abs. 1 DS-GVO lautet: 15

Wendet eine Kirche oder eine religiöse Vereinigung oder Gemeinschaft in einem Mitgliedstaat zum Zeitpunkt des Inkrafttretens dieser Verordnung umfassende Regeln zum Schutz natürlicher Personen bei der Verarbeitung an, so dürfen diese Regeln weiter angewandt werden, sofern sie mit dieser Verordnung in Einklang gebracht werden.

Die DS-GVO enthält damit eine explizite Aussage zur Möglichkeit für die Kirchen und religiösen Vereinigungen, eigene Datenschutzregelungen zu verwenden. Sie dürfen Vorschriften, die umfassende Regeln zum Schutz personenbezogener Daten bei der Verarbeitung enthielten, weiter anwenden, soweit diese **mit der DS-GVO in Einklang** stehen. 16

Eine solche ausdrückliche Zulässigkeit hat der Gesetzgeber im **Bundesdatenschutzgesetz (BDSG)** vermieden. Gleichwohl haben die Kirchen aufgrund grundgesetzlicher Regelungen, die auf die Weimarer Reichsverfassung (WRV) verweisen, eine entsprechende Regelungskompetenz nach Art. 140 Grundgesetz in Verbindung mit Art. 137 Abs. 3 WRV für sich in Anspruch genommen. 17

18 **Art. 137 Abs. 3 WRV lautet:**

Jede Religionsgesellschaft ordnet und verwaltet ihre Angelegenheiten selbständig innerhalb der Schranken des für alle geltenden Gesetzes. Sie verleiht ihre Ämter ohne Mitwirkung des Staates oder der bürgerlichen Gemeinde.

19 Die Religionsgemeinschaften sind dabei nicht, wie zum Teil in der Literatur vertreten wird, darauf beschränkt, eigene Datenschutzregelungen nur für die Kerntätigkeiten religiöser Betätigungen erlassen zu können (Subsumtionslösung).[9] Bereits unter der Geltung des BDSG a. F. vertrat die wohl überwiegende Meinung die Ansicht, eine Differenzierung zwischen Grundauftrag und sonstigen Aufgaben der Kirchen finde nicht statt und die Kirchen seien berechtigt, auch im Bereich ihrer privatrechtlich organisierten Einrichtungen ihre eigenen Datenschutzvorschriften anzuwenden, ohne dem Bundesdatenschutzgesetz zu unterliegen.[10]

20 Eine Legaldefinition der Begriffe „Kirche“, „religiöse Vereinigung“ und „religiöse Gemeinschaft“ findet sich in der DS-GVO nicht. Der europäische Normgeber war daran auch deshalb gehindert, weil dadurch unzulässig in das Staatskirchenrecht der EU-Mitgliedstaaten eingegriffen worden wäre.[11] Auch im deutschen Bundesdatenschutzgesetz fehlen entsprechende Definitionen. Das Bundesverfassungsgericht hat jedoch in seiner „Goch-Entscheidung“[12] den Geltungsbereich des kirchlichen Selbstbestimmungsrechts auf all jene, der Kirche zugeordneten Einrichtungen ohne Rücksicht auf deren Rechtsform erstreckt, „wenn sie nach kirchlichem Selbstverständnis ihrem Zweck oder ihrer Aufgabe nach berufen sind, ein Stück Auftrag der Kirche in dieser Welt wahrzunehmen und zu erfüllen“. Religionsgesellschaften können also den Begriff der Kirchlichkeit weitgehend selbstständig festlegen, was nur eingeschränkt staatlicher Kontrolle unterliegt.

---

9 Dammann in Simitis, BDSG (a. F.), § 2 Rn. 109

10 Preuß, ZD 2015, Seite 217 (222)

11 Ehmann / Selmayr, Datenschutz-Grundverordnung, Rn. 12

12 BVerfG, Urteil vom 11.10.1977, 2 BvR 209/76, Rn. 37

1. Evangelische Kirche

Die evangelische Kirche hatte bereits seit 1977 ein Kirchengesetz über den Datenschutz (KiDSG) erlassen. Das zuletzt geltende EKD-Datenschutzgesetz von 2013 stellte eine umfassende Regelung zum Schutz personenbezogener Daten im Sinn des Art. 91 DS-GVO dar und war mit den europäischen Regelungen in Einklang zu bringen. Dies geschah mit dem Kirchengesetz über den Datenschutz in der Evangelischen Kirche in Deutschland (DSG-EKD), welches zum 24.5.2018 in Kraft getreten ist. Da es in diesem Buch um das Datenschutzrecht der katholischen Kirche geht, wird auf das DSG-EKD an dieser Stelle nicht näher eingegangen. 21

2. Katholische Kirche

Die katholische Kirche hatte mit der Kirchlichen Datenschutzordnung (KDO) bereits vor dem Inkrafttreten der DS-GVO ebenfalls ein umfassendes Regelwerk zum Schutz personenbezogener Daten bei deren Verarbeitung etabliert. Diese Ordnung musste aufgrund des europäischen Rechts an das Schutzniveau der DS-GVO angepasst werden. Nicht zuletzt um eine Gleichwertigkeit mit staatlichen Regelungen zu verdeutlichen, ist aus der bis dahin bestehenden Ordnung mit dem **Gesetz über den Kirchlichen Datenschutz** ausdrücklich ein Gesetz von der Deutschen Bischofskonferenz verabschiedet worden, das Kirchliche Datenschutzgesetz (KDG) in der Fassung des Beschlusses der Vollversammlung des Verbandes der Diözesen Deutschlands vom 20.11.2017. Es wurde durch die (Erz-)Bischöfe mit Wirkung zum 24.5.2018 in das jeweilige Bistumsrecht umgesetzt.[13] 22

[13] In Anhang 1 der Arbeitshilfe Nr. 320 der DBK sind die jeweiligen Fundstellen in den kirchlichen Amtsblättern aufgelistet.

23 Nur die jeweiligen (Erz-)Bischöfe können für ihr (Erz-)Bistum Recht setzen. Sie können es aber nur soweit, wie ihre Leitungsgewalt (Jurisdiktion) reicht. Diese erstreckt sich u. a. nicht auf die **Orden päpstlichen Rechts.** Aus diesem Grund existiert für den Bereich der katholischen Kirche mit der Kirchlichen Datenschutzregelung der Ordensgemeinschaft päpstlichen Rechts (KDR-OG) ein weitgehend unbekanntes datenschutzrechtliches Regelwerk für die Orden päpstlichen Rechts, die in der Deutschen Ordensobernkonferenz e. V. (DOK) zusammengeschlossen sind. Das KDR-OG orientiert sich inhaltlich weitgehend am KDG.

24 Für die Orden päpstlichen Rechts sind eigene Ordensdatenschutzbeauftragte zu bestellen, die die **Aufgaben einer Datenschutzaufsicht** wahrnehmen sollen. In der Praxis bestehen hier Vollzugsdefizite, zum einen in der Ausstattung mit Sachmitteln und Personal, zum anderen wissen viele Einrichtungen gar nicht, welche datenschutzrechtlichen Regelungen für sie anwendbar sind. Weiterhin bestehen Orden päpstlichen Rechts, die nicht Mitglieder der DOK sind. Soweit diese kein eigenes Datenschutzrecht verabschiedet haben, ist die Zuständigkeit des / der jeweiligen Landesbeauftragten für Datenschutz begründet. Zu den Zuständigkeiten der Gemeinsamen Ordensdatenschutzbeauftragten der Deutschen Ordensobernkonferenz ► Anhang Seite 269.

3. Abgrenzung zum staatlichen Datenschutz

25 Alle genannten kirchlichen Datenschutzgesetze orientieren sich zumindest eng an Inhalt und Wortlaut der DS-GVO. Ein Großteil der dortigen Regelungen wird wörtlich übernommen. Dies bietet für den Rechtsanwender die Möglichkeit, sich bei Fragen zur Auslegung des jeweiligen Kirchengesetzes an Gerichtsentscheidungen und Kommentierungen zum staatlichen Recht orientieren zu können.[14]

[14] Seifert in Simitis / Hornung / Spieker gen. Döhmann, Datenschutzrecht, Art. 91 Rn. 2; Diözesandatenschutzbeauftragter Ost, 2. Tätigkeitsbericht 2017, Seite 11

Die kirchlichen Datenschutzgesetze bestehen als eigenständige Gesetze und treten in ihrem **sachlichen und organisatorischen Geltungsbereich** an die Stelle der DS-GVO. Das unterscheidet diese Gesetze vom Bundesdatenschutzgesetz (BDSG). Das BDSG besteht unterhalb der DS-GVO. Die DS-GVO besitzt also gegenüber dem BDSG Anwendungsvorrang. Praktisch gelten die Regelungen des BDSG nur, soweit die DS-GVO nicht unmittelbar gilt. 26

! Ein solcher Anwendungsvorrang der DS-GVO besteht gegenüber den kirchlichen Datenschutzgesetzen nicht. 27

Die kirchlichen Datenschutzregelungen müssen „im Einklang" mit der DS-GVO stehen. Sie müssen den Wertungen der DS-GVO, also dem Kern- und Wesensgehalt, entsprechen.[15] Eine Pflicht zur „Vollharmonisierung", die Abweichungen des nationalen Rechts von der DS-GVO weder nach oben noch nach unten verbietet,[16] besteht im Verhältnis der DS-GVO zum kirchlichem Datenschutzrecht nicht. 28

Dies dürfte weitgehend unproblematisch sein, solange die kirchlichen Regelungen zu einer Verschärfung des Schutzstandards führen. Bei einer Abweichung nach unten, also einer Absenkung des Schutzstandards, wird sich dagegen schnell die Frage stellen, ob die spezielle Vorschrift noch im Einklang mit der DS-GVO steht.[17] 29

---

15 Herbst in Kühling / Buchner, DS-GVO, BDSG, Art. 91 Rn. 15; Jacob in Auernhammer, DS-GVO / BDSG, Art. 91 Rn. 15

16 Von Lewinski in Auernhammer, DS-GVO / BDSG, Art. 2 Rn. 2

17 Hense in Sydow, Europäische Datenschutzgrundverordnung, Art. 91 Rn. 23

III. Kirchliches Datenschutzgesetz (KDG)

30 Das Kirchliche Datenschutzgesetz (KDG) legt, wie die anderen Datenschutzgesetze (DS-GVO, BDSG und DSG-EKD) auch, in seinen ersten Paragraphen die Ziele und den Anwendungsbereich des Gesetzes fest. Während sich der Anwendungsbereich naturgemäß unterscheidet und abgrenzt, besteht bei den Zielen eine grundsätzliche Übereinstimmung.

1. Organisatorischer Geltungsbereich

31 Der organisatorische Geltungsbereich des Kirchlichen Datenschutzgesetzes ist zunächst durch § 3 Abs. 1 lit c) KDG bestimmt. Danach fallen alle kirchlichen Körperschaften, Stiftungen, Anstalten, Werke, Einrichtungen und sonstigen kirchlichen Rechtsträger ohne Rücksicht auf ihre Rechtsform unter das KDG. Die in § 3 Abs. 1 lit a) und b) genannten Rechtsträger stellen insoweit nur Beispiele dar.

32 Voraussetzung für eine Zuordnung zur katholischen Kirche ist, dass die Organisation oder Einrichtung an der Verwirklichung des Auftrags der Kirche teilnimmt. Dies trifft auf die in § 3 Abs. 1 lit b) KDG genannten Einrichtungen ebenfalls zu wie auf die unter § 3 Abs. 1 lit c) genannten Einrichtungen. Die Grenze ist dort erreicht, wo die Einrichtung sich ausschließlich wirtschaftlich betätigt.[18]

[18] Hammer in Sydow, Kirchliches Datenschutzrecht, § 3 Rn. 9; BeckOK Datenschutzrecht, Art. 91 Rn. 11 f.

2. Schutzzweck und Anwendungsbereich

§ 1 KDG bestimmt den Zweck des Datenschutzgesetzes. Danach soll der Einzelne davor geschützt werden, durch die Verarbeitung seiner personenbezogenen Daten in seinem Persönlichkeitsrecht beeinträchtigt zu werden. Die Datenschutzgrundverordnung (DS-GVO) legt in Artikel 1 Abs. 2 fest, dass die Grundrechte und Grundfreiheiten natürlicher Personen, insbesondere ihr Recht auf Schutz der personenbezogenen Daten, durch das Gesetz geschützt werden. 33

Die DS-GVO spricht davon, die Grundrechte schützen zu wollen. Die kirchlichen Datenschutzgesetze verwenden stattdessen den Begriff der Persönlichkeitsrechte. Das entspricht auch dem **Schutz der Privatsphäre,** die der EuGH als allgemeinen Grundsatz des Europarechts anerkannt hat.[19] Durch die abweichende Formulierung der kirchlichen Normen ist also kein zusätzliches Tatbestandsmerkmal gefordert, etwa dergestalt, dass zu der Verletzung vom Grundrecht auf informationelle Selbstbestimmung noch zusätzlich eine Beeinträchtigung im Sinn eines Schadens nachgewiesen werden müsste. Allein die Missachtung des Grundrechts stellt eine Beeinträchtigung dar. Gerade diese scheinbar simple Feststellung steht einem Verständnis von Datenschutz oftmals entgegen, da häufig das Grundrecht auf informationelle Selbstbestimmung nicht als Recht an sich betrachtet wird. 34

Durch den Zweck wird weiterhin bestimmt, dass nur natürliche Personen vom Datenschutzgesetz geschützt werden. Mit der Bezeichnung „der Einzelne" in § 1 KDG sind nur **natürliche Personen** angesprochen, weil nur sie Träger von Grundrechten sein können. Der Begriff der natürlichen Person wird durch das Bürgerliche Gesetzbuch (BGB) als Träger von Rechten und Pflichten definiert. Diese Rechtsfähigkeit beginnt nach der Definition des BGB mit der Vollendung der Geburt und endet mit dem Tod der natürlichen Person. 35

Im Gegensatz dazu unterfallen personenbezogene Daten von **juristischen Personen** wie beispielsweise eingetragene Vereine (e. V.), Stiftungen, 36

[19] Sydow in Sydow, kirchliches Datenschutzrecht, § 1 Rn. 6

Aktiengesellschaften (AG) und Gesellschaften mit beschränkter Haftung (GmbH) nicht dem Schutzbereich des KDG.

37 **▶ Beispiel**

Ausgenommen vom Anwendungsbereich des KDG sind Telefonnummern, Adressen, Gründungsdaten oder Vertretungsverhältnisse von juristischen Personen.

38 Außerdem werden durch das KDG nur **personenbezogene Daten** geschützt. Nach der Definition des § 4 Nr. 1 KDG sind darunter alle Informationen zu verstehen, die sich auf eine identifizierte oder identifizierbare natürliche Person beziehen. Diese sind von Geschäftsdaten abzugrenzen. Werden **Geschäftsdaten** einer Einrichtung unerlaubt nach außen getragen, ist darin kein Verstoß gegen datenschutzrechtliche Normen zu sehen, auch wenn diese Daten geheim sind. Gleichwohl dürften bei Aufdeckung eines solchen Sachverhalts andere Rechtsnormen für eine Verfolgung herangezogen werden.

39 **▶ Beispiel**

Ein Haushaltsplan fällt nicht unter den Schutz des KDG, wenn aus diesem keine personenbezogenen Daten wie beispielsweise die Gehälter einzelner Mitarbeiterinnen und Mitarbeiter hervorgehen.

40 Das KDG ist gemäß § 2 Abs. 1 anwendbar, wenn die Verarbeitung der personenbezogenen Daten **ganz oder teilweise automatisiert** erfolgt. Das Gesetz enthält aber, ebenso wie die europäische Regelung, keine Definition für eine automatisierte Verarbeitung. Von einer automatisierten Verarbeitung ist immer dann auszugehen, wenn die Verarbeitung in einer Datenverarbeitungsanlage geschieht. Einigkeit besteht insoweit, als dass der Begriff weit auszulegen

ist.[20] Erfolgt die Datenverarbeitung ganz oder teilweise automatisiert, kommt es auf die Ordnung der Daten in einem Dateisystem nicht an.[21] Auch die **manuelle Datenverarbeitung** wird erfasst, sofern die personenbezogenen Daten in einem Dateisystem gespeichert sind oder werden sollen. Eine manuelle Datenverarbeitung fällt nur dann nicht in den Anwendungsbereich, wenn die Datenerhebung nicht, auch nicht im weitesten Sinn, darauf ausgelegt ist, die personenbezogenen Daten in ein entsprechendes System zu überführen. Daher fallen lediglich unstrukturierte Akten, Aktensammlungen oder Zettelkästen nicht in den Anwendungsbereich des KDG.[22] Dieser Fall dürfte in der Praxis bestenfalls selten auftreten.

Danach würden personenbezogene Daten, die **ausschließlich manuell erhoben, verarbeitet oder genutzt** werden, nicht vom Anwendungsbereich des Gesetzes umfasst. Um dies auszuschließen, legt § 53 Abs. 3 KDG ausschließlich für den Bereich des Beschäftigtendatenschutzes fest, dass diese Norm bei jeglicher Verarbeitung personenbezogener Daten anzuwenden ist, unabhängig davon, wie diese Daten erhoben oder gespeichert sind.[23] Damit unterfallen dem Anwendungsbereich des Beschäftigtendatenschutzes nahezu alle Verarbeitungen, die mit Informationen über den Beschäftigten zusammenhängen.[24] 41

Beispiel 42

Das KDG gilt deshalb auch bei Befragungen von Bewerbern und Beschäftigten, Tor-, Taschen- und Spindkontrollen oder bei rein tatsächlichen Beobachtungen von Mitarbeitenden durch Wach- und Sicherheitspersonal.[25]

---

20 Ernst in Paal / Pauly, DS-GVO / BDSG, Art. 2 Rn. 5; Pabst in Heidelberger Kommentar, Art. 2 Rn. 27

21 Roßnagel in Simitis / Hornung / Spiecker gen. Döhmann, Datenschutzrecht, Rn. 14

22 Gola / Heckmann, Bundesdatenschutzgesetz, § 26 Rn. 11; Fuhrmann in Sydow, Kirchliches Datenschutzrecht, § 53 Rn. 32

23 Kort, ZD 2017, Seite 319 (323); Wybitul, NZA 2017, Seite 413 (418)

24 Franzen, Erfurter Kommentar, BDSG, § 26 Rn. 3; Fuhrmann in Sydow, Kirchliches Datenschutzrecht, § 53 Rn. 32

25 Maschmann in Kühling / Buchner, DS-GVO, BDSG, § 26 Rn. 4, 5

43 Auch werden Notizen über das Leistungsverhalten und handschriftliche Aufzeichnungen der Dienstgeberin ebenso umfasst wie Anrufe bei einem vorherigen Arbeitgeber. Die Zulässigkeit von Auskünften früherer Arbeitgeber im Rahmen des Einstellungsverfahrens ist aber umstritten (► Rn. 174 ff.).

44 Eine **Ausnahme vom Anwendungsbereich** des KDG stellt die Verarbeitung personenbezogener Daten für ausschließlich persönliche oder familiäre Zwecke dar. Diese häufig als Haushaltsprivileg bezeichnete Ausnahme findet in Art. 2 Abs. 2 lit b) DS-GVO und in § 2 Abs. 4 DSG-EKD eine ausdrückliche Erwähnung. Im KDG wird diese Ausnahme nicht explizit erwähnt, ergibt sich aber daraus, dass in § 3 Abs. 1 die Stellen benannt werden, für die dieses Gesetz gilt. Aus dieser Aufzählung wird deutlich, dass dem Gesetz nur solche personenbezogenen Daten unterfallen, die in einem aus dem Aufgabenbereich der genannten Stellen erwachsenden Kontext erwachsen. So unterfällt es auch im Geltungsbereich des KDG nicht diesem Gesetz, wenn Beschäftigte die Kontaktdaten von Kolleginnen oder Kollegen speichern, mit denen sie sich gelegentlich zu privaten Zwecken verabreden.[26] Sobald jedoch auch berufliche Zwecke erfüllt werden, findet das KDG Anwendung. Das ist beispielsweise dann der Fall, wenn Vorgesetzte aus eigenem Antrieb personenbezogene Daten von Mitarbeitenden anlegen.[27]

3. Grundsätze der Datenverarbeitung

45 § 7 KDG regelt mit den Grundsätzen der Datenverarbeitung das „Wie" der Verarbeitung, während § 6 KDG das „Ob" regelt, also die Frage beantwortet, ob personenbezogene Daten überhaupt verarbeitet werden dürfen.[28] Da über das „Wie" nicht mehr zu entscheiden ist, wenn bereits das „Ob" verneint wird, erscheint insoweit die Reihenfolge der Vorschriften im kirchlichen Datenschutzgesetz konsequenter als in der DS-GVO.

[26] Häfner-Beil in Wedde, Handbuch Datenschutz und Mitbestimmung, Seite 116

[27] Däubler, Gläserne Belegschaften, Rn. 62

[28] Reimer in Sydow, Europäische Datenschutzgrundverordnung, Art. 5 Rn. 1

Bei den Grundsätzen handelt es sich keineswegs nur um Programmsätze, aus denen sich keine einklagbaren Vorgaben entnehmen lassen. Vielmehr ist ein dagegen gerichteter Verstoß auch ein Verstoß gegen die Bestimmungen des Gesetzes, der gemäß § 51 Abs. 1 KDG bußgeldbewehrt ist. Im Gegensatz zum europäischen Recht (Art. 83 DS-GVO) sieht das kirchliche Recht für einzelne Verstöße keine Bußgelddeckelung vor. 46

3.1 Transparenz

§ 7 Abs. 1 lit a) KDG enthält die Forderung, dass personenbezogene Daten auf rechtmäßige und in einer für die betroffene Person nachvollziehbaren Weise erhoben werden. Dieser Grundsatz soll gewährleisten, dass solche Daten nicht heimlich, „hinter dem Rücken" Betroffener, verarbeitet werden.[29] Die Vorschrift fordert mithin Transparenz. Diese ist in erster Linie für Betroffene erforderlich, weil sie anders – bei Unkenntnis der Verarbeitung – die ihnen nach dem Gesetz zustehenden Rechte nicht ausüben können. 47

3.2 Zweckbindung

In § 7 Abs. 1 lit b) KDG wird der Grundsatz der Zweckbindung festgeschrieben. Dabei handelt es sich um die zentrale Forderung des KDG. Eine Datenerhebung **ohne festgelegten Zweck** ist deshalb rechtswidrig. Der Zweck muss **eindeutig** sein und vor der Datenerhebung vorliegen. Er darf nicht nur allgemein gehalten sein.[30] 48

▶ Beispiel 49

Allgemeine Formulierungen wie „zur Gefahrenabwehr", „für kommerzielle Zwecke" oder „gemäß § 6 Abs. 1 Buchstabe ..." sind nicht ausreichend.

[29] Kramer in Auernhammer, DS-GVO / BDSG, Art. 5 Rn. 18; Jaspers / Schwartmann / Herrmann in Heidelberger Kommentar, Art. 5 Rn. 31

[30] Kramer in Auernhammer, DS-GVO / BDSG, Art. 5 Rn. 26

50 Eine derart vage Umschreibung der Zwecke der beabsichtigten Datenverarbeitung würde gleichzeitig dem Transparenzgebot und den sich daraus ergebenden Informationspflichten widersprechen.[31] Durch die Vorschrift soll zum einen eine unmotivierte **Vorratsdatenspeicherung** verhindert werden. Zum anderen soll sichergestellt werden, dass die personenbezogenen Daten nicht zu einer mit den festgelegten Zwecken nicht zu vereinbarenden Art und Weise weiterverarbeitet werden.[32] Es muss sich darüber hinaus um einen **legitimen Zweck** handeln. Wird mit dem Zweck gegen ein Gesetz verstoßen, liegt ein legitimer Zweck nicht vor.[33]

3.3 Datenminimierung

51 Nach § 7 Abs. 1 lit c) KDG müssen die personenbezogenen Daten dem Zweck angemessen und erheblich sowie auf das **für die Zwecke der Verarbeitung notwendige Maß** beschränkt sein. Eine Verarbeitung ist also nur möglich, wenn keine alternative Methode der Verarbeitung zur Verfügung steht.[34] Erforderlich ist eine Verarbeitung dann, wenn ohne sie der Zweck nicht, nicht rechtzeitig oder nicht vollständig oder nur unter unverhältnismäßigem Aufwand erfüllt werden könnte.[35] Daraus ergibt sich, dass personenbezogene Daten, die nicht oder nicht mehr geeignet sind, zur Erreichung der mit der Verarbeitung verfolgten Zwecke beizutragen, ebenso wenig verarbeitet werden dürfen wie solche, die vielleicht für zukünftige Zwecke Verwendung finden sollen.[36]

---

31 Heberlein in Ehmann / Selmayr, Datenschutz-Grundverordnung, Art. 5 Rn. 14

32 Reimer in Sydow, Europäische Datenschutzgrundverordnung, Art. 5 Rn. 24

33 Frenzel in Paal / Pauly, DS-GVO / BDSG, Art. 5 Rn. 28; Kramer in Auernhammer, DS-GVO / BDSG, Art. 5 Rn. 22

34 Jaspers / Schwartmann / Herrmann in Heidelberger Kommentar, Art. 5 Rn. 48

35 Roßnagel in Simitis / Hornung / Spieker gen. Döhmann, Datenschutzrecht, Art. 5 Rn. 121

36 Heberlein in Ehmann / Selmayr, Datenschutz-Grundverordnung, Art. 5 Rn. 22

3.4 Richtigkeit und Aktualität

Der Verantwortliche ist nach § 7 Abs. 1 lit d) KDG verpflichtet, dass die perso- 52
nenbezogenen Daten, die er verarbeitet, der Richtigkeit entsprechen und sich auf dem neuesten Stand befinden, damit durch sie die Realität repräsentiert und nicht verfälscht wird.[37] Dieser Regelung unterfallen naturgemäß nur **Tatsachenangaben** und keine Werturteile.[38]

Nach Erwägungsgrund 39[39] sollen alle vertretbaren Schritte unternommen 53
werden, damit unrichtige personenbezogene Daten gelöscht oder berichtigt werden. Der Löschungsanspruch geht dem Berichtigungsanspruch vor.[40]

Personenbezogene Daten, die sich auf ein **punktuelles Ereignis** beziehen, 54
müssen nicht aktuell gehalten werden. So muss beispielsweise ein einmal erteiltes Zwischenzeugnis nicht verändert werden, wenn sich die Umstände zwischenzeitlich geändert haben.[41] Zu prüfen ist dann aber gegebenenfalls, ob es dann noch erforderlich ist, diese personenbezogenen Daten weiter gespeichert zu halten. Dies gilt in gleicher Weise für die Berichtigung bzw. Entfernung einer Abmahnung aus der Personalakte. Diese Thematik wird gesondert in ► Rn. 277 ff. thematisiert.

---

37 Kramer in Auernhammer, DS-GVO / BDSG, Art. 5 Rn. 41; Frenzel in Paal / Pauly, DS-GVO / BDSG, Art. 5 Rn. 39

38 Gola, Handbuch Beschäftigtendatenschutz, Rn. 169

39 Dem Verordnungstext sind die sogenannten „Erwägungsgründe" vorweggestellt. Diese geben die Ziele wieder, die mit dem Verordnungstext erreicht werden sollten. Den Erwägungsgründen kommt keine eigene Rechtsqualität zu, sie sind also nicht Teil der Verordnung, können aber bei deren Auslegung hilfreich sein.

40 Kramer in Auernhammer, DS-GVO / BDSG, Art. 5 Rn. 44

41 Gola, Handbuch Beschäftigtendatenschutz, Rn. 170

4. Verbot mit Erlaubnisvorbehalt

55 Damit die Verarbeitung personenbezogener Daten rechtmäßig ist, muss mindestens eine der in § 6 Abs. 1 KDG genannten Voraussetzungen gegeben sein. Ob es sich dabei um ein Verbotsprinzip oder eine Erlaubnistatbestandsnorm[42] handelt, kann für den Rechtsanwender dahin gestellt bleiben. Die Vorschrift legt erschöpfend und abschließend eine Liste der Fälle fest, in denen eine Verarbeitung personenbezogener Daten als rechtmäßig angesehen werden kann.[43] **Im Umkehrschluss bedeutet dies:** Wenn keine der dort genannten Voraussetzungen erfüllt ist, ist die Datenverarbeitung bereits deshalb unzulässig. Oder pointiert ausgedrückt: Eine Verarbeitung ist verboten, wenn sie nicht durch § 6 Abs. 1 KDG erlaubt ist.

5. Beschäftigtendatenschutz

56 § 53 KDG ergänzt diese Regelung für Zwecke des Beschäftigungsverhältnisses. In diesem Zusammenhang dürfen personenbezogene Daten nur verarbeitet werden, wenn dies **für Begründung, Durchführung oder Beendigung des Beschäftigungsverhältnisses erforderlich** ist. Das setzt zunächst einmal die Bestimmung eines Zwecks voraus, für den die Daten erhoben werden sollen. Danach ist zu prüfen, ob die Verarbeitung der personenbezogenen Daten für die Erreichung des festgelegten Zwecks erforderlich ist. Nach der Gesetzesbegründung zu § 26 BDSG sind im Rahmen der Erforderlichkeitsprüfung die Interessen des Arbeitgebers an der Datenverarbeitung und das Persönlichkeitsinteresse des Beschäftigten zu einem schonenden Ausgleich zu bringen, der beide Interessen möglichst weitgehend berücksichtigt.[44] Erforderlichkeit besteht demnach nicht, wenn die Verarbeitung zur Erreichung des legitimen

[42] Albrecht in Simitis / Hornung / Spiecker gen. Döhmann, Datenschutzrecht, Einführung Art. 6 DS-GVO Rn. 1

[43] Buchner / Petri in Kühling / Buchner, DS-GVO, BDSG, Art. 6 Rn. 13

[44] Bundestags-Drucksache 18/11325, Seite 97

Zwecks nicht geeignet ist oder wenn weniger einschneidende Maßnahmen zur Verfügung stehen und zumutbar sind.[45]

Auch wenn § 53 KDG dies nicht ausdrücklich erwähnt (im Gegensatz zu § 26 Abs. 5 BDSG), ist eine Datenverarbeitung auch im Beschäftigungsverhältnis nur dann erforderlich, wenn die Grundsätze der Verarbeitung personenbezogener Daten gemäß § 7 KDG beachtet werden.[46] Dazu gehört u. a. auch der Grundsatz der Zweckbindung gemäß § 7 Abs. 1 lit b) KDG. Daten, die erkennbar der **privaten Lebensführung** zuzurechnen sind, dürfen deshalb grundsätzlich nicht verarbeitet werden.[47] Dasselbe gilt für den Grundsatz der Datenminimierung gemäß § 7 Abs. 1 lit c) KDG. Auch ist nach dem Transparenzgebot gemäß § 5 Abs. 1 lit a) KDG die heimliche Erhebung personenbezogener Daten unzulässig. 57

Bei der Erforderlichkeitsprüfung ist die jeweilige **Phase des Beschäftigungsverhältnisses** zu berücksichtigen. 58

Beispiel 59

In einem Personalfragebogen, der Bewerberinnen und Bewerbern vorgelegt wird, gibt es keinen legitimen Zweck dafür, nach dem Familienstand zu fragen. Im bestehenden Arbeitsverhältnis wird diese Frage aber zulässig sein, um die Steuerklasse des Beschäftigten zu bestimmen.

Der zulässige Umfang der Verarbeitung wird durch die **Zweckbestimmung** eingeschränkt. Wenn eine Tarifvorschrift vorsieht, dass ein Kinderweihnachtsgeld[48] gezahlt wird, solange die Kinder kindergeldberechtigt sind, darf nicht nach dem Alter der Kinder gefragt werden, sondern nur danach, ob sie kindergeldberechtigt sind. Darüber hinaus darf dieses personenbezogene Datum erst im bestehenden Beschäftigungsverhältnis verarbeitet werden. 60

[45] Gola in Gola / Heckmann, Bundesdatenschutzgesetz, § 26 Rn. 16; BAG, Urteil vom 20.10.2016, 2 AZR 395/15

[46] Forst in Auernhammer, DS-GVO / BDSG, § 26 Rn. 65 (zu § 26 BDSG)

[47] Forst in Auernhammer, DS-GVO / BDSG, § 26 Rn. 65

[48] Vgl. zum Beispiel § 20 Abs. 7 Kirchliche Dienstvertragsordnung (DVO)

61 **Beispiel**

Die Abfrage des Datums der Heirat ist zulässig, wenn eine tarifliche Regelung Sonderurlaub für bestimmte Ehejubiläen gewährt. Jedoch ist hier auf die Freiwilligkeit der Angabe hinzuweisen, weil es Mitarbeitenden freisteht, zu bestimmen, ob sie einen solchen Vorteil in Anspruch nehmen oder darauf verzichten möchten.

62 § 53 KDG kommt nur zur Anwendung, wenn es um die Verarbeitung personenbezogener Daten „zum Zwecke des Beschäftigungsverhältnisses" geht. Diese Formulierung weist darauf hin, dass ein Beschäftigungsverhältnis nicht gleichzusetzen ist mit einem durch einen Dienstvertrag begründeten **Dienstverhältnis.** Der Begriff der „Beschäftigten" wird in § 4 Nr. 24 KDG definiert. Danach bezeichnet dieser Ausdruck im Sinn des KDG neben den in einem Beschäftigungs- oder Beamtenverhältnis stehenden Personen u. a. auch Auszubildende, Bewerbende um eine Arbeitsstelle sowie Personen, deren Beschäftigungsverhältnis beendet ist. Zum Verständnis des Beschäftigtenbegriffs im KDG vgl. auch ► Rn. 73 f.

63 Wann die Verarbeitung personenbezogener Daten den „Zwecken des Beschäftigungsverhältnisses" dient, ist umstritten. Nach einer engen Auslegung ist die Datenerhebung und -nutzung als legitimiert anzusehen, wenn diese zur Erfüllung der Pflichten oder zur Wahrnehmung der Rechte aus einem mit dem Betroffenen geschlossenen Vertrag vorgenommen wird.[49] Im Gegensatz dazu sieht eine **weite Auslegung** den Anwendungsbereich eröffnet, wenn die Verarbeitung in irgendeinem Zusammenhang mit dem Beschäftigungsverhältnis steht.[50] Richtigerweise ist eine den Zwecken des Beschäftigungsverhältnisses dienende Verarbeitung dann gegeben, wenn diese ihren Zweck zumindest auch in der Begründung, Durchführung oder Beendigung des Beschäftigungsverhältnisses findet.[51] Der Wortlaut von § 53 Abs. 1 KDG lässt ein

49 Joussen, NZA 2010, Seite 254 (258)

50 Schmidt, DuD 2010, Seite 207 (209)

51 Franzen in Erfurter Kommentar, BDSG, § 26 Rn. 7; Forst in Auernhammer, DS-GVO / BDSG, § 26 Rn. 44

weites Verständnis im Sinn der Datenverarbeitung zu, die zur Erfüllung im Rahmen des Beschäftigungsverhältnisses erforderlich ist.[52] Dient die Verarbeitung von Daten durch die Dienstgeberin der Erfüllung von Pflichten, die unabhängig vom Beschäftigungsverhältnis bestehen, ist diese Verarbeitung nicht an den strengeren Vorgaben des § 53 KDG zu messen, auch wenn dadurch mittelbar Mitarbeitende betroffen sind.[53]

Die so im Rahmen des § 53 KDG erhobenen Beschäftigtendaten dürfen nur zu der im Gesetz vorgesehenen Verwendung verarbeitet werden. Dabei herrscht der **Grundsatz der strengen Zweckbindung.** Im KDG ist ausdrücklich festgelegt, dass Daten über die Religionszugehörigkeit, die religiöse Überzeugung und die Erfüllung der Loyalitätsobliegenheiten zu den personenbezogenen Beschäftigtendaten gehören.[54] Gleichwohl dürfen auch in Beschäftigungsverhältnissen der katholischen Kirche solche Daten nur im Rahmen des Verhältnismäßigkeitsgrundsatzes, also bei einer entsprechenden Erforderlichkeit, verarbeitet werden. Das Auskunftsverlangen der Dienstgeberin im laufenden Arbeitsverhältnis wird in ► Rn. 310 ff. erläutert. Die Fragerechte im Rahmen des Einstellungsverfahrens sind in ► Rn. 180 ff. dargestellt. 64

6. Begriffsbestimmungen

Wie in kaum einem anderen Gesetz werden im KDG verwendete Fachbegriffe in § 4 KDG legal definiert. Insoweit wird an dieser Stelle auf die gesetzlichen Legaldefinitionen[55] verwiesen. Einige ausgewählte Definitionen sollen zum besseren Verständnis ergänzend erläutert werden. 65

52 Interdiözesanes Datenschutzgericht, Beschluss vom 22.4.2020, 03/2019

53 Franzen in Erfurter Kommentar, BDSG, § 26 Rn. 7

54 Diese Festlegung findet sich nur im Datenschutzgesetz der katholischen Kirche. Im evangelischen Datenschutzrecht fehlt eine entsprechende Regelung. Das korrespondiert mit der Definition in § 4 Nr. 2 KDG, wonach die Zugehörigkeit zu einer Kirche oder Religionsgemeinschaft nicht zu den personenbezogenen Daten besonderer Kategorie zählt.

55 Eine Legaldefinition ist eine Definition, die das Gesetz (lateinisch = Lex) selbst vornimmt.

6.1 Personenbezogene Daten

66 Gemäß § 4 Nr. 1 KDG bezeichnet der Begriff „personenbezogene Daten" alle Informationen, die sich auf eine „identifizierte oder identifizierbare" natürliche Person beziehen.

67 Eine Person ist **identifiziert,** wenn klar ist, dass sie gemeint ist.[56] Im Hinblick auf die Art der Informationen schließt der Begriff „personenbezogene Daten" alle Arten von Aussagen **über eine Person** ein. Er umfasst sowohl „objektive" Informationen, etwa das Vorhandensein einer bestimmten Substanz im Blut als auch „subjektive" Informationen, Meinungen oder Beurteilungen.[57] Der Wahrheitsgehalt der Informationen ist für diese Betrachtung dabei unerheblich.[58]

68 Eine natürliche Person ist **identifizierbar,** wenn grundsätzlich die Möglichkeit besteht, ihre Identität festzustellen, auch wenn dies noch nicht geschehen ist. Also auch wenn der Name nicht genannt wird, dieser aber mit weiteren Referenzdaten ermittelt werden kann, ist von einem personenbezogenen Datum auszugehen.[59] Gemäß Erwägungsgrund 26 der DS-GVO ist es für die Qualifikation eines Datums als personenbezogenes Datum nicht notwendig, dass der Verantwortliche selbst die Identifizierung durchführen kann. Es genügt, dass irgendein Dritter nach allgemeinem Ermessen diese wahrscheinlich durchführen könnte.[60]

69 Das Gegenteil zu personenbezogenen Daten sind grundsätzlich **Sachdaten.** Doch können auch diese durch einen entsprechenden Kontextbezug zu personenbezogenen Daten werden. So sind **Geodaten** zunächst Sachdaten. Werden sie jedoch von einem in einem Fahrzeug verbauten Navigationsgerät verarbeitet, welches die Dienstgeberin später auslesen kann, handelt es sich dabei um personenbezogene Daten. Gleiches gilt für die Positionsdaten eines Mobiltelefons.[61]

---

[56] Ziebarth in Sydow, Europäische Datenschutzgrundverordnung, Art. 4 Rn. 17

[57] Artikel-29-Datenschutzgruppe, Stellungnahme 4/2007, Working Paper 136, Seite 7

[58] Klabunde in Ehmann / Selmayr, Datenschutz-Grundverordnung, Art. 4 Rn. 9

[59] Ernst in Paal / Pauly, DS-GVO / BDSG, Art. 4 Rn. 8

[60] Klabunde in Ehmann / Selmayr, Datenschutz-Grundverordnung, Art. 4 Rn. 17

[61] Eßer in Auernhammer, DS-GVO / BDSG, Art. 4 Rn. 22

6.2 Personenbezogene Daten besonderer Kategorie

Die Definition dieser Daten ist im KDG im Rahmen der Begriffsbestimmungen in § 4 Nr. 2 enthalten. Diese Definition besteht in der abschließenden Aufzählung verschiedener Datenkategorien, die keiner Analogiebildung zugänglich ist.[62] Nur für einen Teil der dort genannten Daten findet sich eine weitere Definition in den Begriffsbestimmungen. Das trifft zu für genetische Daten (§ 4 Nr. 15 KDG), biometrische Daten (§ 4 Nr. 16 KDG) und Gesundheitsdaten (§ 4 Nr. 17 KDG). 70

6.3 Gesundheitsdaten

Gerade die Gesundheitsdaten sind im Beschäftigungskontext von besonderer Relevanz. Nach der gesetzlichen Definition handelt es sich dabei um personenbezogene Daten, die sich auf die **körperliche und geistige Gesundheit** einer natürlichen Person beziehen. Davon sind nicht nur medizinische Daten im engeren Sinn umfasst, sondern alle Angaben, die unmittelbar die physischen oder psychischen Zustände und Charakterisierungen eines Menschen betreffen. Dies schließt das Verhalten gegenüber Mitmenschen ein. Umfasst sind zum Beispiel Zustandsbeschreibungen, Befunde, Ereignisse, Erkrankungen sowie Angaben über Alkohol-, Medikamenten- und Drogengebrauch.[63] 71

§ 11 Abs. 1 KDG untersagt die Verarbeitung von solchen personenbezogenen Daten grundsätzlich, soweit nicht eine der in Absatz 2 abschließend genannten Ausnahmefälle greift. Angesichts des Zwecks dieser Vorschrift ist der Begriff der Gesundheitsdaten weit zu fassen.[64] Die bloße Angabe, dass sich eine Person den Fuß verletzt hat und partiell krankgeschrieben ist, stellt deshalb bereits ein Gesundheitsdatum dar.[65] 72

62 Weichert in Kühling / Buchner, DS-GVO, BDSG, Art. 9 Rn. 19; Greve in Auernhammer, DS-GVO / BDSG, Art. 9 Rn. 1

63 Ernst in Paal / Pauly, DS-GVO / BDSG, Art. 4 Nr. 17, Rn. 108

64 Schild in BeckOK Datenschutzrecht, DS-GVO, Art. 4 Rn. 143

65 Ernst in Paal / Pauly, DS-GVO / BDSG, Art. 4 Nr. 17, Rn. 108

6.4 Beschäftigte

73 Während das Bundesdatenschutzgesetz in § 26 Abs. 8 abschließend[66] aufzählt, wer „Beschäftigte" im Sinn des BDSG sind, wählt das KDG in § 4 Nr. 24 nur eine beispielhafte Aufzählung, eingeleitet durch das Wort „insbesondere". Es erscheint jedoch fraglich, welche weitere Gruppe bei der umfangreichen Aufzählung noch darüber hinaus erfasst werden soll. Beschäftigte verdienen deshalb eine besondere Berücksichtigung im Rahmen des Datenschutzes, weil sie ihre Persönlichkeitsrechte nicht auf Augenhöhe mit dem Arbeitgeber durch vertragliche Vereinbarung sicherstellen können. Vielmehr sind sie aufgrund des typischerweise bestehenden **Über-/Unterordnungsverhältnisses** einem höheren Risiko ausgesetzt.[67]

74 Insoweit sind ehrenamtlich im Kirchendienst tätige Personen keinen vergleichbaren datenschutzrechtlichen Risiken ausgesetzt.[68] Im Rahmen der **ehrenamtlichen Tätigkeit** besteht ein Abhängigkeitsverhältnis eher zugunsten Ehrenamtlicher, was einer Vergleichbarkeit mit den in § 4 Nr. 24 KDG genannten Gruppen entgegensteht. Die Einbeziehung von ehrenamtlich Tätigen unter den Begriff der Beschäftigten ist deshalb abzulehnen.

6.5 Verantwortlicher

75 Das KDG definiert den Begriff „Verantwortlicher" in § 4 Nr. 9 (entspricht Artikel 4 Nr. 7 DS-GVO). Danach handelt es sich um die natürliche oder juristische Person, Behörde, Einrichtung oder andere Stelle, die allein oder gemeinsam mit anderen über die Zwecke und Mittel der Verarbeitung von personenbezogenen Daten entscheidet. Verantwortlicher ist also, wer die Entscheidungshoheit über Zweck und Mittel der Verarbeitung personenbezogener Daten innehat. Dabei ist es nicht erforderlich, dass der Verantwortliche diese Daten für sich verarbeitet. Im Hinblick auf die Mittel der Verarbeitung ist es ausreichend, wenn über wesentliche Aspekte entschieden

66 Maschmann in Kühling / Buchner, DS-GVO, BDSG, § 26 Rn. 7

67 Seitert in Simitis, BDSG (a. F.), § 3 Rn. 279

68 Andere Ansicht Herrlein in Sydow, Kirchliches Datenschutzrecht, § 4 Rn. 33

wird.[69] Der Begriff dient dazu, zu bestimmen, wer für die Einhaltung der Datenschutzbestimmungen verantwortlich ist und wie die betroffenen Personen ihre Rechte in der Praxis ausüben können.[70] Damit ist der Verantwortliche Adressat von Ansprüchen Betroffener und auch für Maßnahmen der Aufsichtsbehörde.[71] Normadressaten des KDG können neben Unternehmen auch nicht-rechtsfähige Vereine oder sonstige Vereinigungen sein.[72] Nicht darunter fallen jedoch unselbstständige Niederlassungen oder Zweigstellen.[73]

Beispiel 76

Sind Krankenhäuser eines Krankenhausträgers jeweils als eigene juristische Person (z. B. GmbH oder Stiftung) organisiert, sind sie auch eigene Verantwortliche. Sind sie dagegen unselbstständiger Teil des Trägers und bestimmt dieser über Zweck und Mittel der Datenverarbeitung, ist der Krankenhausträger der Verantwortliche.

Keine Verantwortlichen im Sinn des KDG sind interne Organisationseinheiten wie Abteilungen eines Unternehmens oder Referate einer Einrichtung.[74] 77

Beispiel 78

Der Verantwortliche der Abteilung Jugendpastoral im Generalvikariat ist das Bistum. Das Generalvikariat ist eine Verwaltungseinrichtung des Bistums. Verantwortlicher ist also das Bistum als Körperschaft öffentlichen Rechts.

---

69 Petri in Simitis / Hornung / Spiecker gen. Döhmann, Datenschutzrecht, Art. 4 Nr. 7 Rn. 20

70 Artikel-29-Datenschutzgruppe, Working Paper 169, Seite 6; Schwartmann / Mühlenbeck in Heidelberger Kommentar, Art. 4 Rn. 105

71 Raschauer in Sydow, Europäische Datenschutzgrundverordnung, Art. 4 Rn. 114; Schwartmann / Mühlenbeck in Heidelberger Kommentar, Art. 4 Rn. 106

72 Petri in Simitis / Hornung / Spiecker gen. Döhmann, Datenschutzrecht, Art. 4 Rn. 16

73 Hartung in Kühling / Buchner, DS-GVO, BDSG, Art. 4 Nr. 7 Rn. 11

74 Eßer in Auernhammer, DS-GVO / BDSG, Art. 4 Rn. 77

6.6 Dritter

79 Nach der Legaldefinition des § 4 Nr. 12 KDG handelt es sich dabei um eine natürliche oder juristische Person, Behörde, Einrichtung oder andere Stelle, außer der betroffenen Person, dem Verantwortlichen und dem Auftragsverarbeiter. Ebenfalls **keine Dritte** sind danach auch Personen, die unter der unmittelbaren Verantwortung des Verantwortlichen oder des Auftragsverarbeiters befugt sind, personenbezogene Daten zu verarbeiten. Darunter fallen in erster Linie Beschäftigte des Verantwortlichen oder des Auftragsverarbeiters.[75]

80 **Beispiel**

Eine Personalsachbearbeiterin verschickt personenbezogene Daten eines Mitarbeiters unverschlüsselt per E-Mail an eine Krankenkasse. Die Sachbearbeiterin ist grundsätzlich befugt, personenbezogene Daten zu verarbeiten. Sie durfte dies aber nicht unverschlüsselt vornehmen. Der Datenschutzverstoß ist der Dienstgeberin als Verantwortlicher zuzurechnen.

81 Voraussetzung ist demnach, dass die Beschäftigten „befugt" sind, die personenbezogenen Daten zu verarbeiten. Soweit das nicht der Fall ist, müssen sie demnach als „Dritte" gelten.[76] Werden also von einer Mitarbeiterin oder einem Mitarbeiter unautorisiert personenbezogene Daten an einen Kollegen oder eine Kollegin weitergegeben, ist darin eine rechtswidrige Übermittlung zu sehen.[77] Zur Haftung für Datenschutzverstöße durch den Verantwortlichen ► Rn. 482 ff. und Rn. 680 ff. (für die MAV). Nicht Dritter, sondern Teile des Verantwortlichen sind Beauftragte und Gremien des Verantwortlichen.[78]

75 Petri in Simitis / Hornung / Spiecker gen. Döhmann, Datenschutzrecht, Art. 4 Nr. 10 Rn. 4

76 Eßer in Auernhammer, DS-GVO / BDSG, Art. 4 Nr. 10 Rn. 94; Ernst in Paal / Pauly, DS-GVO / BDSG, Art. 4 Rn. 60

77 Ziebarth in Sydow, DS-GVO, Art. 4 Rn. 162

78 Eßer in Auernhammer, DS-GVO / BDSG, Art. 4 Nr. 10 Rn. 96

Mitarbeitervertretungen sind keine eigenen Verantwortlichen im datenschutzrechtlichen Sinn.[79] Dazu ausführlich ► Rn. 524 ff. (Rn. 528, 529) 82

7. Einwilligung

Definiert ist die Einwilligung in § 4 Nr. 13 KDG. Danach muss eine Einwilligungserklärung **freiwillig** für einen bestimmten Zweck in informierter Weise durch eine bestimmte Willenserklärung oder in eindeutig bestätigender Handlung abgegeben werden. Auch im Rahmen einer Einwilligung bleibt das Kriterium der Zweckmäßigkeit bestehen. 83

Pauschale Einwilligungen die nicht erkennen lassen, welche Daten für welchen Zweck verarbeitet werden sollen, sind deshalb unzulässig.[80] Betroffene müssen konkret nachvollziehen können, was mit ihren Daten passiert.[81] 84

► Beispiel 85

Die Mitarbeiterin willigt ein, dass Fotos, die sie bei Ausübung ihrer Tätigkeit zeigen, für Imagebroschüren und Jahrbücher der Dienstgeberin genutzt und veröffentlicht werden dürfen ebenso wie für die Veröffentlichung solcher Fotos in allgemeinen Print- und Internetmedien. Eine derart pauschale Einwilligungserklärung ist unzulässig. Weder ist hier das konkrete Foto bezeichnet, welches veröffentlicht werden soll noch kann die Mitarbeiterin differenziert entscheiden, in welchen Medien (beispielsweise Tageszeitung, Anzeigenblätter oder auch die Internetausgabe dieser Medien, Facebook usw.) ihr Foto verwendet werden darf.

[79] Raschauer in Sydow, Europäische Datenschutzgrundverordnung, Art. 4 Rn. 131; Hartung in Kühling / Buchner, DS-GVO, BDSG, Art. 4 Nr. 7, Rn. 11a; Eßer in Auernhammer, DS-GVO / BDSG, Art. 4 Rn. 81

[80] Däubler, Gläserne Belegschaften, Rn. 148

[81] Kramer in Auernhammer, DS-GVO / BDSG, Art. 5 Rn. 21

86 **Vor Inkrafttreten von DS-GVO und KDG** war umstritten, ob es im Zusammenhang mit einem Beschäftigungsverhältnis wirksame Einwilligungen von Arbeitnehmerinnen und Arbeitnehmern geben kann. Das in diesem Zusammenhang regelmäßig bestehende „Über-/Unterordnungsverhältnis“ wurde in der Literatur teilweise als Kriterium betrachtet, welches der für eine wirksame Einwilligung erforderlichen Freiwilligkeit entgegenstand.[82] Dem widersprach das Bundesarbeitsgericht insoweit, als seiner Ansicht nach man nicht generell davon ausgehen könne, dass Arbeitnehmerinnen und Arbeitnehmer nicht frei entscheiden könnten.[83] Für den staatlichen Bereich hat der Gesetzgeber in § 26 Abs. 2 BDSG die Frage, ob eine Einwilligung im Beschäftigungsverhältnis rechtfertigend wirken kann, grundsätzlich bejaht.

7.1 Freiwilligkeit

87 Bei der Beurteilung, ob eine Einwilligung freiwillig erteilt wurde, sind insbesondere die im Beschäftigungsverhältnis grundsätzlich bestehende Abhängigkeit der Beschäftigten von ihrem Arbeitgeber und die **Umstände des Einzelfalls** zu berücksichtigen. Dabei ist neben der Art des zu verarbeitenden Datums die jeweilige Intensität des Eingriffs zu berücksichtigen ebenso wie der Zeitpunkt der Einwilligungserteilung. Vor Abschluss eines Arbeitsvertrags sind Beschäftigte regelmäßig einer größeren Drucksituation ausgesetzt und werden daher eher bereit sein, eine Einwilligung in eine Datenverarbeitung zu erteilen.[84] Gemäß § 26 Abs. 2 BDSG ist eine rechtswirksame Einwilligung insbesondere dann möglich, wenn für die beschäftigte Person ein rechtlicher oder wirtschaftlicher Vorteil erreicht wird oder die Arbeitgeberin und die beschäftigte Person gleichgelagerte Interessen verfolgen. Diese im Gesetz benannten Beispiele sind **nicht abschließend,** worauf das dort verwendete Wort „insbesondere“ hinweist.[85]

---

[82] Simitis, BDSG (a. F.), § 4 Rn. 7; Kock / Fracke, NZA 2009, Seite 646 in Fußnote 5 m. w. N.; auch der Gesetzentwurf der Bundesregierung zum Beschäftigtendatenschutzgesetz vom 15.12.2010 sah für Beschäftigungsverhältnisse vor, dass die Einwilligung keine Erlaubnis für die Verarbeitung von Beschäftigtendaten begründen kann, es sei denn, diese wäre in den Bestimmungen ausdrücklich vorgesehen.

[83] BAG, Urteil vom 11.12.2014, 8 AZR 1010/13

[84] Bundestags-Drucksache 18/11325, Seite 97

[85] Wybitul, NZA 2017, Seite 413 (416); Thüsing / Schmidt in Heidelberger Kommentar, Art. 88 Rn. 33

Im KDG fehlt eine entsprechende Klarstellung. Obwohl im Fall einer Regelungslücke im kirchlichen Datenschutzrecht keinesfalls automatisch die Regelung des staatlichen Gesetzes greift, kann die Regelung des BDSG vorliegend zur Auslegung herangezogen werden. Die Einwilligung ist grundsätzlich ein Ausdruck der Souveränität und der informationellen Selbstbestimmung. Diese zu beschneiden, indem man sie im Rahmen des Beschäftigungsverhältnisses generell für unzulässig erklärte, stellte eine Entmündigung der Arbeitnehmerinnen und Arbeitnehmer dar. Mit der Eingehung eines Arbeitsverhältnisses und der Eingliederung in einen Betrieb begeben sich diese nicht ihrer Grund- und Persönlichkeitsrechte.[86] Dennoch ist im Beschäftigungsverhältnis die bestehende Abhängigkeitslage der Arbeitnehmerinnen und Arbeitnehmer zu berücksichtigen, für die der Fortbestand des Vertragsverhältnisses regelmäßig existenzielle Bedeutung hat, die einer tatsächlich freien Entscheidung entgegenstehen kann. Auch für den Geltungsbereich des KDG können deshalb die Regelungen des § 26 Abs. 2 BDSG analog herangezogen werden. Eine Einwilligung kann unter den dort genannten Voraussetzungen auch im Bereich des kirchlichen Datenschutzes grundsätzlich als zulässig angesehen werden.[87] 88

Als Beispiel für die Gewährung eines Vorteils nennt die Gesetzesbegründung die **Einführung eines betrieblichen Gesundheitsmanagements** zur Gesundheitsförderung oder die Erlaubnis zur Privatnutzung von betrieblichen IT-Systemen. Gleichgerichtete Interessen sieht die Gesetzesbegründung z. B. bei der Aufnahme von Namen und Geburtsdatum in eine Geburtstagsliste oder die Nutzung von Fotos für das Intranet, bei der Arbeitgeber und Beschäftigte im Sinne eines betrieblichen Miteinanders zusammenwirken.[88] 89

Keine Freiwilligkeit wird angenommen, wenn die Einwilligung gegen das **Kopplungsverbot** gemäß § 8 Abs. 7 KDG verstößt. Eine Einwilligung ist nur wirksam, wenn sie freiwillig, also ohne jeden Druck oder Zwang, abgegeben werden kann. Deshalb ist zu prüfen, ob die Erfüllung eines Vertrags einschließlich der Erbringung einer Dienstleistung von einer Einwilligung abhängig gemacht 90

86 BAG, Urteil vom 11.12.2014, 8 AZR 1010/13, Rn. 32

87 Im Ergebnis so wohl auch Fuhrmann in Sydow, Kirchliches Datenschutzrecht, § 53 Rn. 11 f., der die Regelung des § 26 BDSG in die Kommentierung von § 53 KDG übernimmt

88 Bundestags-Drucksache 18/11325, Seite 97

wird, obwohl diese Einwilligung für die Erfüllung des Vertrags nicht erforderlich ist.[89] Ist die Einwilligung für die Vertragserfüllung nicht erforderlich, ist sie unwirksam. Im Beschäftigungskontext kommen Kopplungsgeschäfte bislang eher selten vor.[90]

91 **Beispiel**

- Einwilligung zur Verwertung von Fotos für Imageprospekte des Arbeitgebers[91]
- Einwilligung zur Datenweitergabe an eine Mitarbeiter-App, die private Inhalte hat

7.2 Form

92 Im KDG findet sich in § 53, der den Datenschutz im Beschäftigungsverhältnis regelt, kein Formerfordernis für die in diesem Zusammenhang abgegebene Einwilligungserklärung. Damit gelten die allgemeinen Regelungen des § 8 KDG. Danach bedarf eine Einwilligung der **Schriftform,** soweit nicht wegen besonderer Umstände eine andere Form angemessen ist.

93 Durch das Zweite Datenschutz-Anpassungs- und Umsetzungsgesetz (2. DSAnpUG-EU)[92] wurde für den staatlichen Bereich das in § 26 Abs. 2 Satz 3 BDSG bis dahin bestehende Schriftlichkeitserfordernis durch die neue Formulierung, die Einwilligung habe „schriftlich oder elektronisch zu erfolgen" ersetzt. Schriftform ist in § 126 Bürgerliches Gesetzbuch (BGB) definiert als „Urkunde, die von dem Aussteller eigenhändig durch Namensunterschrift ... unterzeichnet werden" muss. Die im BDSG neu geregelte Formulierung „schriftlich oder elektronisch" ist demgegenüber nicht legaldefiniert. Aus der Gesetzesbegründung ergibt sich aber, dass damit die Voraussetzungen, unter

[89] So auch Erwägungsgrund 43 zur DS-GVO

[90] Gola, Handbuch Beschäftigtendatenschutz, Rn. 434; Däubler, Gläserne Belegschaften, Rn. 156

[91] Däubler, Gläserne Belegschaften, Rn. 155

[92] Bundesgesetzblatt 2019 I Nr. 41, Seite 1634

denen im Beschäftigungsverhältnis eine Einwilligung eingeholt werden kann, erleichtert werden sollen.[93] Die im staatlichen Recht gewählte Form entspricht damit am ehesten der in **§ 126b BGB definierten Textform,** nach der „eine lesbare Erklärung, in der die Person des Erklärenden genannt ist, auf einem dauerhaften Datenträger abgegeben werden muss". Danach genügt es beispielsweise, dass der Arbeitgeber die Einwilligung als E-Mail abspeichert.[94]

Die im BGB geregelte Schriftform dient im Wesentlichen der Beweiserleichterung und dem Schutz des Erklärenden vor übereilter Entscheidung.[95] Für die erforderliche **Beweisfunktion** dürfte eine schriftliche Erklärung regelmäßig genügen. Darüber hinaus darf bezweifelt werden, dass allein durch eine eigenhändige Unterschrift ein zusätzlicher Übereilungsschutz für Erklärende erreicht wird. Vielmehr ist davon auszugehen, dass Betroffene, die in der Regel juristische Laien sind, den Unterschied zwischen „Schriftform" und „schriftlich" nicht kennen. Dasselbe dürfte – wenn auch vielleicht in geringerem Umfang – für Verantwortliche gelten. 94

Um dadurch entstehende Rechtsunsicherheiten zu vermeiden, ist eine schriftliche **oder elektronisch** abgegebene Einwilligung auch im Geltungsbereich des KDG als rechtswirksam zu betrachten. Bis zu einer Änderung des KDG ist dies unter „angemessene Form aufgrund besonderer Umstände" im Sinn des § 8 Abs. 2 zweiter Halbsatz KDG zu subsumieren. 95

Durch die Formulierung „...durch eine bestimmte Willenserklärung oder in eindeutig bestätigender Handlung..." in § 4 Nr. 13 KDG ist jedoch **Schweigen als Willenserklärung** ausgeschlossen.[96] 96

---

93 Bundestags-Drucksache 19/11181, Seite 19

94 Bundestags-Drucksache 19/11181, Seite 19

95 Preis in Erfurter Kommentar, BGB, §§ 125 bis 127 Rn. 3

96 Das entspricht einem allgemeinen Grundsatz im deutschen Recht, wonach einem Schweigen kein Erklärungswert zugerechnet wird.

97 **Beispiel**

Bei der Einstellung erklärt der Verantwortliche: „Wir handhaben das hier so, dass die privaten Telefonnummern und Adressen in einem einrichtungsinternen Verzeichnis veröffentlicht werden, damit sich Kolleginnen und Kollegen auch außerhalb der Dienstzeit absprechen können." Widersprechen die neuen Kolleginnen und Kollegen an dieser Stelle nicht, stellt dies keine rechtsgültige Einwilligung dar.

7.3 Zeitpunkt und Widerruf der Einwilligungserklärung

98 Auch nach dem KDG hat die Einwilligung vor der Verarbeitung der personenbezogenen Daten zu erfolgen. Eine spätere Legitimation in Form einer **Genehmigung** ist nicht möglich[97], schließt aber ggf. die Geltendmachung von Schadenersatzansprüchen aus.

99 Die Einwilligung ist **jederzeit widerruflich** (§ 8 Abs. 6 KDG). Die Angabe eines Grundes für den Widerruf bedarf es nicht. Ausdrücklich legt das Gesetz fest, dass der Widerruf ebenso einfach sein muss wie die Einwilligung selbst. Damit ist für den Widerspruch ausdrücklich nicht die gleiche Form wie für die Einwilligung vorgeschrieben. Der Widerruf kann **unabhängig von der konkreten Einwilligungsform** schriftlich, elektronisch oder auch mündlich erklärt werden.[98] Die betroffene Person ist von der Möglichkeit des Widerrufs der Einwilligung bereits vor Abgabe ihrer Erklärung in Kenntnis zu setzen (§ 8 Abs. 6 Satz 3 KDG).

100 Bei der Verarbeitung personenbezogener Daten sind sich Verantwortliche gelegentlich unsicher, ob und in welchem Umfang die gesetzlichen Zulässigkeitstatbestände des KDG eine beabsichtigte Datenverarbeitung legitimieren können. Um diese Unsicherheit auszugleichen, wird neben dem potenziell

[97] OLG Köln, Urteil vom 12.6.1992, 19 U 154/91

[98] Ingold in Sydow, Europäische Datenschutzgrundverordnung, Art. 7 Rn. 47

greifenden gesetzlichen Erlaubnistatbestand noch eine Einwilligung eingeholt, damit die Datenverarbeitung zulässig bleibt, selbst wenn der gesetzliche Grund nicht einschlägig ist. In diesem Fall signalisieren Verantwortliche den Betroffenen aber, dass es für die Zulässigkeit einer Datenverarbeitung gerade auf das Einverständnis ankommen soll. Widerrufen Betroffene die Einwilligung aber oder ist diese unwirksam, stellte es ein **widersprüchliches Verhalten** Verantwortlicher dar, sich dann auf den gesetzlichen Erlaubnistatbestand zurückzuziehen.[99]

Nach § 6 Abs. 1 Satz 1 KDG ist eine Verarbeitung personenbezogener Daten 101
aber rechtmäßig, „wenn mindestens eine" der dort genannten Bedingungen erfüllt ist. Dementsprechend können auch mehrere Bedingungen gegeben sein. Das spricht ebenso wie § 19 Abs. 1 lit b) KDG dafür, dass eine Einwilligung wirksam **neben den gesetzlichen Erlaubnistatbeständen** eingeholt werden kann.[100] Damit Betroffenen keine Entscheidungsmacht suggeriert wird, die so tatsächlich nicht besteht, kann die Einwilligung in diesem Fall nur dann eine Legitimationswirkung entfalten, wenn Verantwortliche Betroffene darüber aufklären, dass deren personenbezogene Daten auf der Basis zweier Rechtsgrundlagen verarbeitet werden.[101]

---

99 Buchner / Kühling in Kühling / Buchner, DS-GVO, BDSG, Art. 7 Rn. 18

100 Kramer in Auernhammer, DS-GVO / BDSG, Art. 6 Rn. 23

101 Buchner / Kühling in Kühling / Buchner, DS-GVO, BDSG, Art. 7 Rn. 18; Kramer in Auernhammer, DS-GVO / BDSG, Art. 6 Rn. 24

IV. Datenschutzrelevante Gesetzesregelungen außerhalb des KDG

102 Neben den Regelungen der Datenschutzgesetze enthalten auch andere Gesetze Vorschriften zum Schutz personenbezogener Daten. Strafbewehrt sind solche Regelungen u. a. durch das Strafgesetzbuch (StGB).

1. Vertraulichkeit des nicht öffentlich gesprochenen Wortes

103 Das allgemeine Persönlichkeitsrecht gemäß Artikel 2 Abs. 1 in Verbindung mit Artikel 1 Abs. 1 Grundgesetz (GG) gewährleistet auch das Recht auf Wahrung der Unbefangenheit des gesprochenen Wortes. Deshalb darf jedermann selbst bestimmen, wer ein Wort aufnehmen soll bzw. vor wem dies wieder abgespielt werden darf.[102] Dieses Recht ist durch § 201 Strafgesetzbuch (StGB) geschützt. Rechtsgut dieser Vorschrift ist die dem allgemeinen Persönlichkeitsrecht zugehörige Privatsphäre natürlicher Personen.[103]

104 Darüber hinaus stellen Tonaufnahmen aber auch personenbezogene Daten im Sinn des § 4 Nr. 1 KDG dar (zur Begriffsbestimmung vgl. ► Rn. 66 ff.). Für deren rechtmäßige Verarbeitung muss eine der Bedingungen, die in § 6 Abs. 1 KDG genannt sind, erfüllt sein. Unproblematisch ist es deshalb, wenn die Tonaufnahme mit Einwilligung der Beteiligten, also offen, erfolgt. Für nicht offene, also **heimliche Tonaufnahmen** kann keiner der anderen in § 6 Abs. 1 KDG genannten Gründe greifen, da solche Aufnahmen durch das Strafgesetzbuch verboten sind. Eine Verarbeitung personenbezogener Daten hat aber gemäß § 7 Abs. 1 lit a) KDG auf rechtmäßige und in einer für die betroffene Person nachvollziehbaren Weise zu erfolgen.

---

[102] LAG Rheinland-Pfalz, Urteil vom 3.2.2016, 7 Sa 220/15; LAG Hessen, Urteil vom 23.8.2017, 6 Sa 137/17

[103] Fischer, Strafgesetzbuch, § 201 Rn. 2

Das **heimliche Mitschneiden eines Mitarbeitergesprächs** zum Zweck einer möglichen späteren Beweisführung vor Gericht ist also unzulässig. Ein solches Verhalten rechtfertigt neben einer Sanktionierung durch die Datenschutzaufsicht oder einer strafrechtlichen Verfolgung auch eine **fristlose Kündigung** des Arbeitsverhältnisses. Es bedarf insoweit weder einer vorherigen Abmahnung noch einer Belehrung durch den Arbeitgeber vor Beginn eines Gesprächs darüber, dass Tonaufnahmen unstatthaft sind. Der Arbeitgeber kann davon ausgehen, dass ein solches Verbot allgemein bekannt ist.[104] Die Heimlichkeit des Verhaltens wird auch nicht dadurch ausgeschlossen, dass eine Partei ein Smartphone deutlich sichtbar vor sich legt. Es bedarf des ausdrücklichen Hinweises, dass es sich um eine Aufnahme handelt.[105] 105

Unzulässig ist ein Mithören ebenfalls, wenn es sich um ein Gespräch handelt, welches **dienstliche Belange betrifft.** Auch dann können sich Betroffene auf ihr „Recht am eigenen Wort“ berufen, weil darin ebenso ein Eingriff in die Persönlichkeitssphäre liegt.[106] Am Gespräch Beteiligte müssen selbst bestimmen können, wem ihre Worte zugänglich sein sollen. Eingriffe des Arbeitgebers in das Recht des Arbeitnehmers am gesprochenen Wort sind nur zulässig, soweit im Einzelfall das Interesse des Arbeitgebers vor dem Interesse des Arbeitnehmers den Vorrang verdient. Aufgrund dieser Interessenabwägung kann der Eingriff nur gerechtfertigt sein, wenn er nach Inhalt, Form und Begleitumständen nicht nur erforderlich ist, sondern auch das schonendste Mittel zur Erreichung eines rechtlich gebilligten Zwecks des Arbeitgebers darstellt.[107] Eine Einwilligung in das Mithören von Telefonaten usw. muss immer ausdrücklich vor Beginn des Gesprächs erfolgen. Das absichtliche heimliche Mithören führt dazu, dass die mithörende Person nicht als Zeuge in einem Prozess gehört werden darf. Anders ist es zu bewerten, wenn das Telefonat nur zufällig mitgehört wird.[108] 106

[104] LAG Rheinland-Pfalz, Urteil vom 3.2.2016, 7 Sa 220/15

[105] LAG Hessen, Urteil vom 23.8.2017, 6 Sa 137/17

[106] Däubler, Digitalisierung und Arbeitsrecht, § 8 Rn. 43

[107] BAG, Urteil vom 30.8.1995, 1 ABR 4/95

[108] BAG, Urteil vom 23.4.2009, 6 AZR 189/08

2. Ausspähen von Daten

107 § 202a Strafgesetzbuch (StGB) befasst sich mit dem Ausspähen von Daten. Der **erste Absatz** lautet wie folgt:

108 **§ 202a (Ausspähen von Daten)**

(1) Wer unbefugt sich oder einem anderen Zugang zu Daten, die nicht für ihn bestimmt und die gegen unberechtigten Zugang besonders gesichert sind, unter Überwindung der Zugangssicherung verschafft, wird mit Freiheitsstrafe bis zu drei Jahren oder mit Geldstrafe bestraft.

109 Nach der **Legaldefinition in Absatz 2** dieser Vorschrift sind Daten im Sinne des Absatzes 1 „nur solche, die elektronisch, magnetisch oder sonst nicht unmittelbar wahrnehmbar gespeichert sind oder übermittelt werden". Diese Daten dürfen nicht für den unbefugt darauf Zugreifenden bestimmt sein und müssen besonders gesichert sein.

110 Für wen Daten bestimmt sind, richtet sich in erster Linie nach der **Verfügungsbefugnis.** Wenn Mitarbeitende im dienstlichen Kontext Daten für die Dienstgeberin verarbeiten, ist die Dienstgeberin auch verfügungsbefugt. Dies gilt jedoch nur für dienstliche Daten, denn nur solche werden im Rahmen des Arbeitsvertrags auf Weisung oder Veranlassung des Arbeitgebers verarbeitet. Verarbeiten Mitarbeitende **private Daten auf Geräten der Dienstgeberin,** sind diese dennoch nicht für sie bestimmt. Die Verfügungsmacht liegt beim Mitarbeitenden, unabhängig davon, ob dieser berechtigt war, die von der Dienstgeberin zur Verfügung gestellte Technik zu nutzen oder nicht.[109]

111 Die Daten müssen gegen Zugriff **besonders gesichert** sein. Das bedeutet, der Verfügungsbefugte hat durch ernsthafte Schutzmaßnahmen die Daten gegen zufälligen oder unbefugten Zugriff gesichert und somit deutlich gemacht,

[109] Schönke / Schröder, Strafgesetzbuch, § 202a Rn. 9

dass er einer Verarbeitung durch jedermann nicht zustimmt. Ein solcher Schutz wird regelmäßig durch Sicherung mit einem starken **Passwort** geschehen. **Dabei ist aber zu unterscheiden:** Wenn der Rechner nur nach Eingabe eines Nutzerpassworts zugänglich ist, danach aber alle Daten einzusehen sind, unabhängig davon, ob sie dienstlichen oder persönlichen Charakter haben, liegt kein besonderer Schutz der persönlichen Daten vor. Durch eine solche Vorgehensweise macht der Mitarbeitende nur deutlich, dass die Daten vor dem Zugriff Dritter geschützt werden sollen. Werden hingegen die privaten Daten unabhängig von dem Schutz ansonsten noch einmal separat durch ein Passwort gesichert, liegt eine besondere Zugangssicherung im Sinn des § 202a StGB vor.

! Wer sich Zugang zum Passwort eines Kollegen oder einer Kollegin verschafft und damit die Möglichkeit ausnutzt, private E-Mails zu lesen, verwirklicht den Tatbestand des § 202a StGB. 112

3. Verletzung von Privatgeheimnissen

Die strafrechtliche Vorschrift des § 203 StGB (Verletzung von Privatgeheimnissen) betrifft im Wesentlichen Mitarbeitende im Kranken- und Pflegebereich sowie solche in Beratungsstellen. 113

Einer **besonderen Schweigepflicht** unterliegen nach § 203 Abs. 1 StGB 114

Nr. 2: Berufspsychologen mit staatlich anerkannter wissenschaftlicher Abschlussprüfung,

Nr. 4: Ehe-, Familien-, Erziehungs- oder Jugendberater sowie Berater für Suchtfragen in einer Beratungsstelle, die von einer Behörde oder Körperschaft, Anstalt oder Stiftung des öffentlichen Rechts anerkannt ist,

Nr. 5: Mitglieder oder Beauftragte einer anerkannten Beratungsstelle nach den §§ 3 und 8 des Schwangerschaftskonfliktgesetzes,

Nr. 6: staatlich anerkannte Sozialarbeiter oder staatlich anerkannte Sozialpädagogen.

115 Strafbar ist nach § 203 StGB das **Offenbaren** eines zum Zeitpunkt der Tat noch bestehenden Geheimnisses gegenüber einer nicht zum Wissen berufenen Person, die das Geheimnis noch nicht sicher kennt.[110] Dies gilt zunächst unabhängig davon, ob derjenige, demgegenüber die Offenbarung erfolgt, selbst der Schweigepflicht unterliegt.[111]

116 Offenbaren bedeutet jedwedes Mitteilen. Dies muss nicht mündlich erfolgen. Auch bloßes **Nicken oder beredtes Schweigen** zählen dazu, ebenso wie das offene Liegenlassen von Akten auf dem Schreibtisch des nicht verschlossenen Arbeitszimmers.[112] Das schützenswerte Interesse Betroffener ist weit auszulegen. So sind auch der Name Betroffener und die Tatsache, dass ein Klientenverhältnis zu der Einrichtung besteht, bereits darunter zu fassen.[113] Das gilt auch für die bloße Vereinbarung eines Termins.[114]

117 **Beispiel**

- Die Ehefrau fragt in der Suchtberatungsstelle nach, ob ihr Ehemann dort schon einen Termin vereinbart hat.
- Die Vorgesetzte lädt einen Mitarbeiter zu einem BEM-Gespräch ein und verwendet dabei die Funktions-E-Mail-Adresse seiner Gruppe.

118 Auf die Darstellung von Details soll an dieser Stelle verzichtet werden, da es sich hierbei nicht primär um datenschutzrechtliche Probleme handelt. Gleichwohl ist darauf hinzuweisen, dass diese Vorschrift gerade im Zusammenhang mit kirchlichen und sozialen Arbeitsverhältnissen erhebliche **Gefahren für die Mitarbeitenden** in sich birgt. Verstöße gegen § 203 StGB stellen regelmäßig auch Verstöße gegen datenschutzrechtliche Vorschriften dar. Die staatsanwaltliche Strafverfolgung eines Verstoßes gegen § 203 StGB findet

110 Langkeit, NStZ 1994, Seite 6

111 Fischer, Strafgesetzbuch, § 203 Rn. 30b

112 Langkeit, NStZ 1994, Seite 6

113 Rieger, DMW 1982, Seite 352

114 OLG Karlsruhe, Urteil vom 23.6.2006, 14 U 45/04

gemäß § 205 StGB nur auf Antrag statt und richtet sich dann gegen den Täter. Dagegen verfolgt die Datenschutzaufsicht Datenschutzverletzungen, von denen sie Kenntnis erlangt hat, ohne dass es eines Antrags bedarf. Adressat der Sanktionen der Datenschutzaufsicht ist der Verantwortliche. So kann es zu einer parallelen Verfolgung nach den Vorschriften des StGB und des KDG kommen.

Kapitel 1: Beschäftigtendatenschutz im Einstellungsverfahren

119 *„Wann wird es selbstverständlich sein, dass jemand mit den gleichen Noten die gleichen Aussichten bei einer Bewerbung hat, egal ob er Yilmaz oder Krause oder anders heißt?"*

120 Dieses Zitat aus der Antrittsrede eines ehemaligen Bundespräsidenten[1] belegt die Dringlichkeit von Datenschutz im **Einstellungsverfahren für ein Beschäftigungsverhältnis.** Ob vorsätzlich oder unbewusst, es werden im Bewerbungsverfahren bekannt gewordene personenbezogene Daten gewertet. Dies betrifft bereits den Namen und den Geburtsort des Bewerbers oder der Bewerberin. Auch Bewerbungsfotos und Lebensläufe legen eine Vielzahl personenbezogener Daten offen, die in der Einstellungsentscheidung keinen Ausschlag geben dürfen.

121 Mit dem Bewerbungsverfahren entsteht gemäß § 311 Abs. 2 Bürgerliches Gesetzbuch (BGB) bereits durch die Aufnahme von Vertragsverhandlungen mit einem Bewerbenden ein vorvertragliches Schuldverhältnis.[2] Ein solches **Anbahnungsverhältnis** begründet auch Schutzpflichten gegenüber Bewerberinnen und Bewerbern. Diese müssen sich darauf verlassen können, dass die vorvertragliche Beziehung sich im Rahmen rechtlicher Regeln und damit auch an die Regelungen des Datenschutzrechts hält.[3]

---

[1] Zitat von Ex-Bundespräsident Christian Wulff anlässlich seiner Antrittsrede im Deutschen Bundestag am 2.7.2010, Quelle: https://www.bundespraesident.de/SharedDocs/Reden/DE/Christian-Wulff/Reden/2010/07/20100702_Rede.html

[2] Gola, NZA 2019, Seite 654 (655)

[3] Däubler, Gläserne Belegschaften, Rn. 249

Von Bewerbenden dürfen nur solche personenbezogenen Daten erhoben werden, die für die **Begründung des Beschäftigungsverhältnisses erforderlich** sind. Das ergibt sich aus § 53 Abs. 1 KDG (dazu bereits ► Rn. 56 ff.). Zum Zeitpunkt der Erhebung hat die Dienstgeberin gemäß § 15 Abs. 1 lit c) KDG die Zwecke mitzuteilen, für welche die personenbezogenen Daten verarbeitet werden sollen. 122

Insbesondere im Einstellungsverfahren wird der **Grundsatz der Direkterhebung** relevant. Direkterhebung meint die vorrangige Erhebung von Daten direkt bei der betroffenen Person. Während dieser Grundsatz in § 4 Abs. 2 BDSG a. F. und § 9 Abs. 2 Anordnung über den kirchlichen Datenschutz (KDO) noch ausdrücklich festgeschrieben war, findet er in der DS-GVO und im KDG keine ausdrückliche Erwähnung mehr. Dennoch gilt die Priorität der Direkterhebung nach herrschender Meinung[4] auch in der neuen Verordnung fort. Nach der Regelung in § 5 Abs. 1 lit a) DS-GVO müssen Daten in rechtmäßiger Weise, nach Treu und Glauben und in einer für die betroffene Person nachvollziehbaren Weise verarbeitet werden. Mit dem **Grundsatz von Treu und Glauben** wäre es nicht vereinbar, wenn Daten hinter dem Rücken Betroffener eingeholt werden könnten.[5] Zwar fehlt im KDG die Benennung von Treu und Glauben als Verarbeitungsgrundsatz. Dies dürfte jedoch ohne praktische Relevanz sein, da die Forderung des KDG nach einer rechtmäßigen, nachvollziehbaren Verarbeitung inhaltlich dasselbe aussagt.[6] Auf jeden Fall aber wird die Transparenz für den Betroffenen durch die deutlich gestiegenen Informationspflichten in § 14 ff. KDG erhöht. 123

! Jede Datenerhebung hat grundsätzlich direkt beim Betroffenen zu erfolgen. 124

4 Maschmann in Kühling / Buchner, DS-GVO, BDSG, § 26 Rn. 34; Däubler, Gläserne Belegschaften, Rn. 203; Nebel ZD 2018, Seite 520 (524); Buchner DuD 2016, Seite 155 (156)

5 Gola, Handbuch Beschäftigtendatenschutz, Einleitung Rn. 40

6 Sydow / Siebert in Sydow, Kirchliches Datenschutzrecht, § 7 Rn. 5

125 Dieser Grundsatz war bereits im Gesetzentwurf der Bundesregierung zum Beschäftigtendatenschutzgesetz festgeschrieben.[7] Aufgrund des Rechts auf informationelle Selbstbestimmung soll der Betroffene selbst entscheiden können, welche ihn betreffenden personenbezogenen Daten verarbeitet werden oder nicht.[8]

126 **Nur in Ausnahmefällen** kann es in Betracht kommen, Unstimmigkeiten im Lebenslauf von Stellenbewerbenden zu überprüfen, wenn eine direkte Befragung kein zufriedenstellendes Ergebnis erbringt.[9] Werden Daten des Bewerbers oder der Bewerberin **bei Dritten** erhoben, ist er oder sie außerdem gemäß § 16 Abs. 1 KDG unverzüglich darüber zu informieren.

---

7 Bundestags-Drucksache 17/4230 vom 15.12.2010, Seite 6 (§ 32 Abs. 6)

8 Maschmann in Kühling / Buchner, DS-GVO, BDSG, § 26 Rn. 34

9 LAG Baden-Württemberg, Urteil vom 21.2.2019, 3 Sa 65/17; Däubler in Däubler / Wedde / Weichert / Sommer, EU-DSGVO und BDSG, Art. 13 Rn. 2

I. Bewerbungsunterlagen

Bereits mit der Vertragsanbahnung entsteht gemäß § 311 Abs. 2 BGB ein vorvertragliches Schuldverhältnis, welches den Parteien gegenseitige Aufklärungs-, Mitwirkungs- und Rücksichtnahmepflichten auferlegt.[10] Ein Schuldverhältnis entsteht deshalb bereits mit der Bewerbung auf eine Stellenanzeige oder mit Einreichung einer Initiativbewerbung.[11] Bereits mit dem **Einreichen der Bewerbungsunterlagen** werden personenbezogene Daten der Bewerberin oder des Bewerbers erhoben, die den datenschutzrechtlichen Anforderungen unterliegen. 127

1. Lebenslauf

Obwohl es die Bezeichnung vielleicht vermuten lässt, soll ein Lebenslauf keine Auskunft über das Leben geben, sondern über die berufliche Entwicklung im Verlauf des Lebens von Bewerberinnen und Bewerbern. Deshalb ist die Angabe von personenbezogenen Daten, die **keinen Bezug zur beruflichen Entwicklung** haben, von Bewerbenden zu unterlassen und von der Dienstgeberin nicht zu erfragen. 128

Gemäß § 1 in Verbindung mit § 7 Abs. 1 Allgemeines Gleichbehandlungsgesetz (AGG) dürfen Beschäftigte unter anderem nicht **wegen ihres Alters** benachteiligt werden, es sei denn, dass die Frage danach objektiv und angemessen und durch ein legitimes Ziel gerechtfertigt ist (§ 10 Abs. 1 AGG). 129

10 Linck in Schaub, Arbeitsrechts-Handbuch, BDSG, § 26 Rn. 1

11 Ebd.

130 **§ 1 AGG (Ziel des Gesetzes) lautet:**

Ziel des Gesetzes ist, Benachteiligungen aus Gründen der Rasse oder wegen der ethnischen Herkunft, des Geschlechts, der Religion oder Weltanschauung, einer Behinderung, des Alters oder der sexuellen Identität zu verhindern oder zu beseitigen.

131 **§ 7 AGG (Benachteiligungsverbot) regelt in Absatz 1:**

Beschäftigte dürfen nicht wegen eines in § 1 genannten Grundes benachteiligt werden; dies gilt auch, wenn die Person, die die Benachteiligung begeht, das Vorliegen eines in § 1 genannten Grundes bei der Benachteiligung nur annimmt.

132 Gemäß § 2 AGG gilt dieses Benachteiligungsverbot auch für Bewerbende:

133 **§ 2 AGG (Anwendungsbereich) bestimmt in Absatz 1:**

Benachteiligungen aus einem in § 1 genannten Grund sind nach Maßgabe dieses Gesetzes unzulässig in Bezug auf:

1. die Bedingungen, einschließlich Auswahlkriterien und Einstellungsbedingungen, für den Zugang zu unselbstständiger und selbstständiger Erwerbstätigkeit, unabhängig von Tätigkeitsfeld und beruflicher Position, sowie für den beruflichen Aufstieg,

...

134 Das **Alter** darf also bei der Auswahlentscheidung eines Arbeitgebers keine Rolle spielen, wenn nicht ein Ausnahmetatbestand gemäß § 10 AGG beweisbar ist.[12]

[12] Gola, Handbuch Beschäftigtendatenschutz, Rn. 615

Die **Angabe des Geburtsdatums** sollte unterbleiben, um keine Anhaltspunkte für eine Benachteiligung zu geben. Dasselbe gilt für den **Geburtsort.** Aus diesem lässt sich ein Migrationshintergrund der Bewerberin oder des Bewerbers ableiten, der Anknüpfungspunkt für eine Benachteiligung aus rassistischen Gründen sein kann. Aus der **Angabe des Vornamens** kann auf das Geschlecht Bewerbender geschlossen werden. Regelmäßig wird es keinen sachlichen Grund geben, dieses zu erfragen. Wenn die Stelle für eine „Person (m/w/d)" ausgeschrieben ist, macht die Dienstgeberin deutlich, dass es auf das Geschlecht Bewerbender nicht ankommt. Das Abfragen des Vornamens beispielsweise auf Bewerbungsportalen oder entsprechenden Bewerbungsformularen ist deshalb als freiwillige Angabe zu kennzeichnen, weil es sich dabei um die Verarbeitung eines personenbezogenen Datums handelt, für dessen Erhebung keine Erforderlichkeit besteht.[13] Bewerbende können aber ein eigenes Interesse an der Angabe ihres Vornamens haben, zum Beispiel dann, wenn unter der angegebenen Anschrift mehrere Personen mit gleichem Nachnamen leben. 135

! Angaben zum Personenstand (ledig, verheiratet/eingetragene Lebenspartnerschaft, verwitwet, geschieden) und den Familienverhältnissen (Anzahl der Kinder, alleinerziehende Person) gehören ebenfalls nicht in einen Lebenslauf. 136

Die Tatsache, dass diese Angaben nach einer Einstellung erfragt werden müssen (z. B. für die Anmeldung bei Sozialversicherungen oder dem Finanzamt) spielt im Bewerbungsverfahren keine Rolle, weil es in der Bewerbungsphase keinen sachlichen Zweck für die Verarbeitung dieser Daten gibt bzw. die Verarbeitung solcher Daten nicht für die Begründung des Beschäftigungsverhältnisses erforderlich ist. 137

[13] Die Landesbeauftragte für Datenschutz Niedersachsen hat einem Online-Unternehmen untersagt, in einem Bestellformular die Abfrage „Herr / Frau" zu verwenden. Im Klageverfahren vor dem Verwaltungsgericht war diese Frage nicht entscheidungserheblich, weil das Unternehmen in dem Verfahren erklärt hat, auf eine solche Abfrage zukünftig zu verzichten (VG Hannover, Urteil vom 9.11.2021, 10 A 502/19).

2. Zeugnis

138 Die Vorlage von Zeugnissen wird regelmäßig für die Entscheidung über die Begründung eines Beschäftigungsverhältnisses erforderlich sein. Deshalb sind mit den Bewerbungsunterlagen Zeugnisse möglichst für alle im Lebenslauf benannten Stationen der Ausbildung und Vorbeschäftigungen einzureichen. Zur Offenbarungspflicht der Bewerbenden im Hinblick auf arbeitgeberseitige Fragen im Rahmen des Einstellungsverfahrens ► Rn. 180 ff.

3. Kontaktdaten

139 Bislang unstreitig ist es im Bewerbungsverfahren erforderlich, Nachnamen und Adressen sowie Telefonnummer oder ggf. E-Mail-Adresse von Bewerbenden zu verarbeiten. Andernfalls wäre eine Kontaktaufnahme nicht möglich.[14] Gerade im Anbahnungsverhältnis für eine Beschäftigung ist häufig eine kurzfristige Kontaktaufnahme mit der Bewerberin oder dem Bewerber erforderlich, die durch eine ausschließliche Verwendung der Briefpost nicht gewährleistet wäre.

140 Daraus ergibt sich der Zweck der Datenverarbeitung, nämlich die **zeitnahe Durchführung des Bewerbungsverfahrens.** Dieser Zweck ist erreicht, wenn das Einstellungsverfahren abgeschlossen ist. Als Konsequenz ergibt sich die Notwendigkeit, für die weitere Verarbeitung nach einer Entscheidung über die Einstellung einen **neuen Zweck** zu formulieren, der eine Datenverarbeitung über das Einstellungsverfahren hinaus rechtfertigt.

[14] Entwurf eines Gesetzes zur Regelung des Beschäftigtendatenschutzes, Bundestags-Drucksache 17/4230, Seite 6; Gola, Handbuch Beschäftigtendatenschutz, Rn. 609

! Personenbezogene Daten aus der Bewerbung dürfen deshalb nicht ohne sachlichen Grund nach einer Einstellung 1:1 in die Personalakte übernommen werden. 141

4. Bewerbungsfoto

Ein Foto gibt häufig zahlreiche personenbezogene Daten preis. Insbesondere lassen sich daraus Angaben über die **Religionszugehörigkeit** (Bindi, Turban, Kippa, Kopftuch und ähnliches) herleiten. Aber auch auf einen möglichen Migrationshintergrund oder auf das Alter oder die soziale Herkunft lassen sich Rückschlüsse ziehen. Zur Erhebung solcher personenbezogenen Daten gibt es im Rahmen eines Bewerbungsverfahrens regelmäßig keinen Anlass. Wenn solche personenbezogenen Daten durch Dienstgeber aktiv und willentlich erhoben werden, findet eine Verarbeitung im Sinn des § 4 Nr. 3 KDG statt, die eine Informationspflicht des Verantwortlichen gemäß § 15 KDG begründet. 142

Einen Zweck für die Verarbeitung der genannten Daten anzugeben wird der Dienstgeberin schwerfallen, da es selbst in einem kirchlichen Arbeitsverhältnis nicht mehr in jedem Fall auf die **Zugehörigkeit zu einer christlichen Kirche** ankommt. Sollte dies dennoch ein zulässiges Auswahlkriterium sein, hat der Dienstgeber die Möglichkeit, dieses ausdrücklich in der Stellenausschreibung abzufragen. Ein Foto ist auch deshalb nicht erforderlich, weil aus der Art des Fotos und der Eigendarstellung auf die Persönlichkeit des Bewerbenden geschlossen werden kann[15], denn gerade das ist ein Sinn von Bewerbungsgesprächen. 143

Erforderlich ist eine Verarbeitung nur dann, wenn es keine andere Möglichkeit gibt, die gewünschten Informationen zu erhalten und dabei gleichzeitig die Persönlichkeitsrechte zu wahren. Da es aber eine andere Möglichkeit gibt, den verfolgten Zweck zu erreichen, ist die Anforderung von Bewerbungsfotos nicht erforderlich. **In der Praxis** ist die Beifügung von Fotos zu 144

15 So aber Gola, Handbuch Beschäftigtendatenschutz, Rn. 627

Bewerbungsunterlagen aber noch weit verbreitet. Aus diesem Grund ist eine Verpflichtung von Dienstgebern aktuell noch nicht gegeben, solche Fotos, die von Bewerbenden **ohne Aufforderung** eingereicht wurden, aus den Bewerbungsunterlagen zu entfernen, obwohl dies bei aufgedrängten Informationen sonst der Fall ist (dazu anschließend ► Rn. 145 ff.). Die Anforderung von Fotos in einer Stellenausschreibung stellt aber eine Datenerhebung dar, die den Grundsätzen des § 7 KDG widerspricht.

5. Umgang mit unaufgefordert vorgelegten Daten

145 Personenbezogene Daten von Beschäftigten dürfen für Zwecke des Beschäftigungsverhältnisses verarbeitet werden, wenn dies für die Entscheidung über die Begründung eines Beschäftigungsverhältnisses erforderlich ist. Gemäß § 4 Nr. 24 lit i) KDG gelten für ein Beschäftigungsverhältnis Bewerbende als „Beschäftigte“ im Sinn des Gesetzes. Verarbeiten im Sinn des § 4 Nr. 3 KDG ist vor allem das Erheben, Erfassen und Speichern von personenbezogenen Daten. Für das **Erheben** maßgeblich ist, dass der Arbeitgeber die personenbezogenen Daten aktiv und willentlich erhebt.[16] Wenn Bewerbende unaufgefordert, also ohne zurechenbare Veranlassung durch den Arbeitgeber, Informationen an diesen geben, liegt darin noch keine Erhebung von Daten.[17] Erst der weitere Umgang mit solchen Daten, insbesondere deren Speicherung und Nutzung, ist an § 53 KDG zu messen.[18]

146 ! Die Dienstgeberin darf also personenbezogene Daten, die von Bewerbenden eingereicht werden und für die Begründung des Beschäftigungsverhältnisses nicht erforderlich sind, nicht verarbeiten.

[16] Eßer in Auernhammer, DS-GVO / BDSG, Art. 4 Rn. 38

[17] Reimer in Sydow, Europäische Datenschutzgrundverordnung, Art. 4 Rn. 55

[18] Gola in Gola / Heckmann, Bundesdatenschutzgesetz, § 26 Rn. 29

Nicht erforderlich sind dabei alle solchen personenbezogenen Daten, nach denen der Arbeitgeber nach den von der Rechtsprechung entwickelten Grundsätzen zum Fragerecht bzw. aufgrund von Diskriminierungsverboten nicht hätte fragen dürfen.[19] Da im Beschäftigungsverhältnis nicht zuletzt wegen des dort bestehenden Über-/Unterordnungsverhältnisses eine gewisse Drucksituation nicht auszuschließen ist, sind Einwilligungen nur in einem engen Rahmen möglich. Die Aufbewahrung (Speicherung) eines unaufgefordert eingereichten polizeilichen Führungszeugnisses ist also ebenso unzulässig wie die Aufbewahrung eines ärztlichen Attests zur Empfängnisunfähigkeit (um zu beweisen, dass mit einer Schwangerschaft und den damit verbundenen Ausfallzeiten im Arbeitsverhältnis nicht zu rechnen ist).[20] Solche aufgedrängten personenbezogenen Daten und Informationen sind von der Dienstgeberin zurückzusenden bzw. zu löschen. 147

[19] Gola, Handbuch Beschäftigtendatenschutz, Rn. 608

[20] Fischer, NJW 2009, Seite 3547

II. Online-Bewerbung

148 Zunehmend setzen sich gegenüber der klassischen Bewerbungsmappe Online-Bewerbungen durch. Solche sind auf zwei Wegen möglich. Entweder erfolgt die Zusendung der Unterlagen per **E-Mail** oder diese werden über ein eigenes **Online-Bewerbungsportal zugänglich gemacht**, bei denen die Interessentinnen und Interessenten ein Formular mit persönlichen Angaben ausfüllen und eingescannte Dokumente wie Zeugnisse und Zertifikate hochladen können.

1. Bewerbung per E-Mail

149 Sofern Bewerbungsunterlagen per E-Mail ohne besondere Absicherung verschickt werden, besteht zunächst die Gefahr, dass Dritte (z. B. der Provider) neben den für die Zustellung erforderlichen Daten auch die Inhalte der E-Mail zur Kenntnis nehmen können. Auch wenn der Provider eine **Ende-zu-Ende-Verschlüsselung** garantiert, können die Unterlagen in falsche Hände geraten, wenn bei der Eingabe der E-Mail-Adresse Fehler unterlaufen.

150 Die Dienstgeberin, die in ihrer Stellenausschreibung E-Mail-Bewerbungen ermöglicht, ist deshalb gehalten, Bewerbende auf derartige Gefahren hinzuweisen und ihnen eine **Möglichkeit der sicheren Kommunikation** anzubieten. Die Nutzung von Verschlüsselungen (kryptografische Verfahren) oder der Einsatz von elektronischen Signaturen wird im Zusammenhang mit Bewerbungen eher praxisfremd sein. Eine Sicherung der Inhalte von E-Mails kann aber auch ohne das Vorhandensein derartiger Infrastruktur gewährleistet werden. Dazu ist es ausreichend, die Mitteilung, welche die personenbezogenen Daten enthält, gegen eine direkte Öffnung zu schützen. Das kann dadurch erfolgen, dass verschlüsselte Containerformate (zum Beispiel ZIP-Dateien) verwendet

werden. In diesen sind die eigentlichen Dokumente enthalten. Für deren Öffnung ist ein Passwort erforderlich, welches dem Empfänger auf einem anderen Informationsweg (zum Beispiel telefonisch oder per Short Message Service SMS) bekannt zu geben ist.[21]

! Wenn die Dienstgeberin die Möglichkeit elektronischer Bewerbungen einräumt, ist dafür eine besondere E-Mail-Adresse einzurichten, auf welche nur die für die Einstellung zuständige Stelle in der Einrichtung Zugriff hat. 151

Nicht jede Bewerbung erfolgt auf der Grundlage einer Stellenausschreibung. 152 **Bei Initiativbewerbungen** besteht das Risiko, dass diese von Bewerbenden an die allgemeine, in der Regel im Impressum der Homepage angegebene, E-Mail-Adresse gesendet werden. Für solche Bewerbungen hat der Verantwortliche ein Verfahren zu etablieren, aus dem sich der Umgang mit den Daten der Bewerbenden ergibt. In jedem Fall ist sicherzustellen, dass solche Bewerbungen elektronisch an die Personalabteilung weitergeleitet und dann im Posteingang gelöscht werden.

2. Online-Bewerbungsportal

Sofern von der Dienstgeberin das Hochladen der Bewerbungsunterlagen auf 153 ein Online-Portal ermöglicht wird, sind die Informationspflichten gemäß § 15 KDG zu beachten. Danach sind Bewerberinnen und Bewerber zum Zeitpunkt der Erhebung der Daten die in § 15 Abs. 1 KDG benannten Informationen mitzuteilen. Dabei ist auch darauf hinzuweisen, ob die personenbezogenen Daten von der einstellenden Stelle selbst verarbeitet werden oder ob externe Dienstleister im Wege einer Auftragsdatenverarbeitung zum Einsatz kommen.

21 Kirchliche Datenschutzaufsicht Ost, Tätigkeitsbericht für das Jahr 2020, Seite 28

154 In jedem Fall ist Bewerberinnen und Bewerbern die Möglichkeit einzuräumen, ihre Bewerbungen gleichrangig **auf dem herkömmlichen Postweg** einzureichen. Reichen Bewerbende trotz dieses Angebots ihre Bewerbungen auf elektronischem Weg ein, ist darin eine Einwilligung in die Verarbeitung ihrer personenbezogenen Daten zu sehen. Besteht die Möglichkeit der postalischen Bewerbung nicht, dürfte eine rechtskonforme Einwilligung an dem Erfordernis der Freiwilligkeit (dazu bereits ausführlich ► Rn. 83, 87 ff.) scheitern.

III. Videoeinsatz als Auswahlinstrument

Schon vor der Corona-Pandemie wurden im Rahmen von Einstellungsverfahren Video-Interviews mit den Bewerberinnen und Bewerbern durchgeführt. Solche Gespräche per Video können eine zeitsparende und kostengünstige Alternative zum herkömmlichen Vorstellungsgespräch in Präsenzform darstellen. 155

Dabei sind **drei Varianten** des Videoeinsatzes zu unterscheiden: 156

- Das einfache Live-Interview, bei dem wie bei einer Videokonferenz die Gesprächspartner per Video miteinander verbunden sind, ohne dass eine Aufzeichnung erfolgt oder
- ein Videoverfahren mit Aufzeichnung und der dadurch bestehenden Möglichkeit einer zeitversetzten Auswertung oder
- ein Verfahren, bei dem das Interview aufgezeichnet wird in der Absicht, es mit Hilfe von Sprach- und Bildanalyse auswerten zu können.

Die Zulässigkeit solcher Verfahren richtet sich im Kontext einer Beschäftigung nach § 53 KDG. Danach ist die Verarbeitung personenbezogener Daten u. a. erlaubt, wenn sie für die Entscheidung über die Begründung eines Beschäftigungsverhältnisses erforderlich ist (zu Inhalt und Bedeutung der Regelung in § 53 KDG bereits ► Rn. 56 ff.). Dies ist dann der Fall, wenn die Datenverarbeitung zur Erreichung des Zwecks objektiv geeignet ist und eine für die betroffene Person weniger belastende Alternative entweder nicht vorliegt oder für den Verantwortlichen nicht zumutbar ist. 157

Für den Fall des reinen **Live-Interviews,** bei dem sich der Bewerbende und die Dienstgeberin im Gespräch per Video gegenübersitzen, ist nicht erkennbar, dass das Präsenz-Interview, bei dem sich die Gesprächspartner in einem Raum befinden, das mildere Mittel ist. In beiden Fällen können die Gesprächspartner ihre Fragen stellen und aufgrund der Beantwortung sowie aus der nonverbalen Kommunikation (Mimik, Gestik) Schlüsse ziehen. Der bloße 158

Einsatz automatisierter Kommunikation, der ein Gespräch über die Distanz ermöglicht, ist somit datenschutzrechtlich zulässig, wenn Aufzeichnungen nicht erfolgen und den Bewerbenden das Verfahren transparent gemacht wurde.[22]

159 Bei der Auswahl eines **Videokonferenzsystems** sind dabei datenschutzkonforme Einstellungen zu wählen. Eine Empfehlung bestimmter Systeme oder ein Nutzungsverbot für bestimmte Systeme ist aufgrund der Vielfalt und der sich ständig ändernden Systemeinstellungen zwar nicht möglich.[23] Jedoch ist zu beachten, dass eine Übertragung der Daten auf Server, die sich außerhalb des europäischen Wirtschaftsraums befinden, unzulässig ist.

160 Werden die Interviews aufgenommen bzw. gespeichert, ist die damit verbundene Verarbeitung anders zu beurteilen. Werden Sprachaufzeichnungen vorgenommen, ist neben einer datenschutzrechtlichen Prüfung zunächst die Vorschrift des § 201 StGB zu beachten (Verletzung der Vertraulichkeit des Wortes, § 201 StGB ► Rn. 103 ff.). Das **Recht am eigenen Wort** schützt nicht nur die Inhalte von Äußerungen, sondern auch deren Art und Weise. Das betrifft beispielsweise Sprachgeschwindigkeit, Sprachmelodie und Sprachlautstärke.

161 ! Bereits aus diesem Grund ist vor einem Interview, bei dem eine Aufzeichnung erfolgen soll, die Einwilligung der betroffenen Person einzuholen, um eine strafrechtliche Verfolgung zu vermeiden.

162 Auch wenn kirchliche Einrichtungen unter einem hohen Kostendruck in einer schwierigen Arbeitsmarktsituation geeignete Bewerbende finden müssen, dürfen diese Kriterien nicht die Integrität personenbezogener Daten infrage stellen. Video-Interviews, bei denen Aufzeichnungen erfolgen, um sie gegebenenfalls zeitversetzt auswerten zu können, greifen erheblich in das Recht auf informationelle Selbstbestimmung ein, soweit durch eine detaillierte und intensive Auswertung nonverbalen Verhaltens Bewerberinnen und Bewerber analysiert werden.

---

[22] Gola, RDV 2019, Seite 24

[23] Kirchliche Datenschutzaufsicht Ost, Tätigkeitsbericht für das Jahr 2020, Seiten 61 und 101 ff.

Dies trifft umso mehr zu, als durch Sprachanalyse-Software **Persönlichkeitsprofile** der Bewerbenden erstellt werden sollen. Solche Systeme analysieren nicht den Inhalt einer Kommunikation, sondern Sprache und Sprechweise. Die gesammelten Daten werden dann einem Referenzsystem gegenübergestellt. Der Datenabgleich ermöglicht Aussagen über die Person, die sich auf deren Belastbarkeit, Teamfähigkeit, Motivation, Verantwortungsbereitschaft und Ähnliches beziehen.[24] Solche Aufzeichnungen des Video-Interviews sind unzulässig, weil dadurch eine **zusätzliche Nutzung von Bild- und Tondaten** möglich wird, die einen wesentlich intensiveren Eingriff in die Privatsphäre des Bewerbenden ermöglicht.[25] Für solche Verfahren, die tief in die Persönlichkeitssphäre eingreifen und deshalb kaum mit der Menschenwürde vereinbar sind, fehlt es aber an einer Rechtsgrundlage. Derartige Interviews sind deshalb unzulässig. Das gilt auch dann, wenn solche Auswertungen nicht beabsichtigt sind. Allein die Möglichkeit, solche durchzuführen zu können, macht das Verfahren rechtswidrig.[26] 163

Wenn **chatbots**[27] aus der Sprache, der Sprechweise, der sprachlichen Vielfalt, der Verwendung von Füll- oder Fremdwörtern und ähnlichen Merkmalen ein Profil des Bewerbenden erstellen, ist ein solches Verfahren gemäß § 24 Abs. 1 KDG unzulässig, soweit die Einstellungsentscheidung sich ausschließlich auf die automatische Bewertung dieser Persönlichkeitsmerkmale bezieht. Denn nach dieser Vorschrift hat der Betroffene das Recht, nicht einer ausschließlich auf einer automatisierten Verarbeitung (einschließlich Profiling) beruhenden Entscheidung unterworfen zu werden, die ihm gegenüber rechtliche Wirkung entfaltet oder ihn in ähnlicher Weise erheblich beeinträchtigt. 164

Auch durch eine **Einwilligung** ist eine derartige Verarbeitung personenbezogener Daten nicht zu rechtfertigen. Zwar ist die schon unter der Geltung des BDSG a. F. und der KDO diskutierte Frage, ob bei einem im Arbeitsverhältnis 165

[24] Gola, Handbuch Beschäftigtendatenschutz, Rn. 552

[25] Berliner Beauftragte für Datenschutz und Informationsfreiheit, Tätigkeitsbericht 2016, Seite 117

[26] Landesbeauftragte für Datenschutz und Informationsfreiheit Nordrhein-Westfalen, 23. Tätigkeitsbericht 2017, Seite 53 ff. und 26. Tätigkeitsbericht 2020, Seite 101

[27] Chatbots sind IT-Anwendungen, die mit Hilfe künstlicher Intelligenz in der Lage sind, sich mit Menschen in natürlicher Sprache zu unterhalten.

typischen Über-/Unterordnungsverhältnis eine Einwilligung als Erlaubnistatbestand einer Datenverarbeitung überhaupt in Betracht kommt, zwischenzeitlich dahingehend geklärt worden, dass dies grundsätzlich möglich ist (zu den Anforderungen an die Freiwilligkeit der Einwilligung bereits ► Rn. 83 ff.). Dies ist insbesondere dann der Fall, wenn für die beschäftigte Person ein rechtlicher oder wirtschaftlicher Vorteil erreicht wird oder Arbeitgeber und beschäftigte Person gleichgelagerte Interessen verfolgen (§ 26 Abs. 2 BDSG).

166 Eine entsprechende Regelung fehlt im KDG jedoch. Andererseits ist auch nicht normiert, dass eine Einwilligung im Kontext einer Beschäftigung unzulässig ist. Deshalb wird man im Weg der Auslegung eine Zulässigkeit unter Bedingungen, wie sie das Bundesdatenschutzgesetz in § 26 Abs. 2 festlegt, auch für den Geltungsbereich des KDG erreichen. Ein **gleichgelagertes Interesse oder sogar ein Vorteil** der bewerbenden Person ist für dieses Verfahren aber nicht festzustellen. Bewerbende wollen sich in einer bestimmten Weise präsentieren. Sie möchten aber nicht, dass hinter ihrer Präsentation mit Hilfe von Algorithmen ihre Persönlichkeit ausgeforscht wird. Gerade im Bewerbungsstadium besteht eine hohe Abhängigkeit Bewerbender vom potenziellen neuen Arbeitgeber. Vor diesem Hintergrund ist eine Freiwilligkeit der Einwilligung im Sinn einer selbstbestimmten, unbeeinflussten Erklärung schwer vorstellbar.

IV. Background-Checks

Wie der Name bereits sagt, werden in sogenannten Background-Checks Hintergrundinformationen erhoben. Inwieweit solche Erhebungen **ohne die Beteiligung** der Bewerberinnen und Bewerber erfolgen dürfen, ist umstritten. 167

Zunächst ist festzustellen, dass der **Grundsatz der Direkterhebung**, wie ihn § 9 Abs. 2 Satz 1 KDO (§ 4 Abs. 2 Satz 1 BDSG a. F.) vorgesehen hat, nicht mehr gesetzlich festgeschrieben ist. Nach überwiegender Meinung gilt dieser Grundsatz auch ohne seine explizite Erwähnung heute fort. Abgeleitet wird dies aus dem Transparenzgrundsatz gemäß § 5 Abs. 1 lit a) KDG bzw. Art. 5 Abs. 1 lit a) DS-GVO. Zu dieser Thematik bereits ► Rn. 123 ff. 168

Mit der **Datenerhebung bei Dritten** will der Arbeitgeber regelmäßig den Wahrheitsgehalt der Angaben von Bewerbenden überprüfen. Darüber hinaus wird er damit auch Informationen über Vita und Umfeld des Bewerbers oder der Bewerberin ermitteln wollen.[28] Wenn Zweifel an der Richtigkeit dieser Daten bestehen, ist es für die Dienstgeberin aber zumutbar, bei dem Bewerber oder der Bewerberin direkt nachzufragen, um Aufklärung zu bitten und sich weitere Belege, etwa in Form von Originalen, vorlegen zu lassen.[29] 169

► Beispiel 170

Eine Bewerberin legt zu ihrem Lebenslauf Zeugnisse für einzelne benannte Stationen vor. Beim Prüfen der Bewerbungsunterlagen stellt sich heraus, dass für einen Zeitraum von einem Jahr zwar eine Beschäftigung im Lebenslauf benannt ist, aber ein entsprechendes Arbeitszeugnis fehlt. Die Aufklärung über diese Lücke ist durch Nachfrage bei der Bewerberin zu klären. Es ist nicht erforderlich, Nachforschungen beim ehemaligen Arbeitgeber oder anderweitige Recherchen anzustellen.

[28] Schwarz, ZD 2018, Seite 353

[29] Landesbeauftragte für den Datenschutz Bremen, 35. Tätigkeitsbericht 2012, Seite 86

1. Recherche im Internet

171 Auch im Anbahnungsverhältnis darf die Dienstgeberin nur solche Daten verarbeiten, die sie auch **im Rahmen ihres Fragerechts** erheben darf. Gerade bei der Recherche über Bewerbende im Internet können Arbeitgeber Daten erheben, die für die Entscheidung über die Stellenbesetzung nicht erforderlich sind. Darunter fallen auch Daten wie ethnische Herkunft, Religion, Weltanschauung, Behinderung oder sexuelle Identität. Daher überwiegen bei Recherchen im Internet ohne Mitwirkung Betroffener regelmäßig deren schutzwürdige Interessen, sodass diese Art der Datenerhebung unzulässig ist.[30]

172 Deshalb sind **heimliche oder ohne wirksame Einwilligung** durchgeführte Background-Checks regelmäßig datenschutzrechtlich unzulässig, da sie häufig unverhältnismäßig sind.[31] Das betrifft auch solche Background-Checks auf der Grundlage frei zugänglicher Daten im Internet („googeln"). Auch wenn die Verarbeitung „frei gewonnener" Daten datenschutzrechtlich gerechtfertigt sein mag, ist jedoch das Sammeln „freier" Daten unzulässig, soweit es für die Einstellungsentscheidung unerheblich ist. Wegen der Priorität des Grundsatzes der Direkterhebung dürfte eine Zulässigkeit deshalb regelmäßig ausscheiden.[32]

173 **Eine Ausnahme** gilt für die dienstgeberseitige Informationsbeschaffung durch Einsichtnahme in soziale, beruflichen Zwecken dienende, Netzwerke (z. B. XING, LinkedIn). Denn Betroffene haben hier regelmäßig die Einstellungen gerade deshalb vorgenommen, um potenzielle Arbeitgeber davon in Kenntnis zu setzen.[33]

---

30 Ebd.

31 Kort, RdA 2018, Seite 24; Linck in Schaub, Arbeitsrechts-Handbuch, BDSG, § 26 Rn. 13

32 Maschmann in Kühling / Buchner, DS-GVO, BDSG, § 26 Rn. 36; Däubler, Gläserne Belegschaften, Rn. 249

33 Fuhlrott, ArbRAktuell 2020, Seite 103

2. Auskünfte früherer Arbeitgeber / Dienstgeber

Auskünfte bei einem ehemaligen Arbeitgeber / Dienstgeber einzuholen setzt nach überwiegender Ansicht aufgrund des Rechts auf informationelle Selbstbestimmung eine **Einwilligung des Betroffenen** voraus. Gegenüber der früheren Rechtsprechung des BAG[34], nach der auch ohne Zustimmung Auskünfte beim früheren Arbeitgeber über Bewerbende eingeholt werden durften, ist dies eine konsequente Verbesserung, da die Weitergabe von Personalakten an Dritte ohne Erlaubnis des Mitarbeitenden nicht gestattet ist. Dass für mündliche und schriftliche Auskünfte nichts anderes gelten kann, ist da nur einleuchtend.[35] 174

Gelegentlich wird in diesen Fällen die **Freiwilligkeit,** die Grundlage für eine wirksame Einwilligung ist, bestritten.[36] Erlauben Bewerber die Auskunftseinholung bei früheren Dienstgeberinnen und ist diese Auskunft negativ für den Betroffenen, wird das Folgen für das Bewerbungsverfahren haben. Verweigern Bewerbende die Einwilligung, ist es Arbeitgebern freigestellt, allein daraus Schlüsse zu ziehen. 175

Tatsächlich ist die Datenerhebung bei einem ehemaligen Arbeitgeber nicht erforderlich und nach der hier vertretenen Ansicht deshalb **nicht zulässig**.[37] Der bisherige Arbeitgeber darf der künftigen Dienstgeberin unter Berücksichtigung des von der Rechtsprechung entwickelten Fragerechts nur solche Daten übermitteln, nach denen ein Arbeitgeber den Bewerbenden auch hätte fragen dürfen.[38] Auch darf die Auskunft nicht von den Angaben zu Leistung und Verhalten abweichen, die der frühere Arbeitgeber in einem qualifizierten Arbeitszeugnis bescheinigt hat.[39] Die Dienstgeberin kann also von einem ehemaligen 176

---

34 BAG, Urteil vom 18.12.1984, 3 AZR 389/83

35 Joussen in BeckOK ArbR, BGB, § 611 Rn. 422

36 Seifert in Simitis / Hornung / Spiecker gen. Döhmann, Datenschutzrecht, Art. 88 Rn. 98

37 Interdiözesanes Datenschutzgericht, Beschluss vom 5.5.2020, IDSG 02/2018

38 Gola, Handbuch Beschäftigtendatenschutz, Rn. 715 mit Verweis auf den Landesbeauftragten für Datenschutz und Informationsfreiheit Baden-Württemberg, Staatsanzeiger vom 27.1.1997

39 Maschmann in Kühling / Buchner, DS-GVO, BDSG, § 26 Rn. 35

Arbeitgeber nicht mehr erfahren als von dem Bewerbenden selbst. In diesem Fall ist nach dem Grundsatz der Direkterhebung Auskunft bei dem Bewerber oder der Bewerberin einzuholen.

177 **!** Auch aus Sicht eines Praktikers macht eine Nachfrage beim ehemaligen Arbeitgeber keinen Sinn. Wenn ein Arbeitgeber in einem Einstellungsverfahren dem Bewerbenden nicht vertraut, wäre er gut beraten, das Verfahren zu beenden, anstatt einem früheren Arbeitgeber mehr Vertrauen entgegenzubringen.

178 Auch **für den ehemaligen Arbeitgeber** ist eine Auskunftserteilung nicht frei von Risiken. Ohne eine wirksame Einwilligung besteht kein Grund, der eine Verarbeitung personenbezogener Daten rechtmäßig im Sinn des § 6 KDG erscheinen lässt. Derjenige Arbeitgeber, der bereitwillig Auskünfte über einen ausgeschiedenen Beschäftigten erteilt, handelt somit ohne Rechtsgrundlage und damit unzulässig.[40] Erteilt er Auskünfte, die über Leistung und Verhalten des Arbeitnehmers während des Arbeitsverhältnisses hinausgehen, macht er sich gegebenenfalls schadenersatzpflichtig, wenn sich diese Auskünfte negativ auf die Rechtsposition des oder der Bewerbenden auswirken. Dies gilt insbesondere für die Einsicht in den Arbeitsvertrag. Die Bekanntgabe der zwischen den Parteien vereinbarten Arbeitsbedingungen an einen Arbeitgeber kann die Verhandlungsposition des Bewerbers oder der Bewerberin schwächen.[41]

179 **!** Im Ergebnis stehen der Dienstgeberin genügend Möglichkeiten (Vorstellungsgespräch, Nachweis von Unterlagen im Original, Assessment-Center usw.) zur Verfügung, um die richtige Personalentscheidung zu treffen. Ein Background-Check ist nicht erforderlich.

---

40 LAG Hamburg, Urteil vom 16.8.1984, 2 Sa 144/83; BAG, Urteil vom 25.10.1957, 1 AZR 464/55

41 BAG, Urteil vom 18.12.1984, 3 AZR 389/83

V. Fragerecht und Offenbarungspflicht

Nach dem Grundsatz der Direkterhebung (► Rn. 123 ff.) ist die Dienstgeberin zunächst auf die von den Bewerbenden eingereichten Bewerbungsunterlagen angewiesen. Gleichwohl widerspricht es diesem Grundsatz zunächst nicht, Bewerbenden weitere Fragen zu stellen. Das Interesse des Arbeitgebers muss dabei „objektiv so stark sein, dass dahinter das Interesse des Arbeitnehmers am Schutz seines Persönlichkeitsrechts und an der Unverletzbarkeit seiner Individualsphäre zurücktreten muss".[42] Voraussetzung dafür ist aber ein berechtigtes, **billigenswertes und schutzwürdiges Interesse** der Dienstgeberin an den Fragen. 180

Nach den vom Bundesarbeitsgericht entwickelten **Grundsätzen zum Fragerecht** ist dies nur dann der Fall, wenn die Datenerhebung durch den Arbeitgeber für das in Aussicht genommene Beschäftigungsverhältnis erforderlich ist.[43] Dies werden in der Regel Fragen nach bestimmten Qualifikationen und dem beruflichen Werdegang sein. 181

Generell unzulässig sind Fragen nach Freunden und Verwandten, nach Hobbys und Gewohnheiten oder nach Urlaubszielen ebenso wie nach Aktivitäten in Gremien oder nach einer Parteizugehörigkeit. Weiter ist für die in Aussicht genommene Tätigkeit die familiäre Situation Bewerbender nicht von Belang. So sind Fragen nach Familienstand oder Kinderzahl genauso unzulässig wie die Frage danach, wer sich um die Betreuung der Kinder kümmert. Regelmäßig werden derartige Fragen schon gegen § 8 AGG verstoßen, da damit eine zumindest mittelbare Diskriminierung verbunden ist, weil solche Fragen Männern nicht gestellt werden.[44] 182

---

[42] BAG, Urteil vom 7.6.1984, 2 AZR 270/83

[43] Seifert in Simitis / Hornung / Spiecker gen. Döhmann, Datenschutzrecht, Art. 88 Rn. 77; Linck in Schaub, Arbeitsrechts-Handbuch, BDSG, § 26 Rn. 21; siehe auch Bundestags-Drucksache 17/4230, Seite 15

[44] Däubler, Gläserne Belegschaften, Rn. 215

183 Im Folgenden werden weitere praxisrelevante Einzelfragen mit ihrer Problematik erörtert.

1. MAV-Tätigkeit

184 Die Frage nach einer früheren Tätigkeit als **Mitglied der Mitarbeitervertretung** ist nicht erforderlich im Sinn des § 53 KDG für die Begründung des Beschäftigungsverhältnisses und deshalb unzulässig. Dies gilt ebenso für die Frage nach einer **Gewerkschaftszugehörigkeit,** mit der darüber hinaus ein personenbezogenes Datum besonderer Kategorie im Sinn des § 4 Nr. 2 KDG verarbeitet wird, was nach § 11 Abs. 1 KDG unzulässig ist.

2. Religionszugehörigkeit

185 Die Frage nach der Religionszugehörigkeit ist im Bereich der Kirchen nach einer Entscheidung des Europäischen Gerichtshofs („Egenberger")[45] nicht mehr in jedem Fall zulässig. Das Verbot jeder Art von **Diskriminierung wegen der Religion oder der Weltanschauung** hat nach Ansicht des EuGH als allgemeiner Grundsatz des Unionsrechts zwingenden Charakter. Der EuGH verlangt einen objektiv überprüfbaren **direkten Zusammenhang** zwischen der Religionszugehörigkeit und der ausgeschriebenen Tätigkeit. Steht die Tätigkeit im Zusammenhang mit Verkündigung, ist dies regelmäßig gegeben. Das Gleiche gilt für Leitungspositionen, in denen Stelleninhabende die Position der Kirche glaubwürdig vertreten müssen, beispielsweise bei Leitungen einer katholischen Kindertagesstätte oder anderer kirchlichen Einrichtungen.[46]

[45] EuGH, Urteil vom 17.4.2018, C-414/16

[46] Vgl. dazu Amtsblatt Bistum Magdeburg Nr. 78 vom 1.7.2019: In der Anlage des bezeichneten Amtsblatts befindet sich eine „Orientierungshilfe zur Kategorisierung der Berufe", in der die Erforderlichkeit der Kirchenzugehörigkeit aus Sicht des Bistums dargestellt wird.

Zulässig ist aber die Frage nach der Identifikation mit den **Werten, Grundsätzen und Zielen der katholischen Kirche,** da auch jemand, der nicht katholisch ist, sich mit den Werten der katholischen Kirche identifizieren oder deren Ziele billigen kann. Ausdrücklich erlaubt ist weiterhin die Frage nach einem **Kirchenaustritt.** Wer aus der katholischen Kirche ausgetreten ist, hat sich klar von der Kirche abgewandt und kann nicht gleichzeitig widerspruchsfrei beteuern, sich mit deren Werten und Zielen zu identifizieren. Er verstößt damit gegen das Gebot der Mindestloyalität. Im Fall des Austritts aus der evangelischen Kirche ist die Identifikation mit den Zielen und Grundsätzen der katholischen Kirche zu klären.[47] 186

3. Schwangerschaft

Die Frage nach einer bestehenden Schwangerschaft ist grundsätzlich unzulässig. Zu dieser Aussage ist die Rechtsprechung schrittweise, insbesondere durch Urteile des Europäischen Gerichtshofs (EuGH) gekommen. Danach ist die Frage unzulässig unabhängig davon, ob sich nur Frauen auf die Stelle beworben haben[48], ob die Stelle befristet ist[49], ob wegen besonderer Fallkonstellation die Bewerberin die Arbeitspflicht überhaupt nicht erfüllen kann[50] oder ob die Schwangere zur Vertretung einer Schwangeren eingestellt worden ist[51]. 187

47 Amtsblatt Bistum Magdeburg Nr. 78 vom 1.7.2019

48 EuGH, Urteil vom 8.11.1990, C-177/88

49 EuGH, Urteil vom 4.10.2001, C-109/00

50 BAG, Urteil vom 1.7.1993, 2 AZR 25/93

51 LAG Köln, Urteil vom 11.10.2012, 6 Sa 641/12; andere Ansicht Däubler, Gläserne Belegschaften, Rn. 215

4. Schwerbehinderteneigenschaft

188 Primäre Zulässigkeitsvoraussetzung einer jeden Frage ist die, ob Bewerbende die Arbeitsaufgabe, die im Rahmen der ausgeschriebenen Stelle gefordert wird, erfüllen können.[52] Eine Frage nach der **formalen Feststellung einer Schwerbehinderung** wird diesem Erfordernis nicht gerecht und ist deshalb unzulässig.[53] Auch besteht keine diesbezügliche Offenbarungspflicht Bewerbender.[54] Insoweit verpflichtet § 164 Sozialgesetzbuch (SGB) IX die Dienstgeberin dazu, zu prüfen, ob freie Arbeitsplätze mit schwerbehinderten Menschen, insbesondere mit bei der Agentur für Arbeit arbeitslos oder arbeitsuchend gemeldeten schwerbehinderten Menschen, besetzt werden können. Durch diese Norm werden aber Bewerber und Bewerberinnen nicht verpflichtet, eine formal festgestellte Schwerbehinderteneigenschaft offen zu legen.

189 Unabhängig von der formalen Anerkennung als schwerbehinderter Mensch ist aber die Frage zulässig, ob **eine Behinderung** vorliegt, die der Aufnahme der ausgeschriebenen Tätigkeit **entgegensteht**. Für Bewerbende besteht eine diesbezügliche Offenbarungspflicht.[55]

190 Die teilweise vertretene Auffassung, eine Ausnahme von diesem Grundsatz sei zulässig, wenn der Arbeitgeber mit seiner Frage nach der Schwerbehinderung nachweisbar zur **Beseitigung von Ungleichheiten im Sinn des § 5 AGG** beitragen und den Bewerber nicht benachteiligen, sondern bevorzugen möchte[56], ist abzulehnen. Welche Informationen Betroffene über sich preisgeben wollen, müssen sie ausschließlich selbst entscheiden, unabhängig von der Motivation des Arbeitgebers, wie er diese Daten verwenden möchte. Schwerbehinderte

---

52 Zu dieser Problematik insgesamt umfassend Ullrich, ZMV 2019, Seite 234

53 Herrschende Meinung, vgl. Däubler, Gläserne Belegschaften, Rn. 219 mit weiteren Nachweisen

54 Gola, Handbuch Beschäftigtendatenschutz, Rn. 618

55 Preis in Erfurter Kommentar, BGB, § 611a Rn. 274a

56 Joussen, NZA 2007, Seite 174; Seifert in Simitis, Simitis / Hornung / Spieker gen. Döhmann, Datenschutzrecht, Art. 88 Rn. 87; Fitting, BetrVG, § 94 Rn. 23; wohl auch Däubler, Gläserne Belegschaften, Rn. 219

Bewerber müssen deshalb auch im Bewerbungsverfahren selbst entscheiden können, ob sie den ihnen gesetzlich gewährten Schutz in Anspruch nehmen wollen oder nicht.[57] Ein ausnahmsloses Verbot dieser Frage wurde bereits im Gesetzentwurf der Bundesregierung für ein Beschäftigtendatenschutzgesetz gefordert.[58]

5. Impfstatus

Auch eine Zulässigkeit der Frage nach dem Impfstatus, unabhängig davon, um welche Impfung es sich handelt, muss sich daran messen lassen, ob eine derartige Datenerhebung durch den Arbeitgeber für die Entscheidung über die Begründung des Beschäftigungsverhältnisses erforderlich ist. **Erforderlich** ist eine Frage dann, wenn ohne die Tatsache, die dadurch geklärt werden soll, eine Beschäftigung aus tatsächlichen oder rechtlichen Gründen nicht erfolgen könnte. 191

Beim Impfstatus handelt es sich um personenbezogene Daten besonderer Kategorie gemäß § 4 Nr. 2 in Verbindung mit Nr. 17 KDG. Solche Daten dürfen gemäß § 11 Abs. 1 KDG grundsätzlich nicht verarbeitet werden. Etwas anderes gilt dann, wenn eine der **in § 11 Abs. 2 KDG beschriebenen Ausnahmen** vorliegt. 192

§ 11 Abs. 2 lit b) KDG erlaubt eine Verarbeitung, wenn sie erforderlich ist, damit der Verantwortliche eine ihm aus dem Arbeitsrecht oder dem Recht der sozialen Sicherheit erwachsende Pflicht erfüllen kann. Eine solche Verpflichtung ergibt sich aus § 23 Infektionsschutzgesetz (IfSG). Eine Dienstgeberin darf Bewerbende deshalb nach ihrem Impfstatus fragen, wenn einer der gesetzlich ausdrücklich geregelten Fälle vorliegt, die den Arbeitgeber dazu berechtigen, Informationen über den Impfstatus von Beschäftigten zu verarbeiten, etwa im Bereich der medizinischen Versorgung. 193

[57] Gola, Handbuch Beschäftigtendatenschutz, Rn. 619

[58] Bundestags-Drucksache 17/4230

194 Die Verarbeitung von Impfdaten durch Arbeitgeber **aus besonderen Gründen der Pandemiebekämpfung** ist gesetzlich nur in den in § 23a IfSG und § 36 Abs. 3 IfSG genannten eng begrenzten Fällen vorgesehen. § 36 Abs. 3 IfSG setzt dabei die Feststellung einer epidemischen Lage von nationaler Tragweite durch den Deutschen Bundestag nach § 5 Abs. 1 Satz 1 IfSG voraus.

195 Darüber hinaus ist am 1. März 2020 das sogenannte **Masernschutzgesetz** eingeführt worden. Danach müssen Beschäftigte gemäß § 20 Abs. 9 IfSG in Kindergärten, Schulen oder anderen Gemeinschaftseinrichtungen, Asylbewerber- und Geflüchteten-Unterkünften sowie Tagespflegepersonen gegen Masern geimpft oder immun sein – sofern sie nach 1970 geboren sind. Dasselbe gilt für nach 1970 geborene Beschäftigte in medizinischen Einrichtungen wie beispielsweise Krankenhäusern oder Arztpraxen. Das Gesetz ordnet an, dass ein entsprechender Nachweis vorzulegen ist.

196 Ein Fragerecht des Arbeitgebers nach dem Impfstatus von Beschäftigten besteht damit außer in den **gesetzlich ausdrücklich genannten Fällen** gemäß § 20 Abs. 9, § 23a und § 36 Abs. 3 IfSG nicht.[59]

6. Gesundheitszustand

197 Auch im Hinblick auf den Gesundheitszustand sind solche Fragen unzulässig, die für die in Aussicht genommene Tätigkeit keine Bedeutung haben.[60] Nach der Rechtsprechung ist deshalb eine Frage nach dem Gesundheitszustand bzw. einer Erkrankung erlaubt, wenn dadurch die Eignung für die vorgesehene Tätigkeit **auf Dauer** oder in periodisch wiederkehrenden Abständen eingeschränkt ist.[61] In diesen Fällen besteht seitens des Bewerbers oder der

---

59 Quelle: Bayerisches Landesamt für Datenschutzaufsicht, https://www.lda.bayern.de/de/thema_impfstatus.html

60 Däubler, Gläserne Belegschaften, Rn. 218

61 BAG, Urteil vom 7.2.1964, 1 AZR 251/63 und vom 7.6.1984, 2 AZR 270/83; Linck in Schaub, Arbeitsrechts-Handbuch, BDSG, § 26 Rn. 30

Bewerberin auch eine Offenbarungspflicht.[62] Hierbei darf aber nur nach akuten Krankheiten gefragt werden. Insoweit ist die in der Literatur überwiegend als zulässig beurteilte Frage nach einer **Alkoholerkrankung** zweifelhaft, denn auch ein „trockener" Alkoholiker ist alkoholkrank, seine Krankheit wirkt sich aber nicht konkret auf den Arbeitsplatz aus. Unstreitig unzulässig ist die allgemeine Frage nach Alkohol- oder **Drogenkonsum.**[63]

Eine Frage nach Krankheiten ist nur erlaubt, soweit sich die Frage auf den aktuellen Zustand bezieht. Eine Frage nach Krankheiten **in der Vergangenheit,** insbesondere nach deren Häufigkeit und Dauer, ist stets unzulässig.[64] Zulässig ist eine Frage, ob zum Zeitpunkt des Dienstantritts bzw. in absehbarer Zeit danach mit einer Arbeitsunfähigkeit zu rechnen ist, beispielsweise durch eine geplante Operation, eine bewilligte Kur oder auch durch eine zurzeit bestehende akute Erkrankung.[65] 198

Nach **ansteckenden Krankheiten** darf gefragt werden, wenn sie zur Ansteckung von Arbeitskolleginnen und / oder Dritten führen können.[66] Dies gilt aber nur dann, wenn die Ansteckung in der konkret ausgeführten Tätigkeit ein übliches Ansteckungsrisiko darstellt. So darf nach einer **HIV-Infektion,** abgesehen davon, dass es sich dabei um eine Behinderung gemäß AGG handelt, nur gefragt werden, wenn erhöhtes Ansteckungsrisiko besteht, zum Beispiel durch Übertragen von Körperflüssigkeiten im Bereich des Gesundheitswesens.[67] Dies dürfte für den Bereich der Pflegeberufe zutreffen, nicht aber für eine Bürotätigkeit. Nach einer Aids-Erkrankung darf gefragt werden, weil damit in der Regel eine unabsehbare Arbeitsunfähigkeit einhergeht.[68] 199

---

62 Preis in Erfurter Kommentar, BGB, § 611a Rn. 289

63 Fitting, BetrVG, § 94 Rn. 24

64 Fitting, BetrVG, § 94 Rn. 24

65 BAG, Urteil vom 7.6.1984, 2 AZR 270/83; Preis in Erfurter Kommentar, BGB, § 611a Rn. 282

66 Künzl, ArbRAktuell 2012, Seite 235

67 Däubler, Gläserne Belegschaften, Rn. 219; Künzl, ArbRAktuell 2012, Seite 235

68 Preis in Erfurter Kommentar, BGB, § 611a Rn. 274c

7. Vermögensverhältnisse

200 Die finanziellen Verhältnisse der Bewerberinnen und Bewerber sind grundsätzlich der Privatsphäre zuzurechnen, so dass sich ein diesbezügliches Fragerecht allgemein gegenüber allen Bewerbenden, unabhängig von der zu besetzenden Stelle, verbietet.[69] Die Frage nach bestehenden **Gehaltspfändungen oder -abtretungen** ist auch vor dem Hintergrund eines erhöhten Arbeitsaufwands für die Gehaltsabrechnung des Arbeitgebers nicht zulässig.[70] Das Bundesarbeitsgericht forderte in diesem Zusammenhang, dass es dadurch zu einer wesentlichen Störung des betrieblichen Ablaufs oder der betrieblichen Organisation kommen müsste.[71] Im Zeitalter einer IT-gestützten Gehaltsabrechnung dürften solche Probleme nicht mehr auftreten.[72]

201 Auch bei Fragen nach den Vermögensverhältnissen ist zu entscheiden, inwieweit die Antwort Voraussetzung für die zu besetzende Stelle ist. Deshalb geht die herrschende Meinung davon aus, dass die Frage nach Überschuldung, Gehaltspfändung, Privatinsolvenz und Ähnlichem dann zulässig ist, wenn es um die **Besetzung einer Vertrauensstellung** geht, bei der dem Bewerbenden erhebliche finanzielle Spielräume eröffnet werden.[73] Dies trifft regelmäßig nur für **leitende Positionen** zu, so dass ein Fragerecht selbst gegenüber einfachen Buchhaltern oder Kassierern ausgeschlossen ist.[74] Demgegenüber kann eine mögliche Bestechlichkeit nicht als Grund für eine generelle Überprüfung herangezogen werden.[75]

---

69 Linck in Schaub, Arbeitsrechts-Handbuch, BDSG, § 26 Rn. 44

70 Preis in Erfurter Kommentar, BGB, § 611a Rn. 280

71 BAG, Urteil vom 4.11.1981, 7 AZR 264/79

72 Gola, Handbuch Beschäftigtendatenschutz, Rn. 639

73 Däubler, Gläserne Belegschaften, Rn. 220c; Fitting, BetrVG, § 94 Rn. 21

74 Linck in Schaub, Arbeitsrechts-Handbuch, BDSG, § 26 Rn. 44; Kreitner in Küttner, Personalbuch 2021, Rn. 27; Preis in Erfurter Kommentar, BGB, § 611a Rn. 280

75 Landesbeauftragte für Datenschutz und Informationsfreiheit Berlin, Tätigkeitsbericht 2015, Seite 113

Die Anforderung einer **Schufa-Auskunft** ist unzulässig. Die Auskunft enthält Daten, die für das Arbeitsverhältnis nicht erforderlich sind. Die Richtigkeit der Auskünfte ist nicht gewährleistet. Es ist einem Bewerbenden aber nicht möglich, kurzfristig von ihm für unrichtig gehaltene Auskünfte löschen zu lassen, wenn er sich zuvor nicht mit Eintragungen befasst hat.[76] Eine Einwilligung ist unerheblich, da es an der Freiwilligkeit mangelt. Erforderlichkeit besteht nicht, da die Daten durch direkte Befragung ermittelt werden können.[77] 202

Zur geschützten Privatsphäre gehören auch die **Einkommensverhältnisse** Bewerbender.[78] Eine dahingehende Frage im Einstellungsverfahren ist zumindest dann nicht zulässig, wenn das Einkommen bei dem bisherigen Arbeitgeber für den zu besetzenden Arbeitsplatz nicht aufschlussreich für die erforderliche Qualifikation ist. In der Regel wird die Dienstgeberin ihr **Gehaltsangebot** an den Verhältnissen und Leistungsmöglichkeiten der Einrichtung oder nach Branchenüblichkeit ausrichten. Soweit allgemeine Entgeltgrundsätze oder tarifliche Regelungen bestehen, sind für die Gehaltsabrechnung die darin benannten Faktoren maßgebend.[79] Die Frage nach den bisherigen Bezügen schwächt demgegenüber die Verhandlungsposition Bewerbender.[80] Dies gilt gerade für den Fall, in dem der Bewerber oder die Bewerberin das Gehalt zum wesentlichen Verhandlungsgegenstand macht. Da das bisherige Gehalt weder aufschlussreich für die Qualifikation eines Bewerbenden noch erforderlich für die Festlegung des neuen Gehalts ist, ist diese Frage unzulässig. 203

[76] Landesbeauftragte für Datenschutz und Informationsfreiheit Bremen, 38. Jahresbericht 2015, Nr. 11.3

[77] Landesbeauftragte für Datenschutz und Informationsfreiheit Bremen, 38. Jahresbericht 2015, Nr. 11.3; anders Stamer / Kuhnke in Plath, DSGVO / BDSG, § 26 Rn. 48

[78] Preis in Erfurter Kommentar, BGB, § 611a Rn. 279

[79] BAG, Urteil vom 19.5.1983, 2 AZR 171/81

[80] Moritz, NZA 1987, Seite 329 (333); Grunsky, NJW 1980, Seite 1616; Preis in Erfurter Kommentar, § 611a BGB Rn. 279

8. Vorstrafen

204 Arbeitgeber dürfen bei der Anbahnung eines Arbeitsverhältnisses Informationen zu Vorstrafen des Bewerbenden einholen, wenn und soweit die Art des zu besetzenden Arbeitsplatzes dies erfordert, d. h. bei objektiver Betrachtung[81] **berechtigt erscheinen** lässt. Das ist beispielsweise der Fall bei Vermögensdelikten, wenn Bankkassiererinnen eingestellt werden sollen oder bei Verkehrsstraftaten von Kraftfahrern.[82] Die Frage muss dabei aber so gestellt werden, dass Bewerbende die Begrenzung auf „einschlägige" Vorstrafen erkennen können.[83]

205 **Beispiel**

Soll jemand als Kassierer oder Kassiererin eingestellt werden, ist eine Vorstrafe wegen einer Verkehrsstraftat nicht einschlägig.

206 Ein berechtigtes Informationsinteresse des Arbeitgebers besteht darüber hinaus nicht hinsichtlich solcher Verurteilungen, die **im Bundeszentralregister getilgt** sind.[84] In diesem Fall dürfen Bewerbende Frage nach Vorstrafen verneinen.

81 Der vermeintlich objektiven Betrachtung liegt die Annahme zugrunde, dass jemand, der einmal eine Verfehlung begangen hat, dies in Zukunft wieder machen wird (vgl. Däubler, Gläserne Belegschaften Rn. 220). Durch wissenschaftliche Untersuchungen bestätigt ist diese „Theorie" nicht. Siehe dazu eine Untersuchung der Universität Göttingen: https://www.uni-goettingen.de/de/479190.html

82 Fitting, BetrVG, § 94 Rn. 19

83 Gola, Handbuch Beschäftigtendatenschutz, Rn. 666

84 BAG, Urteil vom 20.3.2014, 2 AZR 1071/12

VI. Vorlage eines Führungszeugnisses

Da Arbeitgeber nicht in jedem Fall nach Vorstrafen fragen dürfen, wird gelegentlich versucht, diese Regelung zu umgehen, indem die Vorlage eines Führungszeugnisses gefordert wird. Dieses bescheinigt, ob die betreffende Person **vorbestraft ist oder nicht**. Das Führungszeugnis kann ausschließlich von dem Betroffenen selbst beantragt werden (§ 30 Abs. 1 Bundeszentralregistergesetz). 207

§ 30 Abs. 1 BZRG lautet: 208

Jeder Person, die das 14. Lebensjahr vollendet hat, wird auf Antrag ein Zeugnis über den sie betreffenden Inhalt des Registers erteilt (Führungszeugnis). Hat sie eine gesetzliche Vertretung, ist auch diese antragsberechtigt. Ist die Person geschäftsunfähig, ist nur ihre gesetzliche Vertretung antragsberechtigt.

Auch ist die Zustellung ausschließlich nur an die Betroffenen selbst zulässig (§ 30 Abs. 4 BZRG). Eine Ausnahme dazu bilden Führungszeugnisse zur Vorlage **gegenüber Behörden**. Dieser Fall soll an dieser Stelle aber nicht thematisiert werden, da er auf das kirchliche Beschäftigungsverhältnis nicht zutrifft. 209

Bei dem Verlangen des Arbeitgebers nach Vorlage eines Führungszeugnisses durch Bewerbende ist zwischen dem einfachen Führungszeugnis (► Rn. 211 f.) und dem erweiterten Führungszeugnis (► Rn. 213 f.) zu unterscheiden. 210

1. Einfaches Führungszeugnis

211 Ob das Verlangen des Arbeitgebers nach Vorlage eines Führungszeugnisses rechtmäßig ist, ist umstritten und nach der hier vertretenen Ansicht abzulehnen. Eine **generelle Forderung** zur Vorlage eines Führungszeugnisses ist unzulässig[85], weil damit die von der Rechtsprechung entwickelten Grundsätze zum Fragerecht ausgehöhlt würden.[86] Durch die verpflichtende Vorlage eines Führungszeugnisses könnte der Arbeitgeber Kenntnisse erlangen, die ihm gerade durch die Einschränkungen des Fragerechts verwehrt blieben.[87] In einem Führungszeugnis werden sämtliche strafrechtliche Sanktionierungen gemäß § 32 BZRG festgehalten.[88] Da es ein spezielles „Beschäftigtenführungszeugnis" nicht gibt, finden sich im einfachen Führungszeugnis auch Straftaten, die **keinen Bezug zu dem zu besetzenden Arbeitsplatz** aufweisen. Aus diesem Grund ist das Anfordern eines einfachen Führungszeugnisses bei der Bewerbung wegen der zulasten des Arbeitgebers ausfallenden Verhältnismäßigkeitsprüfung als nicht erforderlich im Sinn des § 53 Abs. 1 KDG und somit als grundsätzlich unzulässig anzusehen.

212 Dies trifft auch dann zu, wenn ein **besonderer Bezug zu dem angestrebten Arbeitsverhältnis** besteht, also wenn die Vorstrafen für die Art des zu besetzenden Arbeitsplatzes von Bedeutung sind. Denn auch in diesem Fall dürfte die Anforderung nur dann erfolgen, wenn dem Arbeitgeber kein Mittel zur Verfügung steht, welches weniger in die Privatsphäre Bewerbender eingreift. Durch das dem Arbeitgeber in bestimmten Fällen eingeräumte Fragerecht besteht ein solches milderes Mittel aber.[89]

---

[85] Hamburgische Beauftragte für Datenschutz und Informationsfreiheit, 6. Tätigkeitsbericht 1987, Seite 146

[86] Däubler, Gläserne Belegschaften, Rn. 220

[87] Ertel, DuD 2012, Seite 126 (128)

[88] Danach ausgenommen sind z. B. zur Bewährung ausgesetzte Jugendstrafen von nicht mehr als zwei Jahren (§ 32 Abs. 2 Nr. 3 BZRG), Verurteilungen zu einer Geldstrafe von nicht mehr als 90 Tagessätzen oder einer Freiheitsstrafe von nicht mehr als drei Monaten, wenn im Register keine weitere Strafe eingetragen ist (§ 32 Abs. 2 Nr. 5 a und 5 b BZRG).

[89] Weth in Weth / Herberger / Wächter / Sorge, Daten- und Persönlichkeitsschutz im Arbeitsverhältnis, Seite 353

2. Erweitertes Führungszeugnis

Im Rahmen der Aufdeckung mehrerer Missbrauchsskandale wurde im Jahr 2009 das Bundeszentralregistergesetz um den § 30a BZRG ergänzt.[90] Grund dafür sind nach der Gesetzesbegründung Erfahrungen, die gezeigt haben, dass sich Menschen mit pädophilen Neigungen bewusst Betätigungsfelder suchen, die mit einer Nähe zu Kindern und Jugendlichen verbunden sind.[91] 213

§ 30a Abs. 1 Bundeszentralregistergesetz (BZRG) lautet: 214

Einer Person wird auf Antrag ein erweitertes Führungszeugnis erteilt,

1. wenn die Erteilung in gesetzlichen Bestimmungen unter Bezugnahme auf diese Vorschrift vorgesehen ist oder

2. wenn dieses Führungszeugnis benötigt wird für

a) eine berufliche oder ehrenamtliche Beaufsichtigung, Betreuung, Erziehung oder Ausbildung Minderjähriger oder

b) eine Tätigkeit, die in einer Buchstabe a vergleichbaren Weise geeignet ist, Kontakt zu Minderjährigen aufzunehmen.

§ 72a Sozialgesetzbuch (SGB) VIII legt deshalb fest:

(1) Die Träger der öffentlichen Jugendhilfe dürfen für die Wahrnehmung der Aufgaben in der Kinder- und Jugendhilfe keine Person beschäftigen oder vermitteln, die rechtskräftig wegen einer Straftat nach den §§ 171, 174 bis 174c, 176 bis 180a, 181a, 182 bis 184g, 184i, 184k, 201a Absatz 3, den §§ 225, 232 bis 233a, 234, 235 oder 236 des Strafgesetzbuchs verurteilt worden ist. Zu diesem Zweck sollen sie sich bei der Einstellung oder Vermittlung und in regelmäßigen Abständen von den betroffenen Personen ein Führungszeugnis nach § 30 Absatz 5 und § 30a Absatz 1 des Bundeszentralregistergesetzes vorlegen lassen.

---

90 Fünftes Gesetz zur Änderung des Bundeszentralregistergesetzes vom 16.7.2009, Bundesgesetzblatt I 2009, Seite 1952

91 Ullrich, ZMV 2018, Seite 56

(2) Die Träger der öffentlichen Jugendhilfe sollen durch Vereinbarungen mit den Trägern der freien Jugendhilfe sicherstellen, dass diese keine Person, die wegen einer Straftat nach Absatz 1 Satz 1 rechtskräftig verurteilt worden ist, beschäftigen.

215 Das Einholen eines erweiterten Führungszeugnisses ist zur Begründung eines Beschäftigungsverhältnisses erforderlich, wenn die gesetzlichen Voraussetzungen des § 30a Abs. 1 Nr. 1 oder 2 BRZG erfüllt sind. Ist das der Fall, ergibt sich regelmäßig ein **Recht der Dienstgeberin** auf Verlangen eines erweiterten Führungszeugnisses durch den Bewerbenden.

216 Der Gesetzgeber beabsichtigte mit der Einführung des § 30a BZRG **zum Zweck des Kinder- und Jugendschutzes** eine Regelung für alle diejenigen Personen, die kinder- oder jugendnah tätig sind oder werden sollen.[92] Damit wird deutlich, dass nicht alle Mitarbeitende eines Trägers der Kinder- und Jugendhilfe erfasst sind, sondern eben nur diejenigen, von denen eine **besondere Gefahr für Kinder und Jugendliche** vor dem Hintergrund der erfassten Straftatbestände ausgeht, die also regelmäßig mit Kindern und Jugendlichen arbeiten und nicht lediglich gelegentlich auf sie treffen, wie jeder andere Unbeteiligte auch.[93] Die bloße Möglichkeit, dass Mitarbeiterinnen und Mitarbeiter zukünftig mit minderjährigen Klienten, Praktikantinnen oder Auszubildenden in Kontakt treten könnten, rechtfertigt die Vorlage eines erweiterten Führungszeugnisses nicht. Bei der Einschätzung der Frage, ob eine besondere Gefahrensituation entstehen kann, steht der Dienstgeberin ein Beurteilungsspielraum zu.[94]

217 Soweit die Voraussetzungen des § 30a BRZG dagegen nicht erfüllt sind, wird die Dienstgeberin in der Regel die Vorlage eines erweiterten Führungszeugnisses nicht verlangen können. Nach § 30a Abs. 2 BZRG ist mit dem Antrag auf Erteilung eines erweiterten Führungszeugnisses eine **schriftliche Aufforderung** vorzulegen, in der die Person, die das erweiterte Führungszeugnis

---

92 Bundestags-Drucksache 16/12427, Seiten 7 und 8

93 LAG Hamm, Urteil vom 26.1.2018, 10 Sa 1122/17

94 LAG Hamm, Urteil vom 4.7.2014, 10 Sa 171/14

von der antragstellenden Person verlangt, bestätigt, dass die Voraussetzungen nach § 30a Abs. 1 BZRG vorliegen. Damit ist ausgeschlossen, dass ein erweitertes Führungszeugnis bereits von allen Bewerbenden mit den Bewerbungsunterlagen vorgelegt werden muss. Ein dahingehendes Verlangen der Dienstgeberin wäre rechtswidrig.

Da der Gesetzgeber darauf verzichtet hat, in § 30a BZRG ein spezielles „Beschäftigtenführungszeugnis" zu etablieren, handelt es sich dabei um ein Führungszeugnis nach § 30 BZRG, welches erweitert wird um die Angaben nach § 72a Sozialgesetzbuch (SGB) VIII. Der Arbeitgeber erlangt dabei also auch Auskunft über solche Eintragungen, die **für den Zweck des Kinder- und Jugendschutzes nicht erforderlich** sind. Das ist nicht unproblematisch und es ist fraglich, inwieweit diese Vorschrift nach Inkrafttreten der DS-GVO noch rechtmäßig ist. Vor diesem Hintergrund ist die Vorschrift einschränkend dahingehend auszulegen, dass dem Bewerbenden die Möglichkeit eingeräumt werden muss, das Zeugnis nur einer Vertrauensperson vorzulegen, die keinen Einfluss auf das Einstellungsverfahren hat oder nehmen wird.[95] 218

95 Im Ergebnis so auch Linck in Schaub, Arbeitsrechts-Handbuch, BDSG, § 26 Rn. 11

VII. Einstellungsuntersuchung

219 Einstellungsuntersuchungen dienen dazu, festzustellen, ob ein zukünftiger Mitarbeitender körperlich und gesundheitlich in der Lage ist, den besonderen Anforderungen gerecht zu werden, die sich aus dem künftigen Arbeitsverhältnis ergeben.[96] Arbeitgeber sind deshalb berechtigt, den Abschluss eines Arbeitsvertrags von einer **ärztlichen Eignungsuntersuchung** abhängig zu machen.[97]

220 Diese Untersuchung darf sich aber nur auf die gesundheitliche Eignung Betroffener für den konkret in Aussicht genommenen Arbeitsplatz beziehen. Untersuchungen, die nicht in **unmittelbarem Kontext** mit dem Arbeitsplatz stehen, sind unzulässig.[98] Das Ergebnis, welches dem Arbeitgeber mitgeteilt wird, darf nur „geeignet“ oder „nicht geeignet“ lauten. Sowohl für die Untersuchung als auch für die Mitteilung des Ergebnisses an die Dienstgeberin ist die **Einwilligung** des Bewerbenden erforderlich. Das gilt auch dort, wo eine Untersuchung gesetzlich vorgeschrieben ist[99], allerdings mit der Konsequenz, dass ein Arbeitsverhältnis bei einer Ablehnung nicht zustande kommen wird.[100]

221 Die in der Literatur vertretene Ansicht, mit der Einwilligung in die Untersuchung sei eine **Entbindung von der Schweigepflicht** im Hinblick auf die Mitteilung des Ergebnisses an den Arbeitgeber verbunden[101], ist abzulehnen. Vielmehr

[96] Blobel / Koeppe, Handbuch Datenschutz und Datensicherheit, Seite 130

[97] Maschmann in Kühling / Buchner, DS-GVO, BDSG, § 26 Rn. 31

[98] Fuhlrott / Hoppe, ArbR-Aktuell 2010, Seite 183; Seifert in Simitis / Hornung / Spiecker gen. Döhmann, Datenschutzrecht, Art. 88 Rn. 90

[99] Beispielsweise § 32 Abs. 1 Jugendarbeitsschutzgesetz (JArbSchG), § 43 Abs. 1 Infektionsschutzgesetz (IFSG), § 77 ff. Strahlenschutzverordnung (StrlSchV)

[100] Preis in Erfurter Kommentar, BGB, § 611a Rn. 295; Blobel / Koeppe, Handbuch Datenschutz und Datensicherheit, Seite 130

[101] Maschmann in Kühling / Buchner, DS-GVO, BDSG, § 26 Rn. 31

steht es im Falle einer Ungeeignetheit dem Bewerber oder der Bewerberin frei, der Dienstgeberin ohne Angabe von Gründen abzusagen. Auch in diesem Fall bedarf es deshalb einer ausdrücklichen Einwilligung.

Die Mitteilung an den Arbeitgeber von Befunden, die über das Ergebnis „geeignet" oder „ungeeignet" hinausgehen, ist mangels Erforderlichkeit unzulässig. Bewerbende können den Arzt diesbezüglich auch **nicht von der Schweigepflicht entbinden**, weil ihnen insoweit die notwendige Entscheidungsautonomie fehlt. Eine dennoch erteilte Einwilligung wäre unwirksam.[102] 222

[102] Däubler, Gläserne Belegschaften, Rn. 230a

VIII. Besondere Personalauswahlverfahren

223 Psychologische Tests und Assessment-Center sind häufig eingesetzte Methoden zur Personalauswahl. Hierunter sind Verfahren zur Ermittlung innerer Vorgänge einer Person zu verstehen.[103] Die Anwendung derartiger Tests im Bewerbungsverfahren ist nur mit § 53 Abs. 1 KDG vereinbar, wenn diese erforderlich sind, um die persönliche Eignung von Bewerbenden für den zu besetzenden Arbeitsplatz beurteilen zu können.[104] Im Hinblick auf die ganz überwiegende Zahl der Arbeitsplätze dürften derartige **psychologische Eignungsprüfungen** unverhältnismäßig und nicht erforderlich sein.[105]

224 Sollte im Ausnahmefall eine Zulässigkeit bestehen, sind diese Tests von ausgebildeten **Psychologinnen und Psychologen** durchzuführen. Betroffene sind vor jedem Test darüber zu informieren, welche Eignungsmerkmale ermittelt werden sollen, welchen Zweck der Test verfolgt und wie die Funktionsweise des Tests ist.[106] Psychologinnen und Psychologen, die den Test durchführen, unterliegen der Schweigepflicht gemäß § 203 Strafgesetzbuch (StGB) in Bezug auf Tatsachen und unter Umständen auch auf persönliche Meinungen.[107] Dem Arbeitgeber darf, ebenso wie bei einer Einstellungsuntersuchung (dazu ausführlich bereits ► Rn. 220 f.), nur das Ergebnis des Tests, also nur die Eignung oder fehlende Eignung, mitgeteilt werden.[108]

225 Im Rahmen von **Assessment-Centern** werden diese Grundsätze häufig nicht einzuhalten sein, da mit der für diese Verfahren typischen Gruppendiskussion für die Bewerbenden intensive Eingriffe in ihre Persönlichkeitsrechte verbunden sein können. Hier ist zu prüfen, ob Einzelgespräche mit den Bewerberinnen

---

[103] Gola, Handbuch Beschäftigtendatenschutz, Rn. 696

[104] Seifert in Simitis / Hornung / Spiecker gen. Döhmann, Datenschutzrecht, Art. 88 Rn. 93; Preis in Erfurter Kommentar, BGB, § 611 a Rn. 309

[105] Fitting, BetrVG, § 94 Rn. 26

[106] Gola, Handbuch Beschäftigtendatenschutz, Rn. 698

[107] Preis in Erfurter Kommentar, BGB, § 611a Rn. 309

[108] Däubler, Gläserne Belegschaften, Rn. 231

und Bewerbern ausreichen, um den gewünschten Eindruck zu gewinnen und die ggf. sonst erfolgende Bekanntgabe personenbezogener Daten an eine Gruppe zu verhindern.

Allgemeine Intelligenztests, auch als „IQ-Tests" bezeichnet, stellen einen übermäßigen Eingriff in die Persönlichkeitsrechte Bewerbender dar, der keinen konkreten Bezug zum ausgeschriebenen Arbeitsplatz hat. Deshalb sind solche Tests regelmäßig unzulässig.[109] 226

[109] Fitting, BetrVG, § 94 Rn. 26; Preis in Erfurter Kommentar, BGB, § 611a Rn. 310

IX. Datenlöschung und Datenaufbewahrung

227 Führt eine Bewerbung nicht zur Einstellung, sind die eingereichten Bewerbungsunterlagen des erfolglosen Bewerbenden gemäß § 19 KDG zu löschen. Das Löschen kann in Form der Rücksendung oder Vernichtung eingereichter analoger Unterlagen oder in der Löschung einer entsprechenden Datei bestehen. Auf die zivil- bzw. arbeitsrechtliche Frage, ob es einen Anspruch Bewerbender auf Rücksendung eingereichter physischer Unterlagen gibt[110], soll an dieser Stelle nicht eingegangen werden.

228 Personenbezogene Daten sind zu löschen, wenn sie zur Erreichung des Zwecks, für den sie erhoben worden sind, nicht mehr erforderlich sind. Im Zusammenhang mit einem Bewerbungsverfahren besteht eine Erforderlichkeit **über die Einstellungsentscheidung hinaus** fort. Bereits aus der Lebenserfahrung ist es sinnvoll, Bewerbungsunterlagen der nicht zum Zug gekommenen Bewerberinnen und Bewerber aufzubewahren, zumindest bis der ausgewählte Bewerbende die Stelle angetreten hat.

229 Neben dieser praktischen Erforderlichkeit steht darüber hinaus eine rechtliche gemäß § 19 Abs. 3 lit e) KDG wie folgt: § 22 Allgemeines Gleichbehandlungsgesetz (AGG) verpflichtet den Arbeitgeber zu belegen, dass kein Verstoß gegen die Bestimmungen zum **Schutz vor Benachteiligung** vorgelegen hat, wenn Bewerbende Indizien beweisen, die eine Benachteiligung wegen eines Merkmals gemäß § 1 AGG vermuten lassen. Wird die Dienstgeberin in Anspruch genommen, so sind die Daten des streitbeteiligten Bewerbers oder der Bewerberin sowie sämtlicher Bewerbender, deren Bewerbungen möglicherweise für den Rechtsstreit von Bedeutung sein können, für die Dauer des Rechtsstreits erforderlich. Aufgrund der gesetzlichen Fristen[111] ist eine

[110] Dafür: Maschmann in Kühling / Buchner, DS-GVO, BDSG, § 26 Rn. 28; dagegen: Riesenhuber in BeckOK Datenschutzrecht, BDSG, § 26 Rn. 108

[111] § 15 Abs. 4 Allgemeines Gleichbehandlungsgesetz (AGG), § 61b Arbeitsgerichtsgesetz (ArbGG), § 167 Zivilprozessordnung (ZPO)

Aufbewahrung der Bewerbungsunterlagen aller Bewerbenden, also auch derjenigen, die ihre Bewerbung ggf. zurückgenommen haben, **für die Dauer von sechs Monaten** als erforderlich zu betrachten.[112]

Diese Frist gilt unabhängig davon, ob der Arbeitgeber mit Rechtsstreitigkeiten 230
der von der negativen Entscheidung betroffenen Bewerbenden oder konkurrierenden Dritten rechnen muss.[113] Auch die möglicherweise gut gemeinte Aufnahme der Bewerbungsunterlagen in einen **Bewerberpool,** die es der Dienstgeberin ermöglichen soll, Bewerbende bei Freiwerden einer adäquaten Stelle erneut anzusprechen, ist nicht erforderlich. Soll der Kontakt zu einer Bewerberin oder einem Bewerber gehalten werden, um eventuell zu einem späteren Zeitpunkt über die Eingehung eines Arbeitsverhältnisses zu sprechen, ist dafür die schriftliche Einwilligung des Betroffenen gemäß § 8 KDG erforderlich.[114] Da das ursprüngliche Bewerbungsverfahren in dieser Situation bereits abgeschlossen ist, kann ein solches Verfahren Bewerbenden Vorteile verschaffen, die eine Freiwilligkeit der Einwilligung vermuten lassen.[115]

[112] Bayerisches Landesamt für Datenschutzaufsicht, RDV 2013, Seite 141; Weth in Weth / Herberger / Wächter / Sorge, Daten- und Persönlichkeitsschutz im Arbeitsverhältnis, Seite 368

[113] So aber noch BAG, Urteil vom 6.6.1984, 5 AZR 286/81

[114] Maschmann in Kühling / Buchner, DS-GVO, BDSG, § 26 Rn. 28; Riesenhuber in BeckOK Datenschutzrecht, BDSG, § 26 Rn. 107

[115] Franzen in Erfurter Kommentar, BDSG, § 26 Rn. 20

X. Ausblick

231 Zwar besteht derzeit keine ausdrückliche datenschutzrechtliche Verpflichtung, Bewerbungsverfahren in **pseudonymisierter**[116] **Form** durchzuführen. Doch es spricht viel dafür, diese Form im Einstellungsverfahren für ein Arbeitsverhältnis zu praktizieren. Nur eine vorurteilsfrei erfolgende Bewerberauswahl führt zu einer tatsächlichen Bestenauslese.[117]

232 Bewerbungen sollten zunächst frei von personenbezogenen Daten wie Foto, Name, Adresse, Geburtsdatum oder Angaben zu Alter, Familienstand oder Herkunft vorgelegt werden. Alle anderen üblichen Informationen wie etwa Berufserfahrung, Ausbildung oder Motivation können abgefragt bzw. vorgelegt werden. Es gibt bis dahin keinen Unterschied zu herkömmlichen Lebensläufen und Bewerbungsinhalten außer dem Verzicht auf Jahreszahlen. Der Fokus der Auswahlverantwortlichen wird somit ausschließlich auf die Qualifikation der Bewerbenden gelenkt. Nach einer Vorauswahl aufgrund dieser Kriterien werden die Bewerberinnen und Bewerber zu einem Vorstellungsgespräch eingeladen, zu dem dann auch die anderen personenbezogenen Daten für die Verantwortlichen, die über die Einstellung zu entscheiden haben, frei gegeben werden.[118]

233 ! Ein zukünftiges Beschäftigtendatenschutzgesetz sollte diese Möglichkeit der vorurteilsfreien Auswahlentscheidung berücksichtigen. Dienstgeberinnen können sich bereits jetzt durch eine entsprechende Durchführung von Bewerbungsverfahren als innovativ profilieren.

---

[116] Bei einer Pseudonymisierung können gemäß der Definition des § 4 Nr. 6 KDG personenbezogene Daten nicht ohne Hinzuziehung zusätzlicher Informationen einer spezifischen natürlichen Person zugeordnet werden.

[117] Husemann / Betzinger, ZRP 2011, Seite 15

[118] Antidiskriminierungsstelle des Bundes https://www.antidiskriminierungsstelle.de/DE/ThemenUndForschung/Projekte/abgeschlossene_Projekte/anonymisierte_bewerbungen/anonymisierte_bewerbungen_node.html

Kapitel 2: Beschäftigtendatenschutz im Arbeitsverhältnis

Im bestehenden Beschäftigungsverhältnis dürfen personenbezogene Daten von Mitarbeiterinnen und Mitarbeitern verarbeitet werden, wenn diese für die **Durchführung oder die Beendigung des Beschäftigungsverhältnisses** erforderlich sind (§ 53 Abs. 1 KDG). In diesem Zusammenhang wird eine Vielzahl von Daten verarbeitet. Darunter fallen beispielsweise Arbeitszeiten, Krankmeldungen, Angaben zur Krankenversicherung, Gehaltsmitteilungen, Kontakt- und Bewegungsdaten. Für die Verarbeitung dieser Daten gilt eine strenge **Zweckbindung.** Nach den gemäß § 31 KDG zu erstellenden Verzeichnissen für Verarbeitungstätigkeiten muss neben den weiteren dort genannten Auskünften ersichtlich sein, welcher Zweck verfolgt wird. Zum Verzeichnis von Verarbeitungstätigkeiten siehe nachfolgend auch ► Rn. 610 ff. 234

! Sowohl Mitarbeitenden als auch der MAV ist dieses Verzeichnis zur Verfügung zu stellen, um die Möglichkeit der Prüfung zu geben, ob die personenbezogenen Daten rechtmäßig verarbeitet werden. 235

I. Verpflichtung zum Datengeheimnis im Rahmen einer Beschäftigung

236 Gemäß § 5 KDG ist es den bei der Verarbeitung personenbezogener Daten tätigen Personen untersagt, diese unbefugt zu verarbeiten (Datengeheimnis). Mit dieser Vorschrift hat der kirchliche Gesetzgeber eine Norm ausdrücklich aufrechterhalten, die sich in der europäischen Verordnung so explizit nicht findet.[1] Verpflichtete dieser Norm sind „bei der Verarbeitung personenbezogener Daten tätige Personen". Darunter sind alle Personen zu verstehen, die bei den ihnen übertragenen oder von ihnen wahrgenommenen Aufgaben oder Tätigkeiten in einer Art und Weise in Kontakt mit personenbezogenen Daten kommen, die ihnen regelmäßig die Kenntnisnahme von diesen Daten gestattet.[2] Es ist unerheblich, ob tatsächlich ein Umgang mit personenbezogenen Daten erfolgt. Die **faktische Möglichkeit** eines solchen Zugangs ist ausreichend.[3]

237 Da die Vorschrift **weit auszulegen** ist, ist für die Verpflichtung kein „typisches" Arbeitsverhältnis erforderlich. Unter diese Vorschrift fallen deshalb auch arbeitnehmerähnliche Personen, Teilzeitbeschäftigte, Aushilfen und Auszubildende bzw. im Rahmen ihrer Ausbildung tätige Personen wie Praktikanten und Ehrenamtliche.

238 Den Normadressaten wird durch diese Vorschrift nicht nur eine Verschwiegenheitspflicht auferlegt, sondern sie untersagt **jede unbefugte Verwendung personenbezogener Daten**.[4] Dazu gehört auch das unzulässige Beschaffen von Daten, beispielsweise das Sammeln von Eingruppierungsdaten der Kolleginnen oder Kollegen, um damit den eigenen Höhergruppierungsantrag

1 Artikel 32 Abs. 4 DS-GVO formuliert zwar eine entsprechende Verpflichtung, bleibt aber inhaltlich hinter der Regelung in § 5 KDG zurück.

2 Ehmann in Simitis, BDSG (a. F.), § 5 Rn. 13

3 Klebe in Däubler / Klebe / Wedde / Weichert, BDSG (a. F.), § 5 Rn. 5

4 Ehmann in Simitis, BDSG (a. F.), § 5 Rn. 19

unterlegen zu können. Umfasst ist auch das Verändern von Daten, beispielsweise nachträgliches Korrigieren der Abrechnungszeiten von Mitarbeitenden und die Weitergabe von Daten an Dritte ohne Rechtsgrundlage, beispielsweise an eine private Krankenversicherung, um Beschäftigten einen (kostenlosen) Zugang für eine Chefarztbehandlung zukommen zu lassen. Die Offenbarung dienstlicher Informationen im privaten Kollegengespräch fällt ebenfalls darunter wie auch der Abruf von Daten aus privater Neugier.

Gerade im Beschäftigungskontext kommt dieser Regelung auch eine doppelte Funktion zu. Zum einen verlangt § 5 KDG in Satz 2 eine **schriftliche Verpflichtung** der Mitarbeitenden auf das Datengeheimnis vor Aufnahme ihrer Tätigkeit. Damit soll sichergestellt werden, dass der verpflichtete Personenkreis seine datenschutzrechtlichen Pflichten kennt und sich bei möglichen Verstößen nicht auf einen Verbotsirrtum berufen kann.[5] Zum anderen ergibt sich daraus für Mitarbeitende eine Schutzfunktion, weil die Berufung auf den Verbotsirrtum nur dann ausgeschlossen ist, wenn die einzuhaltenden Normen umfänglich benannt werden. 239

! Zur Erfüllung der Norm ist es keinesfalls ausreichend, nur auf diese zu verweisen und Mitarbeitende die gesetzliche Vorschrift unterschreiben zu lassen. 240

Erforderlich ist eine Unterrichtung über die sich aus der Regelung ergebenden Verpflichtungen, die möglichst präzise und auf den einzelnen Arbeitsplatz bezogen sein soll. Die **Verpflichtungserklärung** ist von den Verpflichteten zu unterschreiben. Die Erklärung zum Nachweis der Verpflichtung ist in die Personalakte aufzunehmen.[6] 241

5 Klebe in Däubler / Klebe / Wedde / Weichert, BDSG (a. F.), § 5 Rn. 10

6 Zum Ganzen siehe auch Formulierungshilfe der Konferenz der Diözesandatenschutzbeauftragten: https://www.kdsa-ost.de/images/CONTENT/INFOTHEK/Marbeitshilfen/dok/AH-FH-Verpflichtungserklaerung-Datengeheimnis-KDG-5.pdf, Stand 05/2018

II. Anforderungen an die Personalakte

242 Im privatrechtlichen Arbeitsverhältnis besteht grundsätzlich keine Verpflichtung des Arbeitgebers zum Führen einer Personalakte. Jedoch ist der Arbeitgeber zunächst gehalten, die **Arbeitspapiere von Beschäftigten** verfügbar zu halten.

Dazu gehören:

- Im Rahmen des ELStAM-Verfahrens (Elektronische-Lohn-Steuer-Abzugs-Merkmale) der Vor- und Nachname, das Geburtsdatum und die Steueridentifikationsnummer,
- die Daten gemäß § 2 Nachweisgesetz (NachwG),
- der Sozialversicherungsausweis,
- eine Bescheinigung über den im Kalenderjahr von einem anderen Arbeitgeber gewährten oder abgegoltenen Erholungsurlaub,
- Unterlagen über vermögenswirksame Leistungen,
- bei Ausländern, die nicht Staatsangehörige eines EU-Mitgliedstaats sind, eine Arbeitserlaubnis sowie eine Arbeitsberechtigung,
- ein Gesundheitszeugnis bzw. eine Gesundheitsbescheinigung, soweit diese gesetzlich vorgeschrieben sind.[7]

243 **Für den AVR-Bereich** bestimmt § 6 Abs. 1 AVR Caritas, dass für alle Mitarbeitenden eine Personalakte zu führen ist. Auch andere kirchliche Regelungen wie beispielsweise § 12 KAVO NRW schreiben dies ausdrücklich vor.[8]

---

7 § 43 Infektionsschutzgesetz (IFSG), § 32 Jugendarbeitsschutzgesetz (JArbSchG), §§ 77 ff. Strahlenschutzverordnung (StrlSchV)

8 Die Dienstvertragsordnung (DVO) stellt eine solche Pflicht zwar nicht ausdrücklich fest, setzt aber in § 3 Abs. 5 DVO das Bestehen einer Personalakte voraus.

1. Begriff und Inhalte

Personalakten sind Sammlungen von Urkunden und Vorgängen, die die persönlichen und dienstlichen Verhältnisse von Mitarbeitenden betreffen und in einem inneren Zusammenhang mit dem Dienstverhältnis stehen.[9] Diese Definition aus der Rechtsprechung des Bundesarbeitsgerichts stellt auf den heute verwendeten Begriff der Personalakte **im materiellen Sinn** ab. Die herkömmliche in Akten untergebrachte, nach unterschiedlichen Kriterien geordnete Sammlung von Arbeitspapieren stellte demgegenüber auf die Personalakte **im formellen Sinn** ab. Nach dem neuen Verständnis der Personalakte kommt es also auf die äußere Zuordnung der Unterlagen nicht mehr an, so dass der Begriff über das hinausgeht, was landläufig als Personalakte (im formellen Sinn) bezeichnet wird. 244

Das Führen der Personalakte liegt allerdings im **Organisationsermessen des Arbeitgebers**, das heißt, es muss keine einheitliche Akte geführt werden; es können auch Beiakten angelegt werden.[10] Unabhängig davon, wo sich einzelne Unterlagen befinden, die persönliche oder dienstliche Verhältnisse von Beschäftigten beinhalten, gehören diese aber zur Personalakte. 245

Häufig werden die kompletten von Bewerberinnen und Bewerbern eingereichten **Bewerbungsunterlagen** in die Personalakte übernommen. Wenn eine Personalakte bei der Dienstgeberin geführt wird, dürfen dort aber nur solche Unterlagen aufgenommen werden, die nach Begründung des Beschäftigungsverhältnisses für dessen Durchführung gemäß § 53 Abs. 1 KDG erforderlich sind. Dazu bereits ausführlich ► Rn. 56 ff. 246

Typische Daten, die in einer Personalakte verarbeitet werden dürfen, sind: 247
- Nachweise über die Aus- und Fortbildung,
- Zeugnisse, soweit sie für die Durchführung des Arbeitsverhältnisses noch von Bedeutung sind,
- der Arbeitsvertrag,
- Beurteilungen,

[9] BAG, Urteil vom 19.7.2012, 2 AZR 782/11

[10] LAG Düsseldorf, Urteil vom 14.3.2018, 7 Sa 464/17

- Zeugnisse über Fortbildungsmaßnahmen,
- Abmahnungen, Ermahnungen, Rügen,
- Vereinbarungen über Darlehen und Gehaltsvorschüsse, Pfändungs- und Überweisungsbeschlüsse sowie Lohnabtretungen und
- das Arbeitsverhältnis betreffender Schriftverkehr.[11]

248 Personenbezogene Daten, von denen Bewerbende angenommen haben, sie seien für eine Bewerbung vorteilhaft, die aber für die Durchführung des Beschäftigungsverhältnisses **nicht erforderlich** sind, dürfen nicht verarbeitet werden, da es an einer entsprechenden Rechtsgrundlage fehlt. Solche Unterlagen sind dem Bewerber oder der Bewerberin zurückzugeben.

249 ! Es ist also erforderlich, die Bewerbungsunterlagen vor Übernahme in die Personalakte daraufhin zu untersuchen, ob alle Unterlagen tatsächlich erforderlich gemäß § 52 Abs. 1 KDG sind.

250 Zweifel bestehen hinsichtlich der Frage, ob die Verarbeitung der **Adresse** im laufenden Arbeitsverhältnis zwingend erforderlich ist. Für das Bewerbungsverfahren wurde die Erforderlichkeit bislang in Literatur und Rechtsprechung nicht in Frage gestellt.[12] **Im Bewerbungsverfahren** ist die Verarbeitung von Kontaktdaten wie Anschrift oder Mobilfunknummer im Hinblick auf eine kurzfristige Erreichbarkeit der Bewerbenden erforderlich, da der Arbeitgeber regelmäßig an der kurzfristigen Besetzung der ausgeschriebenen Stelle interessiert ist. Ohne diese Angaben würde das Bewerbungsverfahren zumindest deutlich erschwert.[13] Zur Zulässigkeit der Erhebung von Kontaktdaten Bewerbender bereits ausführlich ► Rn. 139 ff. **Für das laufende Arbeitsverhältnis** ist strikt zwischen dem dienstlichen und dem privaten Bereich zu unterscheiden. Dabei ist zu berücksichtigen, dass mit der Angabe der Anschrift gegebenenfalls zumindest mittelbar auch weitere personenbezogene Daten offenbar werden.

---

[11] Fitting, BetrVG, § 83 Rn. 4

[12] Gola, Handbuch Beschäftigtendatenschutz, Rn. 609

[13] Gola, a. a. O., hält es ohne diese Angaben für unmöglich.

Beispiel 251

Wenn eine Mitarbeiterin und ein Mitarbeiter dieselbe Wohnadresse angegeben haben, kann dies auf eine persönliche Beziehung hindeuten. Auch wenn eine solche Beziehung tatsächlich nicht besteht, kann dadurch ein Rechtfertigungsdruck für die Betroffenen entstehen.

Es verwundert nicht, dass sich Literatur und Rechtsprechung mit diesem 252
Thema bislang nicht auseinandersetzen mussten, da im staatlichen Bereich inzwischen die Einsicht vorausgesetzt werden kann, dass die private Lebensführung, zumindest soweit es um Ehe, Partnerschaft oder Beziehungen geht, keine Auswirkungen auf das Arbeitsverhältnis haben darf. Im Rahmen **katholischer Arbeitsverhältnisse** ist aber grundsätzlich der „Anspruch des Dienstgebers geblieben, das private Beziehungsleben der Mitarbeitenden zu einem Gradmesser für die Zugehörigkeit zum kirchlichen Dienst zu erheben".[14] „Erschreckende Einblicke in kirchliche Leidensgeschichten"[15] betonen die besondere Notwendigkeit des Schutzes personenbezogener Daten im kirchlichen Arbeitsverhältnis und die Beschränkung von deren Verarbeitung auf die unbedingt für die Durchführung des Arbeitsverhältnisses erforderlichen Angaben.

! Dazu gehört die Angabe der Wohnadresse dann nicht, wenn der Mit- 253
arbeiter oder die Mitarbeiterin ein Postfach für die Erreichbarkeit angegeben hat.

Dem widersprechen auch die zu diesem Thema ergangenen gerichtlichen 254
Entscheidungen nicht, in denen es stets darum ging, dass Beschäftigte verpflichtet sind, dem Arbeitgeber die aktuelle Adresse mitzuteilen, um diesem die Möglichkeit zu geben, fristwahrende Zustellungen vorzunehmen.[16] Die

[14] Pfeiffer in Eichstätter Schriften zum kirchlichen Arbeitsrecht, Band 6, Seite 10

[15] Ebd.

[16] LAG Düsseldorf, Urteil vom 15.8.2017, 3 Sa 348/17; BAG, Urteile vom 22.9.2005, 2 AZR 366/04, vom 25.4.1996, 2 AZR 13/95, vom 27.6.2002, 2 AZR 382/01 und vom 7.11.2002, 2 AZR 475/01

Erreichbarkeit für dienstliche Zustellungen ist mit der **Angabe eines Postfachs** gewährleistet. Etwas anderes ergibt sich auch nicht aus § 2 Nr. 1 NachwG. Dort wird zwar die Angabe von Namen und Anschrift der Vertragsparteien gefordert. Gesetzeszweck ist aber die Pflicht des Arbeitgebers zur Unterrichtung des Arbeitnehmers über die für seinen Arbeitsvertrag oder sein Arbeitsverhältnis geltenden Bedingungen zu gewährleisten.[17] Mit dem Begriff der Anschrift ist nur ein Oberbegriff benannt, der sowohl die Postanschrift als auch die Wohnanschrift bezeichnen kann.

255 Die von Bewerbenden angegebene **Mobilfunknummer** ist für die Durchführung des Beschäftigungsverhältnisses nicht erforderlich.[18]

256 **Bewerbungsfotos** enthalten regelmäßig Angaben über personenbezogene Daten der Abgebildeten (► Rn. 142 ff.). Das Ablegen von eingereichten Fotos in der Personalakte stellt eine Verarbeitung im Sinn des § 4 Nr. 3 KDG dar. Eine Rechtsgrundlage dafür ist weder in § 6 Abs. 1 KDG enthalten noch ist eine Erforderlichkeit gemäß § 53 Abs. 1 KDG gegeben. Fotos sind deshalb nicht in die Personalakte aufzunehmen.

257 Ein eingereichtes **Schulabschlusszeugnis** ist bestenfalls dann für die Durchführung des Beschäftigungsverhältnisses erforderlich, wenn dies den letzten aktuellen Bildungsabschluss dokumentiert. Andernfalls ist der später erreichte Bildungsabschluss (Kaufmannsgehilfenbrief, Gesellenbrief, Hochschulabschluss) ausschlaggebend.

258 Nicht in die Personalakte aufgenommen werden dürfen Kopien von **Personalausweisen oder Reisepässen.** Diese Dokumente enthalten eine Vielzahl von personenbezogenen Daten (Augenfarbe, Größe, Geburtsdatum, Geburtsort). Vor allem aber ist es möglich, mit Kenntnis der Personalausweisnummer Informationen von Behörden oder Auskunfteien zu erhalten.[19] Eine Rechtsgrundlage für das Kopieren solcher Ausweisdokumente besteht nicht, insbesondere ist ein Bezug zum Beschäftigungsverhältnis nicht erkennbar.

---

17 Bundestags-Drucksache 13/668, Seite 8

18 LAG Thüringen, Urteil vom 16.5.2018, 6 Sa 442/17

19 Landesbeauftragte für Datenschutz und Informationsfreiheit Nordrhein-Westfalen, Broschüre Personalausweis und Datenschutz, Stand 2019, Seite 10

Wer als **Halter eines Kraftfahrzeugs** anordnet oder zulässt, dass jemand ein Fahrzeug führt, der die dazu erforderliche Fahrerlaubnis nicht hat oder dem das Führen des Fahrzeugs nach § 44 Strafgesetzbuch (StGB) oder § 25 Straßenverkehrsgesetz (StVG) verboten ist, kann gemäß § 21 StVG mit Freiheitsstrafe bis zu einem Jahr verurteilt werden. Überlässt der Arbeitgeber einem Arbeitnehmer ein **Dienstfahrzeug,** muss er sich also vorher erkundigen, ob die betreffende Person im Besitz einer gültigen Fahrerlaubnis ist. Für die Erreichung dieses Zwecks ist die Ablage einer Kopie des Führerscheins in der Personalakte aber nicht geeignet. Die Fahrerlaubnis muss zum Zeitpunkt der Übergabe des Fahrzeugs bestehen. Ausreichend und erforderlich ist, sich zu diesem Zeitpunkt das Bestehen der Fahrerlaubnis durch **Vorlage des Führerscheins** belegen zu lassen. Eine Dokumentation dieser Vergewisserung in Form einer Kopie bedarf es auch zu Beweiszwecken nicht, da der Entzug der Fahrerlaubnis und des Führerscheins von der Straßenverkehrsbehörde dokumentiert wird. 259

Kirchliche Arbeitsrechtsregelungen[20] sehen die Gewährung von **Arbeitsbefreiung** vor, wenn Mitarbeitende kirchlich heiraten oder ein kirchliches Ehejubiläum feiern. Soweit die Dienstgeberin über die Voraussetzungen der Arbeitsbefreiung einen Beleg verlangt, kann ein Einblick in entsprechende Dokumente gewährt werden. Die Aufnahme der **Heiratsurkunde** in die Personalakte ist dadurch aber nicht erforderlich. Dasselbe gilt für die Aufnahme von Taufzeugnissen der Kinder.[21] 260

Um sicherzustellen, dass Personen, die im kinder- und jugendnahen Bereich tätig sind, nicht wegen einer Sexualstraftat verurteilt worden sind, dürfen diese verpflichtet werden, ein erweitertes Führungszeugnis (► Rn. 213 ff.) vorzulegen.[22] 261
Folgende Daten dürfen dabei erhoben werden:

- Die Tatsache, dass Einsicht in das Führungszeugnis genommen wurde
- das Datum des Führungszeugnisses
- die Information, aus der hervorgeht, dass betreffend der vorlegenden Person keine entsprechenden Einträge vorliegen

[20] Vgl. beispielsweise § 10 Abs. 2 lit d) AVR Caritas und § 29 Abs. 1 lit e) und g) DVO

[21] Vgl. beispielsweise die Befreiungstatbestände in § 10 Abs. 2 lit e) AVR Caritas und in § 29 Abs. 1 lit h) DVO

[22] Dazu ausführlich Ullrich, ZMV 2018, Seite 56

262 **!** Das Dokument selbst dagegen ist dem Mitarbeiter oder der Mitarbeiterin wieder auszuhändigen. Es ist ausdrücklich nicht zulässig, das Dokument oder eine Kopie davon zur Personalakte zu nehmen.

2. Einsichtsrechte

263 Die Dienstgeberin als Verantwortliche hat gemäß § 26 KDG durch technische und organisatorische Maßnahmen dafür zu sorgen, die Rechte und Freiheiten der Betroffenen durch ein angemessenes Schutzniveau zu gewährleisten. Im Hinblick auf die Personalakte bedeutet dies, dass Einsichtsrechte so zu reglementieren sind, dass der Kreis derer, die Einsicht nehmen können, klein gehalten wird.[23] Er ist regelmäßig auf die **für Personalentscheidungen zuständigen Mitarbeiterinnen und Mitarbeiter** zu beschränken.[24] Im Ausnahmefall können überwiegende Interessen der Dienstgeberin die Offenlegung der Personalakte auch Dritten gegenüber rechtfertigen, wenn dies zum Beispiel im Rahmen einer Prüfung durch die Innenrevision erforderlich ist.[25]

264 **Besonders sensible Daten** wie Angaben zum körperlichen, geistigen und seelischen Zustand sind vor Einsicht besonders zu sichern. Sie müssen gesondert außerhalb der formellen Akte oder in einem verschlossenen Umschlag aufbewahrt werden, damit sie nicht bei der regelmäßigen Sachbearbeitung der Personalakte ohne konkreten Anlass ins Auge fallen.[26] Wie Arbeitgeber dieses besondere Geheimhaltungsbedürfnis umsetzen, können sie im Rahmen ihrer Organisationsfreiheit selbst bestimmen.[27] Etabliert der Arbeitgeber aber keine Schutzmaßnahmen, geht das Bestimmungsrecht entsprechend § 316 BGB und

[23] BAG, Urteile vom 15.7.1987, 5 AZR 215/86 und vom 12.9.2006, 9 AZR 271/06; Breyer in Weth / Herberger / Wächter / Sorge, Daten- und Persönlichkeitsschutz im Arbeitsverhältnis, Rn. 9

[24] Poeche in Küttner, Personalbuch 2021, Rn. 8

[25] BAG, Urteil vom 4.4.1990, 5 AZR 299/89

[26] BAG, Urteile vom 12.9.2006, 9 AZR 271/06 und vom 15.7.1987, 5 AZR 215/86

[27] BAG, Urteil vom 12.9.2006, 9 AZR 271/06

§ 264 Abs. 2 BGB auf die Arbeitnehmer über.[28] Ein **Mitbestimmungsrecht der Mitarbeitervertretung** bei der Festlegung des Personenkreises, der Einsicht nehmen darf, besteht auch in diesem Fall nicht.[29]

Der Mitarbeitende ist berechtigt, jederzeit in seine Personalakte **Einsicht zu nehmen.**[30] Während dieses Recht im staatlichen Bereich in § 83 BetrVG geregelt ist, enthält die MAVO eine diesbezügliche Vorschrift nicht. Jedoch findet sich ein solcher Anspruch beispielsweise in § 6 Abs. 2 AVR Caritas und in § 3 Abs. 5 DVO. Das Recht ergibt sich darüber hinaus aus der Fürsorgepflicht der Dienstgeberin.[31] Mitarbeitende müssen dafür keinen besonderen Anlass darlegen.[32] Das Einsichtsrecht umfasst die gesamte Personalakte im materiellen Sinn. **Geheime Personalakten** sind unzulässig.[33] Insoweit hat der daneben bestehende Auskunftsanspruch gemäß § 17 KDG im Hinblick auf das Einsichtsrecht in die Personalakte keine ergänzende Auswirkung.[34] 265

Die Einsichtnahme darf **während der Arbeitszeit** erfolgen, ohne dass dem Mitarbeitenden dabei das Entgelt gekürzt wird.[35] Ein Anspruch auf Überlassung besteht dabei aber ebenso wenig wie ein Anspruch auf unbeaufsichtigte Einsichtnahme.[36] 266

Das Einsichtsrecht steht als höchstpersönliches Recht nur dem Mitarbeitenden selbst zu.[37] Eine **Übertragung des Rechts auf Dritte** muss die Dienstgeberin 267

28 BAG, Urteil vom 12.9.2006, 9 AZR 271/06

29 LAG Düsseldorf, Urteil vom 14.11.2005, 10 TaBV 46/05; Poeche in Küttner, Personalbuch 2021, Rn. 8

30 Jüngst in Thiel / Fuhrmann / Jüngst, MAVO, § 26 Rn. 85

31 BAG, Urteil vom 17.3.1970, 5 AZR 263/69

32 BAG, Urteil vom 16.11.2010, 9 AZR 573/09, Rn. 45

33 Jüngst in Thiel / Fuhrmann / Jüngst, MAVO, § 26 Rn. 85

34 LAG Baden-Württemberg, Urteil vom 20.12.2018, 17 Sa 11/18

35 Fitting, BetrVG, § 83 Rn. 12 mit Verweis auf die herrschende Meinung

36 Gola, Handbuch Beschäftigtendatenschutz, Rn. 2402

37 BAG, Urteil vom 12.7.2016, 9 AZR 791/14; LAG Schleswig-Holstein, Urteil vom 17.4.2014, 5 Sa 385/13

nicht akzeptieren. Eine Ausnahme wird für den Fall angenommen, dass der Mitarbeitende verhindert ist, zum Beispiel wegen Krankheit.[38]

268 **!** In einem solchen Fall sollte die schriftliche Bevollmächtigung zur Personalakte genommen werden.

269 Umstritten war die Frage, ob Arbeitnehmer einen Dritten, der kein Betriebsratsmitglied ist, bei der Einsichtnahme hinzuzuziehen dürfen.[39] Nach Ansicht des Bundesarbeitsgerichts trägt der Arbeitgeber dem Transparenzinteresse von Arbeitnehmern in hinreichendem Maß Rechnung, wenn er erlaubt, Kopien der in der Personalakte befindlichen Schriftstücke zu fertigen.[40] Durch die Regelung des § 17 Abs. 3 KDG ist diese Bedingung regelmäßig erfüllt.

270 **Für den AVR-Bereich** ist das Recht auf eine Abschrift der Personalakte in § 6 Abs. 2 Satz 2 ausdrücklich festgeschrieben. Die Dienstgeberin ist deshalb berechtigt, Externen den Zutritt zu dem Betriebsgelände zu untersagen. Mitarbeitenden steht es frei, bei Bedarf außerhalb des Betriebsgeländes und unter Verwendung der Abschriften anwaltliche Hilfe in Anspruch zu nehmen.[41] **Für den Geltungsbereich der DVO** gibt § 3 Abs. 5 den Mitarbeitenden einen Anspruch auf Auszüge oder Kopien aus der Personalakte. Darüber hinaus gewährt wird das „Recht auf Einsicht auch durch einen hierzu schriftlich Bevollmächtigten". Da die Mitarbeitervertretung an dieser Stelle nicht ausdrücklich benannt wird und das Recht auf Hinzuziehen eines MAV-Mitglieds in § 26 Abs. 2 MAVO geregelt ist, kann diese Vorschrift nur so verstanden werden, dass jeder Dritte bevollmächtigt werden kann, das Einsichtsrecht wahrzunehmen.

---

[38] Linck in Schaub, Arbeitsrechts-Handbuch, § 149 Rn. 9; Gola, Handbuch Beschäftigtendatenschutz, Rn. 2405; Fitting, BetrVG, § 83 Rn. 12 sieht ein generelles Recht des Arbeitnehmers, ein Einsichtsrecht durch einen Beauftragten zu gewähren

[39] Vgl. zur Darstellung des Streitstandes BAG, Urteil vom 12.7.2016, 9 AZR 791/14, Rn. 12

[40] BAG, Urteil vom 12.7.2016, 9 AZR 791/14, Rn. 14; Fitting, BetrVG, § 83 Rn. 12; Kania in Erfurter Kommentar, BetrVG, § 83 Rn. 4

[41] BAG, Urteil vom 16.11.2010, 9 AZR 573/09, Rn. 42

Die Mitarbeitervertretung hat **kein eigenständiges Recht** auf Einsichtnahme in die Personalakten der Mitarbeitenden.[42] Will sie selbst in die Personalakte eines Mitarbeitenden Einsicht nehmen, ist dies gemäß § 26 Abs. 2 Satz 2 MAVO nur unter Vorlage einer entsprechenden schriftlichen Zustimmung des Mitarbeiters oder der Mitarbeiterin möglich.[43] 271

Der Anspruch auf Einsichtnahme besteht ab Begründung des Arbeitsverhältnisses und **über dessen Ende hinaus** fort. Der Arbeitgeber ist aus datenschutzrechtlichen Gründen nicht verpflichtet, die Personalakte ausgeschiedener Beschäftigter aufzubewahren.[44] Bewahrt er diese auf, müssen Ausgeschiedene auch nach Beendigung ihres Arbeitsverhältnisses die Möglichkeit haben, zu überprüfen, ob der Arbeitgeber keine unrichtigen Daten über sie verarbeitet. Denn soweit der Arbeitgeber die Personalakte aufbewahrt, besteht für den ehemaligen Arbeitnehmer die Gefahr der Verwendung unrichtiger Daten.[45] 272

! Die Personalakte muss deshalb über die Beendigung des Arbeitsverhältnisses hinaus gepflegt, das heißt um nicht mehr für den Zweck erforderliche personenbezogene Daten bereinigt werden. 273

Nach § 19 Abs. 1 KDG hat die betroffene Person das Recht, von dem Verantwortlichen zu verlangen, dass die betreffenden personenbezogenen Daten unverzüglich gelöscht werden, wenn u. a. die personenbezogenen Daten für die Zwecke, für die sie erhoben oder auf sonstige Weise verarbeitet wurden, nicht mehr notwendig sind.[46] So sind erteilte **Abmahnungen** nach Beendigung des Arbeitsverhältnisses aus der Personalakte zu entfernen (dazu im Folgenden ► Rn. 277 ff.). Mit einer Abmahnung weist der Arbeitgeber Arbeitnehmer auf ihre vertraglichen Pflichten hin und macht auf die Verletzung dieser Pflichten 274

[42] Jüngst in Thiel / Fuhrmann / Jüngst, MAVO, § 26 Rn. 85

[43] Jüngst in Thiel / Fuhrmann / Jüngst, MAVO, § 26 Rn. 85

[44] Breyer in Weth / Herberger / Wächter / Sorge, Daten- und Persönlichkeitsschutz im Arbeitsverhältnis, Seite 393; Fitting, BetrVG, § 83 Rn. 8

[45] BAG, Urteil vom 16.11.2010, 9 AZR 573/09, Rn. 42

[46] LAG Sachsen-Anhalt, Urteil vom 23.11.2018, 5 Sa 7/17

aufmerksam (Rüge- und Dokumentationsfunktion). Zum anderen fordert er sie für die Zukunft zu einem vertragsgetreuen Verhalten auf und kündigt individualrechtliche Konsequenzen für den Fall einer erneuten Pflichtverletzung an (Warnfunktion).[47] Nach Beendigung des Arbeitsverhältnisses ist die Warnfunktion entfallen.[48] Damit ist eine weitere Aufbewahrung der Abmahnung in der Personalakte nicht erforderlich und damit unzulässig.

275 **Aufbewahrungspflichten** für personenbezogen Daten in der Personalakte ergeben sich aus steuer- und sozialrechtlichen Verpflichtungen. Darüber hinaus ist es zweckmäßig und zulässig, die Personalakte für die Dauer von Ausschluss- und Verjährungspflichten aufzubewahren.[49]

276 Nach der Rechtsprechung des Bundesarbeitsgerichts hat der Arbeitnehmer gemäß § 241 Abs. 2 BGB in Verbindung mit Art. 2 Abs. 1, Art. 1 Abs. 1 GG auch **nach Beendigung des Arbeitsverhältnisses** Anspruch auf Einsicht in seine vollständige Personalakte. Dies setzt nicht voraus, dass er ein konkretes berechtigtes Interesse darlegt.[50]

3. Entfernung / Löschung einer Abmahnung

277 Mit einer Abmahnung weist der Arbeitgeber den Arbeitnehmer in einer hinreichend deutlichen und erkennbaren Art und Weise auf Verletzungen der arbeitsvertraglichen Pflichten hin (Rügefunktion) und fordert ihn gleichzeitig auf, sich zukünftig vertragstreu zu verhalten. Für den Fall der erneuten Verfehlung werden individuelle arbeitsrechtliche Konsequenzen angedroht (Warnfunktion).[51] Durch eine derartige Missbilligung können Arbeitnehmer in

47 BAG, Urteil vom 19.7.2012, 2 AZR 782/11

48 LAG Sachsen-Anhalt, Urteil vom 23.11.2018, 5 Sa 7/17

49 Poeche in Küttner, Personalbuch 2021, Rn. 20; Breyer in Weth / Herberger / Wächter / Sorge, Daten- und Persönlichkeitsschutz im Arbeitsverhältnis, Seite 393

50 BAG, Urteil vom 16. 11.2010, 9 AZR 573/09

51 Niemann in Erfurter Kommentar, BGB, § 626 Rn. 29

ihrem beruflichen Fortkommen und ihrem Persönlichkeitsrecht beeinträchtigt werden. Deshalb können sie die **Beseitigung dieser Beeinträchtigung** verlangen, wenn die Abmahnung formell nicht ordnungsgemäß zu Stande gekommen ist[52], unrichtige Tatsachenbehauptungen enthält[53], auf einer unzutreffenden rechtlichen Bewertung des Verhaltens beruht[54], den Grundsatz der Verhältnismäßigkeit verletzt[55] oder kein schutzwürdiges Interesse des Arbeitgebers am Verbleib der Abmahnung in der Personalakte mehr besteht.[56] In diesen Fällen dürfte regelmäßig auch ein Löschungsanspruch nach § 19 KDG bestehen.

Fraglich ist, ob Arbeitnehmer eine Entfernung der Abmahnung aus der Personalakte verlangen können, wenn diese durch Zeitablauf ihre rechtliche Wirkung verloren hat. Dies wurde vom Bundesarbeitsgericht zunächst bejaht.[57] Aufgrund seiner Fürsorgepflicht könne der Arbeitgeber verpflichtet sein, auch solche Vorgänge aus den Personalakten zu entfernen, die zwar auf einem wahren Sachverhalt beruhen, aber aufgrund Zeitablaufs überholt sind. Nach der jüngeren BAG-Rechtsprechung ist die Entfernung einer auf einer richtigen Sachverhaltsdarstellung beruhenden Abmahnung aus der Personalakte **nicht allein aufgrund von Zeitablauf** begründet. Vielmehr muss im Rahmen einer Interessenabwägung festgestellt werden, dass die weitere Aufbewahrung für den Arbeitnehmer unzumutbar sein kann, während gleichzeitig die Abmahnung für das Arbeitsverhältnis bedeutungslos geworden ist.[58] 278

Nach Beendigung des Arbeitsverhältnisses sind erteilte Abmahnungen aus der Personalakte zu entfernen. Denn nach Beendigung des Arbeitsverhältnisses ist die Warnfunktion entfallen.[59] 279

52 BAG, Urteile vom 16.11.1989, 6 AZR 64/88 und vom 30.5.1996, 6 AZR 537/95

53 BAG, Urteil vom 27.11.1985, 5 AZR 101/84

54 BAG, Urteil vom 22.2.2001, 6 AZR 398/99

55 BAG, Urteil vom 31.8.1994, 7 AZR 893/93

56 BAG, Urteile vom 30.5.1996, 6 AZR 537/95 und vom 11.1.2001, 9 AZR 464/00

57 BAG, Urteil vom 13.4.1988, 5 AZR 537/86

58 Niemann in Erfurter Kommentar, BGB, § 626 Rn. 35a

59 LAG Sachsen-Anhalt, Urteil vom 23.11.2018, 5 Sa 7/17

III. Gesundheitsprüfung und Arbeitsunfähigkeit

280 Gesundheitsdaten werden durch das Gesetz definiert als personenbezogene Daten besonderer Kategorie (zu den Begrifflichkeiten vgl. ► Rn 70 ff.). Diese zu verarbeiten ist gemäß § 11 Abs. 1 KDG grundsätzlich unzulässig. Will die Dienstgeberin gleichwohl eine Verarbeitung herbeiführen, ist dies nur zulässig, wenn einer der Gründe vorliegt, die § 11 Abs. 2 KDG abschließend benennt.

1. Ärztliche Eignungsuntersuchung

281 Wie bereits dargestellt (für das Einstellungsverfahren vgl. ► Rn. 219 ff.), dürfen ärztliche Untersuchungen ausschließlich durchgeführt werden, um festzustellen, ob Mitarbeitende aus medizinischer Sicht in der Lage sind, ihren Arbeitsplatz ausüben zu können.[60] Es ist dabei ausschließlich auf gesundheitliche Einschränkungen zu achten, die den **konkreten Arbeitsplatz** des Arbeitnehmers betreffen. Zunächst dürfen vom Arbeitgeber nur solche Eignungsuntersuchungen rechtmäßig angeordnet werden, für die eine Rechtsvorschrift die Untersuchung verlangt.[61]

282 **► Beispiel**

§ 42 f. Infektionsschutzgesetz (IfSG)
§§ 77 ff. Strahlenschutzverordnung (StrlSchV)
§§ 11 ff. Fahrerlaubnisverordnung (FeV)

---

60 Behrens, NZA 2014, Seite 401 (404)

61 Bundesministerium für Arbeit und Soziales (BMAS), Zum Thema Eignungsuntersuchungen, www.bmas.de/SharedDocs/Downloads/DE/Thema-Arbeitsschutz/zum-thema-eignungsuntersuchungen (Stand Oktober 2018)

Eine Untersuchung durch einen Arzt stellt regelmäßig einen Eingriff in die Intimsphäre des Arbeitnehmers oder der Arbeitnehmerin dar. Diese ist jedoch durch Art. 2 Abs. 1, Art. 1 Abs. 1 GG verfassungsrechtlich geschützt. Das allgemeine Persönlichkeitsrecht schützt grundsätzlich vor der Erhebung von Befunden über den Gesundheitszustand, die seelische Verfassung und den Charakter des Arbeitnehmers.[62] Trotz der im Arbeitsrecht bestehenden Vertragsfreiheit sind deshalb arbeitsvertragliche Vereinbarungen unzulässig, in denen sich Arbeitnehmer zu turnusmäßigen anlasslosen Gesundheitsuntersuchungen verpflichten.[63] Auch eine Betriebsvereinbarung kann daher regelmäßig keine **anlasslose routinemäßige Eignungsuntersuchung** im laufenden Beschäftigungsverhältnis begründen.[64] 283

Eignungsuntersuchungen können aber dann angeordnet werden, wenn **konkrete Anlässe** (konkrete Ausfallerscheinungen, Hinweise von Kolleginnen) vorliegen, die Zweifel der Dienstgeberin an der fortdauernden Eignung einer Person begründen, ihren arbeitsvertraglichen Pflichten nachkommen zu können.[65] Bloße Vermutungen, der Mitarbeitende sei aufgrund gesundheitlicher Probleme nicht mehr in der Lage, die übertragenen Arbeitsaufgaben vollständig zu erfüllen, reichen nicht.[66] Ebenso wenig ausreichend sind einmalige Fehler von untergeordneter Bedeutung, die auch einem Momentsversagen zugeordnet werden könnten.[67] Ein beabsichtigter Wechsel der Tätigkeit oder des Arbeitsplatzes kann einen konkreten Anlass für die Durchführung einer Eignungsuntersuchung darstellen.[68] 284

Stellt der Betriebsarzt bei einer Untersuchung eine **meldepflichtige Krankheit** nach dem Infektionsschutzgesetz (IfSG) fest, ist er verpflichtet, dies dem 285

---

62 BAG, Urteil vom 12.8.1999, 2 AZR 55/99

63 Däubler, Gläserne Belegschaften, Rn. 277; BAG, Urteil vom 12.8.1999, 2 AZR 55/99; andere Ansicht Kreitner in Küttner, Personalbuch 2021, Gesundheitszeugnis Rn. 12

64 BMAS, a. a. O.

65 Gola, Handbuch Beschäftigtendatenschutz, Rn. 1870; Däubler, Gläserne Belegschaften, Rn. 277

66 Däubler, Gläserne Belegschaften, Rn. 277

67 Behrens, NZA 2014, Seite 401

68 BMAS, Zum Thema Eignungsuntersuchungen, www.bmas.de/SharedDocs/Downloads/DE/Thema-Arbeitsschutz/zum-thema-eignungsuntersuchungen (Stand Oktober 2018)

Gesundheitsamt zu melden. Eine Nennung gegenüber dem Arbeitgeber ist aber auch in diesem Fall unzulässig.[69] Eine entsprechende Verpflichtung trifft aber unter Umständen den Beschäftigten selbst. Dasselbe gilt auch bei Krankheiten, welche die Arbeitsfähigkeit beeinträchtigen oder die eine Gefährdung von anderen Beschäftigten darstellen.[70]

286 Mitarbeitende sind nicht verpflichtet, ggf. erforderliche Untersuchungen **durch den Betriebsarzt** durchführen zu lassen. Auch insoweit besteht die freie Arztwahl, sofern es sich bei dem frei gewählten Arzt um einen Arbeits- oder Betriebsmediziner handelt oder bei Augenuntersuchungen um einen Augenarzt.[71]

2. Arbeitsmedizinische Vorsorgeuntersuchung

287 Von Eignungsuntersuchungen zu unterscheiden sind arbeitsmedizinische Vorsorgeuntersuchungen nach der Verordnung zur arbeitsmedizinischen Vorsorge (ArbMedVV). Gemäß § 1 ArbMedVV dienen Vorsorgeuntersuchungen der **Früherkennung bzw. Vorbeugung** arbeitsbedingter Erkrankungen oder Berufskrankheiten. Die Verordnung unterscheidet nach § 2 Absätze 2 bis 4 drei Kategorien der arbeitsmedizinischen Vorsorge:

- **Pflichtvorsorge**, die bei bestimmten besonders gefährdenden Tätigkeiten veranlasst werden muss
- **Angebotsvorsorge**, die bei bestimmten gefährdenden Tätigkeiten angeboten werden muss
- **Wunschvorsorge**, die bei Tätigkeiten, bei denen ein Gesundheitsschaden nicht ausgeschlossen werden kann, auf Wunsch des oder der Beschäftigten ermöglicht werden muss

288 Welche Tätigkeiten Anlass zu einer Pflicht- oder Angebotsvorsorge geben, ist im Anhang der Verordnung geregelt.

---

[69] Berke, Deutsches Ärzteblatt 2020, Seite A 1336

[70] Schuler / Weichert, Netzwerk Datenschutzexpertise, www.netzwerk-datenschutzexpertise.de

[71] Gola, Handbuch Beschäftigtendatenschutz, Rn. 1870

Die Dienstgeberin kann nicht nach Gutdünken Mitarbeitende anweisen, sich einer betriebsärztlichen Vorsorgeuntersuchung zu unterziehen. Vielmehr hat sie auf Grundlage der nach § 5 Arbeitsschutzgesetz (ArbSchG) allgemein vorzunehmenden **Gefährdungsbeurteilung** den Umfang der arbeitsmedizinischen Vorsorgemaßnahmen festzulegen (§ 3 Abs. 1 Satz 1 ArbMedVV). Das Vorhandensein einer Gefährdungsbeurteilung ist grundlegende Bedingung für ärztliche Maßnahmen der Pflicht-, Angebots- und Wunschvorsorge.[72] 289

Gemäß § 6 Abs. 3 Nr. 3 ArbMedVV hat der Arzt die Dienstgeberin nicht über das Ergebnis einer in diesem Rahmen erfolgten Untersuchung zu informieren. Den Mitarbeitenden und der Dienstgeberin ist lediglich eine **Vorsorgebescheinigung** darüber auszustellen, dass, wann und zu welchem Anlass ein arbeitsmedizinischer Vorsorgetermin stattgefunden hat. Die Vorsorgebescheinigung enthält darüber hinaus nur die Angabe, wann eine weitere arbeitsmedizinische Vorsorge aus ärztlicher Sicht angezeigt ist. 290

Auch dürfen Mitarbeitende nicht gegen ihren Willen zur Aufgabe der Tätigkeit gezwungen werden, wenn sich diese als gefährdend herausstellt. Das gilt auch bei drohendem Eintritt einer Berufskrankheit. Zwar stellt § 6 Abs. 1 Satz 4 ArbMedVV klar, dass Untersuchungen nicht **gegen den Willen des Mitarbeitenden** durchgeführt werden dürfen, jedoch regelt § 4 Abs. 2 ArbMedVV, dass die Dienstgeberin eine Tätigkeit nur ausüben lassen darf, wenn der Mitarbeitende an der Pflichtvorsorge teilgenommen hat. Insoweit besteht zumindest mittelbar eine Mitwirkungspflicht, deren Konsequenzen bei einer Verweigerung die Betroffenen selbst zu tragen haben. 291

3. Nachweis der Arbeitsunfähigkeit (AU-Bescheinigung)

Nach § 5 Abs. 1 Satz 2 Entgeltfortzahlungsgesetz sind Mitarbeitende verpflichtet, der Dienstgeberin eine ärztliche Bescheinigung über das Bestehen und die voraussichtliche Dauer der Arbeitsunfähigkeit vorzulegen, wenn die 292

[72] LAG Berlin-Brandenburg, Urteil vom 4.6.2020, 10 Sa 2130/19

Arbeitsunfähigkeit über den dritten Tag hinaus andauert. Bei der ärztlichen Arbeitsunfähigkeitsbescheinigung (AU-Bescheinigung) handelt es sich um Gesundheitsdaten gemäß § 4 Nr. 17 KDG, da sich daraus Informationen über die Gesundheit von Personen bzw. deren Gesundheitszustand ergeben.

293 Derzeit weist die AU-Bescheinigung durch den Stempel des Arztes dessen Fachrichtung aus, wodurch **Schlüsse auf die Art der Erkrankung** möglich sind. Es handelt sich dabei um personenbezogene Daten besonderer Kategorie im Sinn von § 4 Nr. 2 KDG. Die Verarbeitung solcher Daten ist grundsätzlich untersagt (§ 11 Abs. 1 KDG). Etwas anderes gilt nur dann, wenn eine Verarbeitung gemäß § 11 Abs. 2 KDG zulässig ist. Die gesetzliche Regelung im Entgeltfortzahlungsgesetz gibt der Dienstgeberin das Recht, eine Arbeitsunfähigkeitsbescheinigung vorgelegt zu bekommen. Daraus resultiert die Pflicht, Entgeltfortzahlung zu leisten. Die Verarbeitung dieser Gesundheitsdaten ist damit grundsätzlich gemäß § 11 Abs. 2 lit b) KDG zulässig.

294 Jedoch verlangt der Umgang mit diesen Daten einen besonderen Schutz. Es ist deshalb sicherzustellen, dass die AU-Bescheinigung ausschließlich den **organisatorisch zuständigen Mitarbeitenden** der Personalabteilung zugänglich gemacht wird. Eine Weitergabe an einen darüberhinausgehenden Personenkreis, zu dem auch Vorgesetzte gehören, verstößt gegen den Datenschutz.

295 Ebenso wenig ist die **Anfertigung von Kopien** erlaubt. Die Anfertigung einer Kopie der AU-Bescheinigung stellt eine Verarbeitung von Daten im Sinn des § 4 Nr. 3 KDG dar. Diese ist nach § 6 Abs. 1 KDG nur zulässig, wenn eine dort benannte Rechtsvorschrift das erlaubt oder der Betroffene eingewilligt hat. Eine solche Rechtsvorschrift, die ein Kopieren erlauben würde, besteht aber nicht. Auch eine Einwilligung wäre in diesem Zusammenhang unwirksam, weil eine Freiwilligkeit, die Voraussetzung für eine wirksame Einwilligung ist, fraglich ist. Darüber hinaus dürfte eine Kopie stets gemäß § 7 Abs. 1 lit b) KDG unzulässig sein, da die Verarbeitung derartiger Daten nicht zweckmäßig und erforderlich ist. Die Personalabteilung hat den Fachvorgesetzten darüber zu unterrichten, dass der Mitarbeiter oder die Mitarbeiterin krank ist und wie lange die Krankheit voraussichtlich dauert. Weitere Aussagen sind zu unterlassen.

Der Gesetzgeber hat beschlossen, die Arbeitsunfähigkeitsbescheinigungen zu digitalisieren. Versicherte erhalten danach weiterhin eine analoge Arbeitsunfähigkeitsbescheinigung („gelber Schein"). Den Krankenkassen wird die Arbeitsunfähigkeit seit Oktober 2021 digital mitgeteilt. **Ab Juli 2022** erhalten auch Arbeitgeber nur noch eine **digitale AU-Bescheinigung** von den Krankenkassen. Datenschutzrechtlich sind diese genauso zu behandeln wie die bislang verwendeten analogen Bescheinigungen. Den Arbeitgebern soll damit die Möglichkeit gegeben werden, nach der Arbeitsunfähigkeitsanzeige des Mitarbeitenden durch Abfrage bei der Krankenkasse über eine geschützte Datenverbindung den Nachweis der Arbeitsunfähigkeit abrufen zu können. 296

4. Betriebliches Eingliederungsmanagement (BEM)

Sind Beschäftigte innerhalb der zurückliegenden zwölf Monate länger als sechs Wochen **ununterbrochen oder wiederholt arbeitsunfähig** gewesen, muss die Dienstgeberin den Betroffenen ein betriebliches Eingliederungsmanagement (BEM) nach § 167 Abs. 2 SGB IX anbieten und ihnen die Ziele des Verfahrens erläutern. Das BEM-Verfahren selbst kommt aber nur zustande, wenn die Betroffenen **einwilligen**. Dabei ist zu klären, wie weitere Fehlzeiten verhindert werden können und der Arbeitsplatz gesichert werden kann. Das BEM erfordert naturgemäß die Verarbeitung personenbezogener Daten besonderer Kategorie im Sinn des § 4 Nr. 2 KDG. Eine solche Verarbeitung ist nur dann zugelassen, wenn einer der in § 11 Abs. 2 KDG genannten Gründe vorliegt. Mit der Verarbeitung erfüllt die Dienstgeberin eine gesetzliche Pflicht. Eine Verarbeitung ist gemäß § 11 Abs. 2 lit b) KDG zulässig. Einer Einwilligung von Mitarbeitenden in die Verarbeitung ihrer personenbezogenen Daten besonderer Kategorie im Rahmen des BEM bedarf es nicht.[73] 297

Für die **ordnungsgemäße Durchführung** des BEM ist es erforderlich, die betroffene Person zuvor auf die Ziele sowie auf Art und Umfang der dafür erhobenen und verwendeten Daten hinzuweisen (§ 167 Abs. 2 Satz 4 SGB IX). Es ist 298

[73] BAG, Urteil vom 7.2.2012, 1 ABR 46/10

also ein **Hinweis zur Datenerhebung und Datenverwendung** erforderlich, der klarstellt, dass nur solche Daten erhoben werden, deren Kenntnis erforderlich ist, um ein zielführendes, der Gesundung und Gesunderhaltung Betroffener dienendes BEM durchführen zu können. Mitarbeitenden muss mitgeteilt werden, welche Krankheitsdaten als sensible Daten im Sinn des § 4 Nr. 2 KDG verarbeitet und in welchem Umfang und für welche Zwecke sie der Dienstgeberin zugänglich gemacht werden.[74]

299 Die Verwendung der im BEM verarbeiteten Gesundheitsdaten ist nur im Rahmen des durch das Gesetz festgelegten Zwecks zulässig. Damit ist es der Dienstgeberin verwehrt, die dort erlangten Daten etwa zur **Vorbereitung einer krankheitsbedingten Kündigung** zu verwenden. Dem steht auch die Rechtsprechung des Bundesarbeitsgerichts[75] nicht entgegen. Danach dient das BEM der Gesundheitsprävention und ist kein außerdienstlicher Vorgang oder besonders geschützter bzw. rechtsfreier Raum. Da die Teilnahme nach Zustimmung freiwillig erfolgt, kann sich der Beschäftigte dem Suchprozess ohne Angabe von Gründen zu jeder Zeit wieder entziehen.[76] Dies erlaubt es der Dienstgeberin, die Äußerungen und das Verhalten im BEM-Gespräch auch für die Begründung einer Kündigung heranzuziehen. Das betrifft aber nicht die erhobenen Gesundheitsdaten.[77]

300 Es ist für die Gesundheitsdaten aus dem BEM eine **eigenständige BEM-Akte** für den jeweiligen Mitarbeitenden anzulegen. Da diese Akte personenbezogene Daten besonderer Kategorie enthält, ist sie in besonders gesicherten Schränken aufzubewahren, die nur einem engen, mit der Durchführung des BEM befassten Personenkreis (BEM-Team) zugänglich sind.[78] In die Personalakte gehören nur Nachweise für die ordnungsgemäße Durchführung des BEM. Dazu zählen die Einladung zum BEM, die Antwort des Betroffenen oder

---

[74] LAG Schleswig-Holstein, Urteil vom 22.9.2015, 1 Sa 48a/15

[75] BAG, Urteil vom 29.6.2017, 2 AZR 47/16

[76] BAG, Urteil vom 7.2.2012, 1 ABR 46/10

[77] In dem Urteil des BAG vom 29.6.2017, 2 AZR 47/16 ging es um die Androhung eines Amoklaufs durch den Arbeitnehmer im BEM-Gespräch. Die Androhung wurde vom Arbeitgeber zum Anlass einer fristlosen Kündigung genommen.

[78] BAG, Urteil vom 15.7.1987, 5 AZR 215/86

der Vermerk, dass eine Antwort nicht erfolgt ist und ein Vermerk über die Beendigung des Verfahrens oder die Ablehnung durch den Mitarbeitenden.[79]

Um eine Verarbeitung von im Zusammenhang mit dem BEM gewonnenen Gesundheitsdaten mit allgemeiner Personalverwaltung zu vermeiden, ist davon abzusehen, Mitarbeitende aus dem Bereich der Personalverwaltung in das BEM-Team aufzunehmen.[80] Zu den Aufgaben der MAV im Rahmen des BEM nachfolgend ► Rn. 627 ff. 301

5. Krankenrückkehrgespräche

Vom gesetzlich geregelten BEM-Gespräch sind gesetzlich nicht vorgesehene Krankenrückkehrgespräche (Krankengespräche, Gesundheitsgespräche) zu unterscheiden. Zunächst ist festzustellen, dass Mitarbeitende ihre **Krankheitsdiagnose** der Dienstgeberin nicht mitteilen müssen.[81] Weiterhin ist festzustellen, dass die Verarbeitung (wozu auch die Erhebung gehört) von Gesundheitsdaten gemäß § 11 Abs. 1 KDG grundsätzlich unzulässig ist. Eine Frage der Dienstgeberin nach der Krankheitsdiagnose ist deshalb ebenfalls unzulässig. 302

§ 11 Abs. 2 KDG lässt die Verarbeitung von Gesundheitsdaten zu, wenn eine der dort genannten **Erlaubnistatbestände** gegeben ist. Eine Einwilligung scheidet in diesem Zusammenhang aus, weil eine Freiwilligkeit in einer solchen Situation nicht vorliegt (zu diesem Erfordernis bereits ► Rn. 87 ff.). Auch die weiteren Tatbestände greifen in diesem Zusammenhang nicht ein, so dass eine Erlaubnisnorm fehlt. 303

Ob solche Gespräche zulässig sind, hängt von den beabsichtigten Inhalten ab. Eine Dienstgeberin ist befugt, sich nach dem allgemeinen Befinden ihrer 304

79 Landesbeauftragte für den Datenschutz und die Informationsfreiheit Baden-Württemberg, 33. Tätigkeitsbericht 2016/2017, Seite 114

80 Ebd.

81 Däubler, Gläserne Belegschaften, Rn. 274; Gola, ZD 2013, Seite 379

Mitarbeitenden in Bezug auf das Arbeitsverhältnis zu erkundigen. Gesundheitsdaten dürfen dabei aber nicht erhoben werden.

305 Solche Gespräche sind **seit Einführung des Betrieblichen Eingliederungsmanagements im Jahr 2004** nicht mehr erforderlich. Ihr Zweck bestand darin, die Gründe für die krankheitsbedingten Fehlzeiten herauszufinden und darauf hinzuwirken, diese durch geeignete Maßnahmen zu reduzieren. Genau für diese Zwecke ist aber mit dem BEM ein vom Gesetzgeber reglementiertes Verfahren eingeführt worden.[82] Es wäre unverhältnismäßig, Mitarbeitende nach jeder Krankheit zu einem Gespräch vorzuladen. Dafür erforderlich ist vielmehr die Überschreitung einer bestimmten Schwelle von Fehlzeiten. Diese ist durch das BEM-Verfahren festgelegt worden. Für weitere Gespräche unterhalb dieser Schwelle ist eine Erforderlichkeit nicht ersichtlich.

306 Die Dienstgeberin darf Mitarbeitende aber nach **Rückkehr aus der Krankenzeit** danach fragen, ob bzw. wann sie wieder voll einsatzfähig sind oder welche Einschränkungen in der Person vorliegen, bis eine Einsatzfähigkeit wieder voll hergestellt ist. Weiterhin darf danach gefragt werden, ob eine Ansteckungsgefahr für andere besteht und ob der Erkrankung ein Unfall oder schädigendes Ereignis durch einen Dritten zugrunde liegt. Außerdem ist die Dienstgeberin zu der Frage berechtigt, ob es Gründe gibt, derentwegen die Person die Leistung, zu der sie sich im Arbeitsvertrag verpflichtet hat, auf Dauer nicht mehr erbringen kann.[83]

6. Offenlegen von Gesundheitsdaten im Kündigungsschutzprozess

307 Häufige Kurzerkrankungen können eine Kündigung sozial rechtfertigen, wenn eine **negative Zukunftsprognose** vorliegt, aus der sich im Zeitpunkt der

[82] Steiner in Wedde, Handbuch Datenschutz und Mitbestimmung, Seite 360

[83] Landesbeauftragte für den Datenschutz und die Informationsfreiheit Baden-Württemberg, 30. Tätigkeitsbericht 2010 / 2011, Seite 136

Kündigung ergibt, dass weitere objektive Tatsachen die Besorgnis weiterer Erkrankungen in der Zukunft rechtfertigen. Die Dienstgeberin darf sich deshalb auf der ersten Prüfungsstufe zunächst darauf beschränken, die Fehlzeiten der Vergangenheit darzustellen und zu behaupten, in Zukunft seien Krankheitszeiten in entsprechendem Umfang zu erwarten. Alsdann ist es Sache des Mitarbeitenden, darzulegen, weshalb im Kündigungszeitpunkt mit einer baldigen Genesung zu rechnen war. Er genügt dieser **prozessualen Mitwirkungspflicht** schon dann, wenn er vorträgt, die behandelnden Ärzte hätten seine gesundheitliche Entwicklung positiv beurteilt und diese von ihrer ärztlichen Schweigepflicht entbindet.[84]

! In diesem Fall sind Mitarbeitende also verpflichtet, Gesundheitsdaten bekannt zu geben. 308

Dies ist auch gerechtfertigt, da die Offenlegung der Gesundheitsdaten nicht willkürlich erfolgen muss, sondern aufgrund der durch Tatsachen belegten Befürchtung, Betroffene könnten zukünftig nicht in der Lage sein, ihre arbeitsvertraglichen Verpflichtungen vollumfänglich zu erfüllen. 309

[84] BAG, Urteile vom 13.5.2015, 2 AZR 565/14 und vom 20.11.2014, 2 AZR 755/13; LAG Schleswig-Holstein, Urteil vom 22.9.2015, 1 Sa 48a/15

IV. Auskunftsverlangen der Dienstgeberin

310 Im Einstellungsverfahren soll gewährleistet werden, dass Bewerbende nicht durch Eingriffe in ihr Persönlichkeitsrecht einen Nachteil in Form der Einstellungsverweigerung erleiden müssen. Dafür ist maßgeblich durch die Rechtsprechung das Fragerecht gegenüber Bewerbenden eingeschränkt worden (dazu bereits ► Rn. 180 ff.). Mit der gleichen Intention muss aber auch ein ungerechtfertigter Eingriff in die Persönlichkeitsrechte von Mitarbeitenden **im laufenden Arbeitsverhältnis** unterbunden werden.

1. Schwerbehinderung

311 Im bestehenden Arbeitsverhältnis wird die tätigkeitsneutrale Frage nach einer Schwerbehinderung teilweise ohne Einschränkungen für zulässig gehalten.[85] Teilweise wird die Zulässigkeit einer solchen Frage jedenfalls dann bejaht, wenn das Arbeitsverhältnis **länger als sechs Monate bestanden** hat, weil Beschäftigte dann zumindest eine gesicherte Rechtsposition erworben haben, soweit das Kündigungsschutzgesetz Anwendung findet.[86]

312 Nach der Rechtsprechung ist eine **Abwägung der Interessen** von Arbeitnehmer und Arbeitgeber vorzunehmen. Hierbei sei zu berücksichtigen, dass vom Arbeitgeber eine Ausgleichsabgabe zu entrichten ist, wenn dieser die Beschäftigungsquote von schwerbehinderten Menschen (§ 160 SGB IX) nicht

---

[85] Landesbeauftragte für den Datenschutz und die Informationsfreiheit Baden-Württemberg, 30. Tätigkeitsbericht 2010 / 2011, Seite 138 f.; Koch in Schaub, Arbeitsrechts-Handbuch, § 179 Rn. 18c; BAG, Urteil vom 16.2.2012, 6 AZR 553/10; Wiegand, Handkommentar zum SGB IX Teil 2, § 68 Rn. 8; Knittel, SGB IX, § 68 Rn. 43; Seifert in Simitis / Hornung / Spieker gen. Döhmann, Datenschutzrecht, Art. 88 Rn. 87, 119

[86] Husemann, RdA 2014, Seite 16 (24); BAG, Urteil vom 16.2.2012, 6 AZR 553/10; Däubler, Gläserne Belegschaften, Rn. 275; Fitting, BetrVG, § 94 Rn. 23; Forst in Auernhammer, DS-GVO / BDSG, § 26 Rn. 130; BAG, Urteil vom 16.2.2012, 6 AZR 553/10

oder nicht hinreichend eingehalten hat. Zur Vermeidung solcher Zahlungen hält das Bundesarbeitsgericht[87] eine diesbezügliche Auskunftspflicht von Arbeitnehmern für gegeben, weil aus dem Schuldverhältnis einer Vertragspartei auch die Pflicht zur Rücksichtnahme auf die Rechte, Rechtsgüter und Interessen der anderen Vertragspartei erwächst. Nach dieser **abzulehnenden Rechtsprechung** wäre ein finanzielles Interesse stets höher zu bewerten, weil das Persönlichkeitsrecht von Arbeitnehmerinnen und Arbeitnehmern keinen Marktwert besitzt. Für eine solche Monetarisierung von Persönlichkeitsrechten gibt es keine rechtliche Grundlage. Das schon vom Bundesverfassungsgericht[88] aus den Artikeln 1 und 2 Grundgesetz abgeleitete Recht auf informationelle Selbstbestimmung soll gewährleisten, dass jeder selbst darüber bestimmen kann, wer was über ihn weiß.

Eine Datenverarbeitung im Rahmen des Beschäftigungsverhältnisses ist nur 313
zulässig, wenn die personenbezogenen Daten für die **Begründung, Durchführung oder Beendigung** des Beschäftigungsverhältnisses erforderlich sind. Die Durchführung des Beschäftigungsverhältnisses ist auf den Leistungsaustausch im Rahmen eines Dienstvertrags gerichtet. Die Arbeitnehmer erbringen die geschuldeten Arbeitsleistungen und der Arbeitgeber entrichtet das Arbeitsentgelt.

Nach § 163 SGB IX sind Arbeitgeber verpflichtet, der Bundesagentur für 314
Arbeit bzw. dem Integrationsamt Angaben über die bei ihnen beschäftigten schwerbehinderten Menschen oder ihnen gleichgestellten behinderten Menschen zu machen.[89] Die Nichteinhaltung dieser Vorschrift ist nach § 238 SGB IX bußgeldbewährt. § 166 SGB IX verpflichtet den Arbeitgeber, mit der Schwerbehindertenvertretung und der jeweiligen Mitarbeitervertretung eine verbindliche **Inklusionsvereinbarung** abzuschließen. Gleichzeitig gewährt das Gesetz Beschäftigten mit Behinderungen Vorteile wie den **Zusatzurlaub gemäß § 208 SGB IX**, die Freistellung von Mehrarbeit gemäß § 207 SGB IX, Erleichterung bzw. Bevorzugung bei Bildungsmaßnahmen gemäß § 164 Abs. 4 Nr. 2 und 3 SGB IX und Ähnliches. An keiner Stelle findet sich jedoch

[87] BAG, Urteil vom 16.2.2012, 6 AZR 553/10

[88] BVerfG, Urteil vom 15.12.1983, 1 BVR 209/83

[89] Dazu ausführlich Ullrich, ZMV 2019, Seite 234

eine gesetzlich normierte Verpflichtung für Menschen mit Behinderungen, ihre Behinderung gegenüber dem Arbeitgeber zu offenbaren. Hätte der Gesetzgeber eine Offenbarungspflicht normieren wollen, hätte ihm dies freigestanden. **Im Umkehrschluss** kann aus dem Schweigen des Gesetzes gefolgert werden, dass eine Offenbarungspflicht nicht gewollt ist.

315 Eine Auslegung der Gesetze über die Vorschriften hinaus ist aber unzulässig. Für diese Darlegung spricht ein **Vergleich mit dem Mutterschutzgesetz** (MuSchG): Nach § 15 MuSchG soll die schwangere Frau ihren Arbeitgeber informieren, sobald sie um ihre Schwangerschaft weiß. Auch in diesem Fall treffen den Arbeitgeber zahlreiche Verpflichtungen, dennoch lehnt das Bundesarbeitsgericht eine erzwingbare sanktionsbewährte Mitteilungspflicht ab.[90] Wenn dies gilt, obwohl die schwangere Frau zumindest durch eine „Soll"-Vorschrift dazu angehalten ist, kann eine Offenbarungspflicht erst recht nicht bestehen, wenn das Gesetz diesbezüglich schweigt. Menschen mit Behinderung muss es freigestellt sein, den ihnen von den Gesetzen gewährten Schutz in Anspruch zu nehmen oder darauf zu verzichten.[91]

316 Eine Ausnahme muss dann gelten, wenn **im Vorfeld einer Kündigung** danach gefragt wird. Dies setzt aber voraus, dass ein oder mehrere konkret feststehende Mitarbeitende gekündigt werden sollen. Erst dann ist es für den Arbeitgeber erforderlich, eine Sozialauswahl durchzuführen, in deren Rahmen auch eine bestehende Schwerbehinderung zu berücksichtigen ist.

317 ! Solange aber eine Konkretisierung auf einen oder mehrere Mitarbeitende nicht stattgefunden hat, ist die Verarbeitung dieses personenbezogenen Datums besonderer Kategorie unzulässig.

318 Ist die Dienstgeberin **ausnahmsweise** berechtigt, nach dem Vorliegen einer Schwerbehinderung zu fragen und verneinen Mitarbeitende diese Frage

[90] BAG, Urteil vom 13.6.1996, 2 AZR 736/95

[91] Gola, Handbuch Beschäftigtendatenschutz, Rn. 1866 erkennt dies für das Bewerbungsverfahren an.

wahrheitswidrig, verlieren sie den ihnen ansonsten zustehenden Sonderkündigungsschutz, wenn sie sich nach Ausspruch der Kündigung darauf berufen.[92]

2. Schwangerschaft

Ein Fragerecht der Dienstgeberin im Hinblick auf eine Schwangerschaft gegenüber einer **Stellenbewerberin** ist in jedem Fall unzulässig (► Rn. 187). Ein solches Fragerecht im bestehenden Arbeitsverhältnis macht für den Arbeitgeber naturgemäß keinen Sinn. Eine Dienstgeberin kann ihre Mitarbeiterinnen nicht regelmäßig nach einer Schwangerschaft fragen. Als Spiegelbild des Fragerechts gilt die Offenbarungspflicht.[93] Danach muss eine Mitarbeiterin ungefragt der Dienstgeberin für das Arbeitsverhältnis relevante personenbezogene Daten mitteilen.[94] 319

Für das **Bestehen einer Schwangerschaft** ist eine solche Offenbarungspflicht abschließend in § 15 Abs. 1 Mutterschutzgesetz (MuSchG) wie folgt geregelt: 320

Mitteilungen und Nachweise der schwangeren und stillenden Frauen 321

(1) Eine schwangere Frau soll ihrem Arbeitgeber ihre Schwangerschaft und den voraussichtlichen Tag der Entbindung mitteilen, sobald sie weiß, dass sie schwanger ist. Eine stillende Frau soll ihrem Arbeitgeber so früh wie möglich mitteilen, dass sie stillt.

Durch diese Vorschrift wird keine erzwingbare, sanktionsbewährte Offenbarungspflicht normiert.[95] Vielmehr will der Gesetzgeber eine nachdrückliche 322

92 BAG, Urteil vom 16.2.2012, 6 AZR 553/10

93 Gola, Handbuch Beschäftigtendatenschutz, Rn. 563

94 Ebd.

95 Schlachter in Erfurter Kommentar, MuSchG, § 15 Rn. 1

Empfehlung für die **Gesundheit von Mutter und Kind** an die Arbeitnehmerin richten.[96] Es steht der Schwangeren frei, ob und wann sie dem Arbeitgeber ihre Schwangerschaft offenbart. Eine Ausnahme davon wird vertreten, wenn das berechtigte Arbeitgeberinteresse berührt wird, beispielsweise bei einem Beschäftigungsverbot oder wenn die Schwangere eine Schlüsselposition innehat und die Vertretung nicht unerhebliche Zeit eingearbeitet werden müsste.[97]

323 Nach dem Landesarbeitsgericht Nürnberg[98] handelt eine schwangere Frau nicht schuldhaft, wenn sie trotz Kenntnis einer bestehenden Schwangerschaft mit der entsprechenden Mitteilung an den Arbeitgeber zuwartet, bis sie vom Arzt eine Schwangerschaftsbestätigung erhält, aus der sie den Beginn der Schwangerschaft entnehmen kann.

324 Diese Rechtsansicht ist nach der neuesten durch den EuGH veranlassten Rechtsprechung des Bundesarbeitsgerichts zum Fragerecht des Arbeitgebers abzulehnen. Wenn der Arbeitgeber Bewerberinnen auch dann nicht nach einer bestehenden Schwangerschaft fragen darf, wenn sich ausschließlich Frauen bewerben oder er eine Stelle ausdrücklich für eine Schwangerschaftsvertretung ausschreibt, ist nicht nachvollziehbar, warum sein Interesse im bestehenden Arbeitsverhältnis höher zu bewerten sein soll. Durch die Formulierung als „Soll"-Vorschrift hat der Gesetzgeber es ausdrücklich in die **Verantwortung der schwangeren Frau** gelegt, ob und wann sie eine entsprechende Mitteilung an ihren Arbeitgeber macht.

325 **!** Wenn die Dienstgeberin um die Schwangerschaft nicht weiß, handelt sie mangels Vorsatzes oder Fahrlässigkeit nicht ordnungswidrig, wenn sie die Schwangere beschäftigt, obwohl nach dem Gesetz ein Beschäftigungsverbot besteht.

---

[96] Linck in Schaub, Arbeitsrechts-Handbuch, § 166 Rn. 2

[97] Däubler, Gläserne Belegschaften, Rn. 275; Linck in Schaub, Arbeitsrechts-Handbuch, § 166 Rn. 2; wohl auch Schlachter in Erfurter Kommentar, MuSchG, § 15 Rn. 1

[98] LAG Nürnberg, Urteil vom 17.3.1993, 4 Sa 566/91

Wenn der Arbeitgeber für **Schlüsselpositionen** unabhängig vom Geschlecht des Mitarbeitenden keine Vertretung sicherstellt, kann dieses Versäumnis nicht dazu führen, dass der Schwangeren eine Pflicht zur Offenbarung ihrer personenbezogenen Daten auferlegt wird. 326

Für den Nachweis der Schwangerschaft ist auf Verlangen der Dienstgeberin gemäß § 15 Abs. 2 MuSchG das Zeugnis einer Hebamme oder eines Arztes vorzulegen. Damit ist abschließend geregelt, wie ein Nachweis zu erbringen ist. Die Anforderung weiterer Unterlagen, insbesondere die **Vorlage des Mutterpasses**, ist unzulässig. Sollte die Schwangere selbst zum Nachweis der Schwangerschaft eine Kopie des Mutterpasses einreichen, ist aus diesem der mutmaßliche Geburtstermin zu übernehmen und die Kopie zurückzugeben. Dies gebietet der **Grundsatz der Datensparsamkeit**. Für den Arbeitgeber relevant ist nur das voraussichtliche Geburtsdatum. Der Mutterpass enthält darüber hinaus aber weitere personenbezogene Daten (auch solche besonderer Kategorie), die für das Arbeitsverhältnis nicht relevant sind und für deren Verarbeitung es deshalb keine Rechtsgrundlage gibt. Nach § 32 Abs. 1 Nr. 12 MuSchG kann mit einem Ordnungsgeld von bis zu 5.000 Euro belegt werden, wer entgegen der Vorschrift des § 27 Abs. 1 Satz 2 MuSchG eine Information weitergibt. Dessen ungeachtet stellt eine solche Weitergabe auch einen Verstoß gegen § 11 Abs. 1 KDG dar. Dieser eröffnet der schwangeren Mitarbeiterin die Möglichkeit, eine Schadenersatzforderung zu erheben (§ 50 Abs. 1 KDG). 327

3. Impfstatus

Beim Impfstatus handelt es sich um personenbezogene Daten besonderer Kategorie (§ 4 Nr. 2 in Verbindung mit Nr. 17 KDG). Solche Daten dürfen gemäß § 11 Abs. 1 KDG grundsätzlich nicht verarbeitet werden. Etwas anderes gilt dann, wenn eine der in § 11 Abs. 2 KDG beschriebenen Ausnahmen vorliegt. 328

Seit 1. März 2020 gilt das **Masernschutzgesetz.** Gemäß § 20 Abs. 9 Infektionsschutzgesetz (IfSG) müssen danach Beschäftigte in Kindergärten, Schulen oder anderen Gemeinschaftseinrichtungen, Asylbewerber- und Geflüchtetenunterkünften sowie Tagespflegepersonen gegen Masern geimpft oder immun 329 sein – sofern sie nach 1970 geboren sind. Gleiches gilt für nach 1970 geborene Beschäftigte **in medizinischen Einrichtungen** wie beispielsweise Krankenhäusern oder Arztpraxen. Das Gesetz ordnet an, dass ein entsprechender Nachweis vorzulegen ist. Im Hinblick auf eine Masernschutzimpfung besteht somit eine gesetzliche Verpflichtung, die eine diesbezügliche Abfrage der Dienstgeberin gemäß § 11 Abs. 2 lit b) KDG zulässig erscheinen lässt.

330 Weiterhin verpflichtet das Infektionsschutzgesetz (IFSG) die Leitungen bestimmter Einrichtungen, sicherzustellen, dass die nach dem Stand der medizinischen Wissenschaft erforderlichen Maßnahmen getroffen werden, um Infektionen zu verhüten und deren Weiterverbreitung zu vermeiden.
Diese Verpflichtung gilt **nach § 23 Abs. 3 IfSG** für folgende Einrichtungen:

- Krankenhäuser
- Einrichtungen für ambulantes Operieren
- Vorsorge- oder Rehabilitationseinrichtungen, in denen eine den Krankenhäusern vergleichbare medizinische Versorgung erfolgt
- Dialyseeinrichtungen
- Tageskliniken
- Entbindungseinrichtungen
- Behandlungs- oder Versorgungseinrichtungen, die mit einer der genannten Einrichtungen vergleichbar sind
- Arztpraxen und Zahnarztpraxen
- Praxen sonstiger humanmedizinischer Heilberufe
- Einrichtungen des öffentlichen Gesundheitsdienstes, in denen medizinische Untersuchungen, Präventionsmaßnahmen oder ambulante Behandlungen durchgeführt werden
- ambulante Pflegedienste, die ambulante Intensivpflege in Einrichtungen, Wohngruppen oder sonstigen gemeinschaftlichen Wohnformen erbringen
- Rettungsdienste

331 Die Einhaltung des **Standes der medizinischen Wissenschaft** auf diesem Gebiet wird vermutet, wenn jeweils die veröffentlichten Empfehlungen der Kommission für Krankenhaushygiene und Infektionsprävention beim Robert Koch-Institut (RKI) und der Kommission Antiinfektiva, Resistenz und Therapie beim RKI beachtet worden sind (§ 23 Abs. 3 Satz 2 IfSG).

§ 23a IfSG erlaubt der Dienstgeberin, soweit es zur Erfüllung dieser Verpflichtungen erforderlich ist, Daten Beschäftigter über deren Impfstatus zu verarbeiten, um über die **Art und Weise einer Beschäftigung** zu entscheiden. Somit ist eine Verarbeitung des Impfstatus durch die Dienstgeberin nur für Beschäftigte von Einrichtungen in dem in § 23 Abs. 3 IfSG festgelegten Umfang erlaubt. 332

Darüber hinaus ist am 10.9.2021 eine **neue Auskunftspflicht bezüglich des Impf- oder Genesenen-Status für Beschäftigte** in das Infektionsschutzgesetz eingeführt worden. 333

§ 36 IfSG lautet: 334

(1) Folgende Einrichtungen und Unternehmen müssen in Hygieneplänen innerbetriebliche Verfahrensweisen zur Infektionshygiene festlegen und unterliegen der infektionshygienischen Überwachung durch das Gesundheitsamt:

1. *die in § 33 genannten Gemeinschaftseinrichtungen mit Ausnahme der Gemeinschaftseinrichtungen nach § 33 Nummer 2,*
2. *nicht unter § 23 Absatz 5 Satz 1 fallende voll- oder teilstationäre Einrichtungen zur Betreuung und Unterbringung älterer, behinderter oder pflegebedürftiger Menschen oder vergleichbare Einrichtungen,*
3. *Obdachlosenunterkünfte,*
4. *Einrichtungen zur gemeinschaftlichen Unterbringung von Asylbewerbern, vollziehbar Ausreisepflichtigen, Flüchtlingen und Spätaussiedlern,*
5. *sonstige Massenunterkünfte,*
6. *Justizvollzugsanstalten sowie*
7. *nicht unter § 23 Absatz 5 Satz 1 fallende ambulante Pflegedienste und Unternehmen, die den Einrichtungen nach Nummer 2 vergleichbare Dienstleistungen anbieten; Angebote zur Unterstützung im Alltag im Sinne von § 45a Absatz 1 Satz 2 des Elften Buches Sozialgesetzbuch zählen nicht zu den Dienstleistungen, die mit Angeboten in Einrichtungen nach Nummer 2 vergleichbar sind.*

(2) Einrichtungen und Unternehmen, bei denen die Möglichkeit besteht, dass durch Tätigkeiten am Menschen durch Blut Krankheitserreger übertragen werden, sowie Gemeinschaftseinrichtungen nach § 33 Nummer 2 können durch das Gesundheitsamt infektionshygienisch überwacht werden.

(3) Sofern der Deutsche Bundestag nach § 5 Absatz 1 Satz 1 eine epidemische Lage von nationaler Tragweite festgestellt hat und unabhängig davon bis zum Ablauf des 19. März 2022 darf der Arbeitgeber, soweit dies zur Verhinderung der Verbreitung der Corona-Virus-Krankheit 2019 (COVID-19) erforderlich ist, in den in den Absätzen 1 und 2 genannten Einrichtungen und Unternehmen personenbezogene Daten eines Beschäftigten über dessen Impf- und Serostatus in Bezug auf die Coronavirus-Krankheit-2019 (COVID-19) verarbeiten, um über die Begründung eines Beschäftigungsverhältnisses oder über die Art und Weise einer Beschäftigung zu entscheiden. Im Übrigen gelten die Bestimmungen des allgemeinen Datenschutzrechts.
(...)

335 Diese Regelung gilt gemäß Absatz 3 nur während einer festgestellten **epidemischen Lage von nationaler Tragweite** nach § 5 Abs. 1 Satz 1 IfSG. Nach § 28b Abs. 7 IfSG kann diese Frist einmalig um drei Monate verlängert werden.

336 Da der Gesetzgeber ausdrücklich nur für bestimmte Beschäftigungsverhältnisse eine Verarbeitung solcher personenbezogenen Daten besonderer Kategorie erlaubt, ist eine entsprechend restriktive Handhabung geboten.[99] Ein **allgemeines Fragerecht** etwa aus Gesichtspunkten des Arbeitsschutzes und der Fürsorgepflicht für die Belegschaft lässt sich daraus nicht ableiten.[100] Das gilt schon deshalb, weil eine Impfung primär der Prävention dient und ein Nachweis über eine akute Infektionsfreiheit damit nicht verbunden ist. Für die Dienstgeberin darf aber nur von Interesse sein, ob von Mitarbeitenden eine Gefahr für Dritte ausgehen kann.

337 Dem steht auch die **SARS-CoV-2-Arbeitsschutzverordnung** (Corona-ArbSchV) vom 10.9.2021 nicht entgegen. Zwar wird dem Arbeitgeber durch diese Vorschrift erlaubt, im Rahmen der Gefährdungsbeurteilung und des betriebliches Hygienekonzepts einen ihm bekannten Impf- oder Genesungsstatus der

---

99 Naber / Schulte, NZA 2021, Seite 81

100 Quelle: Bayerisches Landesamt für Datenschutz, https://www.lda.bayern.de/de/thema_impfstatus.html?s=0

Beschäftigten zu berücksichtigen, aber eben nicht, einen solchen auch zu erfragen.[101] Die Corona-ArbSchV war zunächst bis 24.11.2021 befristet, die Geltungsdauer wurde bis 19.3.2022 verlängert.[102]

Unabhängig vom Fortgang der Entwicklung der Corona-Pandemie wird deutlich, 338
wie eng der Spielraum für Dienstgeberinnen gesteckt ist, Gesundheitsdaten, zu denen auch der Impfstatus gehört, bei Mitarbeitenden abzufragen. Dies wird auch durch die **Neufassung des Infektionsschutzgesetzes** mit Wirkung vom 24.11.2021[103] in § 28b IfSG deutlich. Danach dürfen Arbeitsstätten nur noch von geimpften, genesenen oder getesteten Personen betreten werden. Dennoch schreibt das Gesetz keine Verpflichtung für Mitarbeitende vor, ihren Impfstatus bekannt zu geben. Vielmehr werden diejenigen Beschäftigten, die keine Angaben machen, wie Ungeimpfte behandelt.

Eine Auskunft über den Impfstatus der Mitarbeitenden kann die Dienstgeberin 339
auch dann nicht rechtskonform verarbeiten, wenn sie zuvor deren **Einwilligung** eingeholt hat. Insoweit dürfte in diesem Zusammenhang die für eine wirksame Einwilligung erforderliche Freiwilligkeit nicht gegeben sein, da für die Beurteilung der Freiwilligkeit der Einwilligung insbesondere die im Beschäftigungsverhältnis bestehende Abhängigkeit der beschäftigten Person sowie die Umstände, unter denen die Einwilligung erteilt worden ist, zu berücksichtigen sind (dazu bereits ► Rn. 83 ff.).

Anders darstellen kann sich die Sachlage, wenn die Dienstgeberin Mitarbei- 340
tenden, die sich impfen lassen und einen diesbezüglichen Nachweis erbringen, eine **Prämie** („Impf-Bonus") auslobt. Die Dienstgeberin wird entsprechende Incentive (Anreize) nur anbieten, wenn sie sich dadurch einen wirtschaftlichen Vorteil verspricht. Gleichzeitig ist aber auch ein wirtschaftlicher Vorteil auf der Seite der Mitarbeitenden zu sehen. Aus datenschutzrechtlicher Sicht ist eine

---

101 Andere Ansicht Fuhlrott / Fischer, ArbRAktuell 2021, Seite 489

102 Vgl. Artikel 13 Gesetz zur Änderung des Infektionsschutzgesetzes und weiterer Gesetze anlässlich der Aufhebung der Feststellung der epidemischen Lage von nationaler Tragweite, Bundesgesetzblatt I Nr. 79 vom 22.11.2021, Seite 4906

103 Vgl. Artikel 1 Gesetz zur Änderung des Infektionsschutzgesetzes und weiterer Gesetze anlässlich der Aufhebung der Aufhebung der Feststellung der epidemischen Lage von nationaler Tragweite, Bundesgesetzblatt I Nr. 79 vom 22.11.2021, Seite 4906

solche Incentivierung deshalb rechtmäßig. Ob sie vor dem Hintergrund des im Arbeitsrecht bestehenden Gleichbehandlungsgrundsatzes Bestand haben kann, ist an dieser Stelle nicht zu beurteilen.[104]

341 **!** Ist die Dienstgeberin berechtigt, den Impfstatus zu verarbeiten, ist die Verarbeitung auf die personenbezogenen Daten zu beschränken, die für das Beschäftigungsverhältnis erforderlich sind. Eine Kopie des Impfausweises zur Dokumentation ist dann unzulässig, wenn daraus weitere Informationen über andere Impfungen hervorgehen.

104 Dafür Fuhlrott / Fischer, NJW 2021, Seite 657 (660); dagegen Naber / Schulte, NZA 2021, Seite 81 (85)

V. Technische und organisatorische Maßnahmen am Arbeitsplatz

Der Verantwortliche und der Auftragsverarbeiter haben gemäß § 26 KDG für ein dem Risiko bei der Verarbeitung personenbezogener Daten angemessenes **Schutzniveau** zu sorgen. Dafür sind „technische und organisatorische Maßnahmen“ zu etablieren. Was darunter zu verstehen ist, wird im Gesetz nicht definiert. Gemeint sind alle Maßnahmen, die einen Schutz gegen jegliche Arten der rechtswidrigen Verarbeitung von personenbezogenen Daten bieten.[105] Hierzu gehören zunächst die **Zutritts-, Zugangs- und Zugriffskontrolle.** Der Verantwortliche hat hierbei Datenschutz und Datensicherheit nicht nur der Daten sicherzustellen, die für die Aufgabenerfüllung der Einrichtung erforderlich sind, sondern auch der personenbezogenen Daten Mitarbeitender. 342

1. Zutrittskontrolle

Die Zutrittskontrolle soll verhindern, dass unbefugte Personen unabhängig davon, ob es sich um Mitarbeitende oder Externe handelt, räumlich in die Nähe von personenbezogenen Daten und Datenverarbeitungssystemen gelangen.[106] Nur in den seltensten Fällen wird dies durch eine „Rund-um-die-Uhr-Bewachung“ durch Personen erfolgen. Regelmäßig wird dies durch Kontrollsysteme wie Schlüsselsysteme, RFDI-Chips, Kartenlesegeräte, Fingerprint- oder Iris-Kontrolle durchgeführt werden. 343

[105] Jandt in Kühling / Buchner, DS-GVO, BDSG, § 32 Rn. 5; Herrlein in Sydow, Kirchliches Datenschutzrecht, § 26 Rn. 7

[106] Ritter in Heidelberger Kommentar, DS-GVO, Art. 32 Rn. 37; Overkamp / Overkamp in Weth / Herberger / Wächter / Sorge, Daten- und Persönlichkeitsschutz im Arbeitsverhältnis, Seite 400

344 Als **Generalschlüssel** werden solche Schlüssel bezeichnet, die innerhalb einer Schließanlage für alle Schließzylinder passen. Nach den datenschutzrechtlichen Vorschriften ist zu gewährleisten, dass Zutritt zu Räumen, in denen personenbezogene Daten verarbeitet werden, nur solche Personen haben, die mit der Verarbeitung oder Nutzung dieser Daten im Rahmen ihres Beschäftigungsverhältnisses betraut sind.

345 ! Damit ist klargestellt, dass auch Vorgesetzte nicht zwingend über Generalschlüssel verfügen müssen, die beispielsweise Zutritt zum Serverraum, zu Personalakten oder Meldedaten erlauben. Ein Generalschlüssel darf kein Statussymbol sein!

346 Es ist erforderlich, einen **Schlüsselplan** zu erstellen, aus dem hervorgeht, welcher Mitarbeiter einen Zutritt zu welchen Räumen benötigt. Nur für diese Räume hat er dann einen Schlüssel zu erhalten.

347 Eine **RFID-Erkennung** („radio-frequency identification“) besteht aus einem Transponder (Chip, Funketikett), welcher einen Code enthält. Dieser ist vor ein Lesegerät zu halten, das diese Kennung ausliest. Damit ist ein solches System mit einem Kartenlesegerät vergleichbar, welches den Code auf einem Magnetstreifen enthält. Die auf dem Transponder enthaltenen Daten dürfen nur für den Zweck, also die Kontrolle der Zutrittsberechtigung, verwendet werden. Die auf dem Transponder bzw. der Karte enthaltenen Daten müssen für diesen Zweck keine identifizierbare Person bezeichnen. Es ist nur festzustellen, ob die Person, die den Transponder an das Lesegerät hält, zum Zutritt berechtigt ist. In diesem Zusammenhang ist eine namentliche Erkennung zunächst nicht erforderlich. Alle Zugangsberechtigten könnten also denselben Code auf ihrem Transponder vermerkt haben. Ein solches System dürfte in der Praxis jedoch kaum Verwendung finden, da im Fall des Verlusts eines Transponders eine Neucodierung aller Transponder erfolgen müsste.

348 Enthalten Transponder oder Magnetkarten weitere Daten, die die Person identifizieren, weil diese auch für andere Zwecke wie beispielsweise die Arbeitszeiterfassung Verwendung finden, dürfen die personenbezogenen Daten am

Lesegerät für die Türöffnung nicht verarbeitet werden. So ist eine Speicherung der Information, wer, wann, welche Tür geöffnet hat, grundsätzlich nicht erlaubt, da auf diese Weise **Bewegungsprofile** von Mitarbeitenden innerhalb der Einrichtung erstellt werden können, die geeignet sind, Verhalten und Leistung zu überwachen. Sollen die verarbeiteten personenbezogenen Daten über die Türöffnung hinaus anderen Zwecken dienen, ist für diese eindeutige und legitime Erforderlichkeit darzustellen. Sonst stellt die Nutzung der im Kontrollsystem gespeicherten Personaldaten für andere Zwecke eine rechtswidrige Zweckänderung dar.

Fingerabdrücke sind als biometrische Daten im Sinn des § 4 Nr. 16 KDG perso- 349
nenbezogene Daten besonderer Kategorie gemäß § 4 Nr. 2 KDG. Biometrische Daten sind alle mit speziellen technischen Verfahren gewonnenen personenbezogenen Daten u. a. zu den physischen und physiologischen Merkmalen einer natürlichen Person, die die eindeutige Identifizierung dieser natürlichen Person ermöglichen oder bestätigen. Das ist bei Fingerabdrücken der Fall.[107]

§ 11 Abs. 1 KDG regelt ausdrücklich, dass die Verarbeitung von biometrischen 350
Daten zur eindeutigen Identifizierung einer natürlichen Person untersagt ist. Von diesem Grundsatz lässt die Vorschrift in Absatz 2 Ausnahmen zu. Im arbeitsrechtlichen Kontext ist § 11 Abs. 2 lit b) KDG zu prüfen. Danach muss die Verarbeitung erforderlich sein, damit der Verantwortliche oder die betroffene Person die ihnen aus dem Arbeitsrecht erwachsenden Rechte ausüben und ihren diesbezüglichen Pflichten nachkommen können. Ob Mitarbeiterdaten erhoben werden dürfen, richtet sich nach § 26 KDG. Hiernach ist relevant, ob die Erfassung des Fingerabdrucks erforderlich ist zur Durchführung des jeweiligen Beschäftigungsverhältnisses. Erforderlich ist ein technisches System, welches das Persönlichkeitsrecht berührt, nur dann, wenn ein legitimer Zweck verfolgt wird und zur Erreichung dieses Zwecks kein gleich wirksames und weniger einschränkendes Mittel zur Verfügung steht.[108] Für die Erfassung derart sensibler Daten ist die Erforderlichkeit nur dann zu bejahen, wenn es sich um Branchen handelt, bei denen **Sicherheitsaspekte eine große Rolle spielen,** insbesondere bezogen auf Leib und Leben wie in einem Hochsicherheitslabor

---

107 LAG Berlin-Brandenburg, Urteil vom 4.6.2020, 10 Sa 2130/19

108 BAG, Urteil vom 25.5.2017, 1 ABR 46/15

oder bezogen auf besonders hohe Wertbeträge wie im Tresorbereich. Ist der Zweck auch mittels Chipkarte, Transponder oder Passwort erreichbar, dann scheitert die Verwendung biometrischer Systeme an der Erforderlichkeit.

2. Zugangskontrolle

351 Unbefugten ist der Zugang zu personenbezogenen Daten zu verwehren. Es ist zu verhindern, dass diese Personen in die Datenverarbeitungsanlage eindringen können.[109] Durch ein **Rollen- und Rechtekonzept** ist sicherzustellen, dass die Verarbeitungsanlagen tatsächlich nur von denjenigen Personen genutzt werden, für deren Aufgabenerfüllung der Zugang zu den betreffenden personenbezogenen Daten erforderlich ist.[110]

2.1 Passwörter

352 Passwörter schützen auch Mitarbeitende, weil mit ihrer Hilfe einzelne Eingaben den jeweiligen Sachbearbeitern mit Computerzugang zugeordnet werden können. „Gäbe es Passwörter nicht, so könnten böswillige Arbeitnehmer unerkannt Daten ihrer Kollegen löschen, um diesen Schaden zuzufügen. Unsorgfältig oder langsam arbeitende Arbeitnehmer könnten behaupten, sie hätten die Daten bereits eingegeben gehabt, diese seien durch Dritte gelöscht worden. Passwörter dienen damit der Zuordnung von Arbeitsergebnissen und der Sicherung von Arbeitsergebnissen."[111]

353 Die Verpflichtung durch den Arbeitgeber, das **Passwort im Vertretungsfall weiterzugeben**, ist auch bei einer ausschließlich dienstlichen Nutzung unzulässig.[112] Das betrifft ausdrücklich auch eine Weitergabe an Vorgesetzte.

---

[109] Ernestus in Simitis, BDSG (a. F.), § 9 Rn. 88

[110] Ritter in Heidelberger Kommentar, DS-GVO, Art. 32 Rn. 41

[111] LAG Köln, Urteil vom 15.12.2003, 2 Sa 816/03

[112] Anders aber Gola, Handbuch Beschäftigtendatenschutz, Rn. 99

Eine solche Anordnung ist nicht erforderlich. Im Vertretungsfall kann für den Vertreter oder die Vertreterin ein eigenes Passwort generiert werden, mit dem auf die Daten abwesender Mitarbeitender zugegriffen werden kann. Gleichzeitig ist aber festzustellen, dass die Verwendung eines Passworts nicht dazu dient, Mitarbeitende eine „private Ecke" der arbeitgeberseitigen Computeranlage zur Verfügung zu stellen.[113] Deshalb kann im Zweifel durch den Systemadministrator auf die Daten zugegriffen werden, soweit nur eine ausschließlich dienstliche Nutzung zugelassen war.

> ! Aus diesem Grund ist auch eine Hinterlegung des Passworts in einem geschlossenen Umschlag mit ausschließlicher Zugriffsberechtigung durch Vorgesetzte für den „Notfall" mangels Erforderlichkeit unzulässig. 354

Nach den Empfehlungen des Bundesamts für Sicherheit in der Informationstechnik (BSI)[114] und der Aufsichtsbehörden sollte ein Passwort **mindestens 10 Zeichen** umfassen. Dabei sind unterschiedliche Zeichenarten zu wählen (Groß-, Kleinschreibung, Zahlen, Sonderzeichen). Laut BSI sollten Nutzer nicht mehr verpflichtet werden, ein sicheres Passwort nach Ablauf einer bestimmten Zeit (die frühere Empfehlung lautete 90 Tage) zu ändern. Passwörter sollten nicht notiert und nicht im Bereich des Arbeitsplatzes abgelegt werden. Passwörter dürfen **nicht weitergegeben** werden. Auch die Aufforderung zur Weitergabe durch einen Vorgesetzten ist unzulässig. Gelegentlich werden Mitarbeitende aufgefordert, ihre Passwörter in einem geschlossenen Umschlag Vorgesetzten auszuhändigen, die versichern, diese sicher zu lagern (in einem Tresor) und sie nur für den Notfall, zum Beispiel bei plötzlicher unverschuldeter oder ungeplanter Abwesenheit durch Krankheit oder Unfall, zu öffnen. Ein derartiges Verfahren ist aber nicht erforderlich und deshalb datenschutzrechtlich unzulässig. Der Systemadministrator ist immer in der Lage, 355

[113] LAG Köln, Urteil vom 15.12.2003, 2 Sa 816/03

[114] Quelle: https://www.bsi.bund.de/DE/Themen/Verbraucherinnen-und-Verbraucher/Informationen-und-Empfehlungen/Cyber-Sicherheitsempfehlungen/Accountschutz/Sichere-Passwoerter-erstellen/Umgang-mit-Passwoertern/umgang-mit-passwoertern_node.html

auch ohne das entsprechende Passwort Zugriff auf die verarbeiteten Daten zu nehmen. Im Notfall könnte der Zugriff dann durch ihn erfolgen, was zu dokumentieren wäre.

356 **!** Praktische Hinweise zur Erstellung valider Passwörter finden sich im Tätigkeitsbericht für das Jahr 2019 der Kirchlichen Datenschutzaufsicht Ost.[115]

2.2 Arbeitszeiterfassung

357 Die Dienstgeberin ist verpflichtet, ein objektives, verlässliches und zugängliches System zu unterhalten, mit dem die von den Mitarbeitenden geleistete tägliche Arbeitszeit gemessen werden kann.[116] Damit soll zum einen der **Gesundheitsschutz** der Mitarbeitenden sichergestellt werden[117], zum anderen soll durch entsprechende Maßnahmen die Einhaltung der täglichen Mindestruhezeiten und wöchentlichen Höchstarbeitszeiten gewährleistet werden.[118] Datenschutzrechtlich stellt die Arbeitszeiterfassung die Verarbeitung personenbezogener Daten dar. Eine solche ist zulässig, wenn sie gemäß § 53 KDG für die Durchführung des Beschäftigungsverhältnisses erforderlich ist. Die Dienstgeberin hat grundsätzlich ein berechtigtes Interesse an der Zeiterfassung gemäß § 6 Abs. 1 Satz 1 lit g) KDG. Darüber hinaus ist sie gemäß § 16 Abs. 2 Arbeitszeitgesetz (ArbZG) verpflichtet, die über die werktägliche Arbeitszeit des § 3 Satz 1 ArbZG hinausgehende Arbeitszeit der Mitarbeitenden aufzuzeichnen und ein Mitarbeiterverzeichnis zu führen. In diesen Fällen ist § 6 Abs. 1 lit d) KDG als **Rechtsgrundlage für die Zeiterfassung** heranzuziehen. Die Zeiterfassung liegt auch im Interesse der Mitarbeitenden, weil diese damit Überstunden genau dokumentieren und dezidiert darlegen können, womit

[115] Quelle: https://www.kdsa-ost.de/images/CONTENT/KDSA/Mbericht/dok/4._KDSA-ost-TB_2019.pdf (Seite 52 ff.)

[116] EuGH, Urteil vom 14.5.2019, C-55/18

[117] Artikel 6 EU-Richtlinie 89/391/EWG

[118] Artikel 3, 5 und 6 EU-Richtlinie 2003/88/EG

regelmäßig Ansprüche auf Vergütung der Überstunden geltend gemacht werden können. Grundsätzlich sind damit Systeme zur Arbeitszeiterfassung verhältnismäßig, da sie für beide Vertragsparteien die Erfüllung der gegenseitigen Leistungspflichten kontrollieren bzw. belegen.[119]

Da es sich bei den Daten aus der Zeiterfassung um personenbezogene Daten 358
handelt, ist Zugang zu den Zeiterfassungsdaten nur einem engen Kreis von Beschäftigten zu gewähren, für deren Aufgabenerfüllung im Rahmen der Personalverwaltung die Verarbeitung dieser Daten erforderlich ist.[120] Im Rahmen der Festlegung technisch-organisatorischer Maßnahmen gemäß § 26 KDG ist in einem Rechtekonzept zu regeln, für welche Mitarbeitenden eine Verarbeitung erforderlich ist. Die Zulässigkeit der Datenverarbeitung wird nach § 7 Abs. 1 lit c) KDG durch den Zweck begrenzt. Deshalb ist eine Überwachung von Mitarbeitenden durch einen ständigen **Online-Zugriff durch Vorgesetzte** oder die regelmäßige Auswertung aller Zeiterfassungsdaten durch Vorgesetzte unzulässig, da diese weder erforderlich noch verhältnismäßig sind.[121]

3. Zugriffskontrolle

Die Zugriffskontrolle umfasst im Gegensatz zur **Zugangskontrolle** die Be- 359
nutzung von Datenverarbeitungssystemen durch grundsätzlich legitimierte Nutzer unter Überschreitung ihrer Berechtigung.[122]

[119] Forst in Auernhammer, DS-GVO / BDSG, § 26 Rn. 110

[120] Landesbeauftragte für Datenschutz Niedersachsen, Zeiterfassungsdaten Seite 2 (Stand 2.2.2017)

[121] Landesbeauftragte für Datenschutz Niedersachsen, a. a. O. Seite 3; zum Einsichtsrecht des Fachvorgesetzten in das Gleitzeitkonto des Mitarbeiters vgl. Landesdatenschutzbeauftragte Saarland, 21. Tätigkeitsbericht Nr. 13.4.; Bundesbeauftragter für Datenschutz und Informationsfreiheit 20. Tätigkeitsbericht Nr. 10.3.5.; 21. Tätigkeitsbericht Nr. 14.1

[122] Overkamp / Overkamp in Weth / Herberger / Wächter / Sorge, Daten- und Persönlichkeitsschutz im Arbeitsverhältnis, Seite 402

3.1 Gehaltsabrechnungen

360 Arbeitgeber sind gemäß § 108 Abs. 1 Gewerbeordnung (GewO) verpflichtet, Arbeitnehmern bei Zahlung des Arbeitsentgelts eine Abrechnung in Textform zu erteilen. Ob hierfür die Papierform mit postalischer Übermittlung oder die elektronische Form per Online-Abruf oder E-Mail-Versand genutzt wird, kann die Dienstgeberin selbst festlegen. Sie ist aber insbesondere bei der elektronischen Variante verpflichtet, den datenschutzrechtlichen Anforderungen zur **Wahrung von Vertraulichkeit und Integrität der Daten** gerecht zu werden. Durch die Umsetzung technischer und organisatorischer Maßnahmen ist zu gewährleisten, dass die personenbezogenen Daten der Entgeltabrechnung nicht unbefugt gelesen, kopiert, verändert oder entfernt werden können.

361 **Beispiel**

- Datenübertragung wird verschlüsselt
- Abruf ist erst durch Eingabe eines starken Passworts möglich
- Nutzer wird nach gewisser Zeit der Inaktivität im Portal automatisch abgemeldet

362 Das Gleiche gilt für andere Bescheinigungen, die Arbeitgeber Arbeitnehmern beispielsweise zur Vorlage bei Finanz- oder Sozialbehörden ausstellen.[123]

363 Häufig werden in Einrichtungen Gehaltsabrechnungen **in verschlossenen Umschlägen** verteilt, auf denen die Adressen der jeweiligen Mitarbeitenden angebracht sind. Die Zustellung erfolgt durch die Sekretariate oder durch andere Mitarbeitende. Diese Form stellt eine Verarbeitung von personenbezogenen Daten (Adresse) in Form der Veröffentlichung gemäß § 4 Nr. 3 KDG dar. Damit eine solche Offenlegung rechtmäßig ist, müsste einer der in § 6 KDG benannten Gründe vorliegen. Dies ist aber in der Regel nicht der Fall. Insbesondere ist dieses Verfahren nicht erforderlich, um dem Mitarbeiter oder der Mitarbeiterin die Gehaltsabrechnung zustellen zu können, da die Verteilung in der Einrichtung

[123] Landesbeauftragte für Datenschutz Brandenburg, Tätigkeitsbericht 2014/2015

durch eigenes Personal erfolgt. Kein Rechtfertigungsgrund stellt die Möglichkeit dar, dass einzelne Mitarbeitende aufgrund von Krankheit oder Urlaub in der Einrichtung vorübergehend nicht erreichbar sind. In diesem Fall können die Gehaltsabrechnungen mit der Adresse ergänzt und per Post versendet werden. Eine Offenlegung im Sinn des KDG ist dann nicht gegeben.

! Mitteilungen, die Mitarbeitenden in der Einrichtung zugestellt werden, sind nicht mit einer Privatadresse zu versehen, sondern erforderlichenfalls mit der dienstlichen Adresse und dem Hinweis „persönlich / vertraulich". 364

3.2 Briefgeheimnis am Arbeitsplatz

Eine Verletzung des Briefgeheimnisses im Sinn des § 202 Strafgesetzbuch (StGB) liegt vor, wenn der Täter einen verschlossenen Brief öffnet oder öffnen lässt, der nicht zu seiner Kenntnis bestimmt ist. Zu wessen Kenntnis die Postsendung bestimmt ist, entscheidet regelmäßig der Absender.[124] **Nicht verschlossene Dokumente** wie Postkarten, Faxe oder Briefe in nicht zugeklebten Briefumschlägen unterfallen nicht dem Briefgeheimnis.[125] 365

Regelmäßig wird in Behörden und Einrichtungen die dort eingehende Post von 366 der zuständigen Poststelle **geöffnet und mit einem Eingangsstempel versehen.** Da diese Vorgehensweise üblich ist, kann davon ausgegangen werden, dass sie Absendern auch bekannt ist. Etwas anderes gilt nur dann, wenn das betreffende Poststück ausdrücklich eine persönliche Adressierung enthält, also den Namen und die private Anschrift, oder aus den sonstigen Umständen ersichtlich ist, dass die namentlich genannte Person privat oder persönlich gemeint ist. Dies kann durch den **Zusatzvermerk** „persönlich" oder „vertraulich" geschehen.[126] Demgegenüber kommt der Bezeichnung „zu Händen" nicht die gleiche Bedeutung zu. Vielmehr dient eine solche Formulierung lediglich

---

124 Lenckner in Schönke / Schröder, Strafgesetzbuch, § 202 Rn. 8

125 Fischer, Strafgesetzbuch, § 202 Rn. 5

126 LAG Hamm, Urteil vom 19.2.2003, 14 Sa 1972/02

als Verteilungserleichterung beim Adressaten.[127] Eine Regel, wonach es darauf ankommen soll, ob der Name des Beschäftigten vor der Bezeichnung der Einrichtung steht oder ob der Beschäftigte erst nach der Einrichtung genannt wird, besteht rechtlich nicht.[128]

367 **Beispiel**

Sowohl die Bezeichnung
Lieschen Müller
Caritas
Bahnhofstraße X-Stadt

als auch die Bezeichnung
Caritas
Lieschen Müller
Bahnhofstraße X-Stadt

berechtigen die Dienstgeberin zur Öffnung des Schriftstücks.

368 Nur bei ausdrücklicher Bezeichnung als „persönlich", „vertraulich", „privat" und Ähnlichem ist **ausschließlich der Empfänger** zur Öffnung befugt. Ist ein solcher Hinweis angebracht, kommt es ebenfalls nicht darauf an, ob der Name zuerst genannt wird oder die Einrichtung. Das Poststück darf dann nicht geöffnet werden. Ob das häufig verwendete Kürzel „c/o" (care of)[129] im gleichen Sinne wie „persönlich" zu verstehen ist, ist durch die Rechtsprechung noch nicht geklärt. Eine gleiche Einordnung erscheint aber geboten.

369 **!** Wer sicherstellen möchte, dass eine Postsendung nur von einer bestimmten Person geöffnet wird, sollte dies durch den Zusatz „persönlich" oder „vertraulich" deutlich machen.

---

[127] LG Arnsberg, Urteil vom 27.10.1989, 1 O 367/89

[128] DIN 5008 formuliert dies anders. Eine DIN stellt aber keine verbindliche Rechtsnorm dar.

[129] Ins Deutsche übersetzt heißt „care of" etwa „unter der Obhut von".

Nach einer Entscheidung des Landesarbeitsgerichts Niedersachsen[130] hat die Krankenhausverwaltung Briefsendungen mit dem Hinweis „An den Chefarzt der X-Abteilung / vertrauliche Arztsache, nur durch einen Arzt zu öffnen" ungeöffnet dem Arzt oder dessen Vertretung vorzulegen. Ein Schreiben, welches „An den Betriebsrat" gerichtet ist, darf nur von der Interessenvertretung bzw. deren Mitgliedern geöffnet werden.[131] Dabei ist unerheblich, ob ein Zusatz „persönlich" oder „vertraulich" angebracht worden ist, da in jedem Fall klar ist, dass die Information nicht an den Arbeitgeber gerichtet ist. 370

3.3 GPS-Ortung von Dienstfahrzeugen

Wenn Dienstfahrzeuge Mitarbeitenden eindeutig zuzuordnen sind, handelt es sich bei der GPS-Ortung um die Verarbeitung personenbezogener Daten im Beschäftigungskontext gemäß § 53 KDG. Die Verarbeitung der Daten muss deshalb zur Begründung, Durchführung oder Beendigung des Beschäftigungsverhältnisses erforderlich sein. Im Rahmen der Erforderlichkeitsprüfung sind die **widerstreitenden Grundrechtspositionen** zur Herstellung praktischer Konkordanz abzuwägen. Dabei sind die Interessen der Dienstgeberin an der Datenverarbeitung und das Persönlichkeitsrecht des Beschäftigten zu einem schonenden Ausgleich zu bringen, der beide Interessen möglichst weitgehend berücksichtigt.[132] Eine Erforderlichkeit besteht demnach nicht, wenn die Verarbeitung zur Erreichung des legitimen Zwecks nicht geeignet ist oder wenn weniger eingreifende Maßnahmen zur Verfügung stehen und zumutbar sind.[133] 371

Im Bereich von Pflegediensten wird die GPS-Ortung beispielsweise damit begründet, diese diene dazu, die Touren zu planen, Mitarbeitende und Fahrzeuge zu koordinieren, Nachweise gegenüber Auftraggebern zu erbringen und die Fahrzeuge vor Diebstahl zu schützen bzw. gestohlene Fahrzeuge wieder 372

130 LAG Niedersachsen, Urteil vom 15.9.1993, 5 Sa 1772/92

131 ArbG Köln, Beschluss vom 21.3.1989, 4 BV 20/89

132 Ständige Rechtsprechung, zuletzt BAG, Urteile vom 20.10.2016, 2 AZR 395/15, vom 21.6.2012, 2 AZR 153/11 und vom 28.10.2010, 2 AZR 547/09

133 Ebd.

aufzufinden. Mit dem Einbau von Ortungssystemen lässt sich ein Diebstahl nicht verhindern. Für das Wiederauffinden womöglich entwendeter Firmenfahrzeuge reicht die anlassbezogene Erhebung im Fall eines festgestellten Fahrzeugverlusts aus.[134] Ein **Nachweis über Pflegeleistungen** beim Pflegebedürftigen kann mittels Ortungsdaten nicht geführt werden. Über diese Daten kann allenfalls nachgewiesen werden, dass ein bestimmtes Dienstfahrzeug in der Nähe der Anschrift eines Pflegebedürftigen für einen bestimmten Zeitraum anwesend war. Somit ist die Erfassung solcher Daten zur Erreichung des Zwecks völlig ungeeignet.[135]

373 ! Zunächst ist eine Tourenplanung zukunftsorientiert anzulegen und der Pflegekraft vor Fahrtantritt vorzugeben. Insoweit sind Informationen über aktuelle und vergangene Standorte der Fahrzeuge planungsunerheblich.

374 Für eine womöglich außerplanmäßig notwendig werdende Ergänzung oder Änderung der Tour aufgrund von zuvor **nicht erkennbaren Ereignissen** kommt als weniger stark eingreifende Maßnahme die Gewährleistung einer Erreichbarkeit der Mitarbeitenden per Mobiltelefon in Betracht. Die permanente Erfassung von Standort-, Bewegungs- und Zeitdaten der Dienstfahrzeuge und die damit verbundene (zumindest mögliche) Überwachung Mitarbeitender ist dagegen nicht erforderlich.[136]

---

[134] VG Lüneburg, Urteil vom 19.3.2019, 4 A 12/19

[135] Ebd.

[136] Ebd.

VI. BYOD und Mobiles Arbeiten

Der Verwendung privater Endgeräte (BYOD) am Arbeitsplatz liegen unterschiedliche Motivationen zugrunde. Teilweise möchten Beschäftigte die ihnen vertrauten Geräte nutzen. Häufig kommt es aber auch gerade in kleineren Einrichtungen wie Pfarreien oder Kindergärten vor, dass Dienstgeberinnen die Nutzung privater Geräte für dienstliche Zwecke als selbstverständlich voraussetzen. 375

1. Verwendung privater Endgeräte (Bring Your Own Device)

Grundsätzlich können Mitarbeitende nicht verpflichtet werden, private Endgeräte für dienstliche Zwecke zu verwenden. Die Bereitstellung von Arbeitsmaterial ist Verpflichtung der Dienstgeberin.[137] Mit der Durchführungsverordnung zum KDG (KDG-DVO) wird in § 20 KDG-DVO ausdrücklich festgelegt, dass die Verwendung privater Endgeräte (BYOD „Bring Your Own Device") **nur in Ausnahmefällen** zulässig ist. Die Vorschrift lautet wie folgt: 376

§ 20 Nutzung privater IT-Systeme zu dienstlichen Zwecken 377

Die Verarbeitung personenbezogener Daten auf privaten IT-Systemen zu dienstlichen Zwecken ist grundsätzlich unzulässig. Sie kann als Ausnahme von dem Verantwortlichen unter Beachtung der jeweils geltenden gesetzlichen Regelungen zugelassen werden.

Wenn Mitarbeiterinnen und Mitarbeiter dennoch ihr eigenes Gerät benutzen 378
möchten, muss es dafür **konkrete Gründe** geben. Diese müssen schriftlich

[137] BAG, Urteil vom 12.3.2013, 9 AZR 455/11

fixiert werden. Zwischen dem Verantwortlichen und den Mitarbeitenden, die private Endgeräte nutzen, muss eine Vereinbarung geschlossen werden. Die **Mindestinhalte** einer solchen Vereinbarung ergeben sich aus § 20 Abs. 2 KDG-DVO. Die teilweise anzutreffende Selbstverständlichkeit, mit der Verantwortliche davon ausgehen, dass eigene Endgeräte für dienstliche Zwecke genutzt werden, ist deshalb rechtswidrig.[138]

379 ! Diese Vorschriften sind auch bei der Vereinbarung von mobiler Arbeit einzuhalten.

380 Der Verantwortliche bleibt auch dann verantwortlich, wenn er davon Kenntnis hat, dass Mitarbeitende ihre privaten Endgeräte zu dienstlichen Zwecken nutzen. Wenn ein Mitarbeitender das private Gerät **ohne Wissen und Duldung** des Dienstgebers für dienstliche Zwecke verwendet, wird er selbst zum Verantwortlichen.[139]

381 Mitarbeitende müssen berücksichtigen, ob die **Lizenz** der von ihnen privat installierten Software auch eine geschäftliche Nutzung erlaubt.[140] Erforderlich ist darüber hinaus die Zulassung einer Datenlöschung im Wege des Fernzugriffs (Remote-Zugriff) für den Fall, dass der Schutz personenbezogener Daten nicht mehr sichergestellt werden kann (beispielsweise bei Verlust durch Diebstahl). Dabei werden alle Daten bis auf die Betriebssysteme gelöscht mit der Konsequenz, dass auch persönliche Dateien wie Bilder und private Kontaktdaten in der Regel für den Eigentümer verloren sind.[141]

---

[138] Vielfach unbeachtet bleibt in diesem Zusammenhang die Verpflichtung des Arbeitgebers, dem Arbeitnehmer Schäden an seinem Arbeitsmaterial zu ersetzen, wenn dieses mit Billigung des Arbeitgebers in dessen Betätigungsbereich eingesetzt wurde (dazu BAG, Urteil vom 27.1.2000, 8 AZR 876/98).

[139] Conrad / Schneider, ZD 2011, Seite 158

[140] Das ist häufig nicht der Fall und kann ggf. als Urheberrechtsverletzung verfolgt werden, vgl. Conrad / Schneider, ZD 2011, Seite 157.

[141] Diese Folge kann man durch technische Einrichtungen wie z. B. die Installation von Container-Apps vermeiden.

2. Telearbeit, mobile Arbeit, Homeoffice

Arbeiten von zu Hause ist in jüngerer Zeit, insbesondere durch die Einschränkungen infolge der Corona-Pandemie, verstärkt in den Fokus gerückt.[142] Soweit hierbei personenbezogene Daten verarbeitet werden, hat dies unter Beachtung der datenschutzrechtlichen Vorschriften zu erfolgen. Dies gilt auch bei einer **kurzfristig erforderlichen Verlegung** der Arbeit vom Büro in den privaten Bereich. Denn „Krisenzeiten ändern nichts daran, dass die Verarbeitung personenbezogener Daten stets auf einer gesetzlichen Grundlage zu erfolgen hat."[143] 382

2.1 Begrifflichkeiten

Der für diese Art der Tätigkeit vielfach verwendete Begriff **Homeoffice** ist gesetzlich nicht geregelt. Die Arbeitsstättenverordnung (ArbStättV) verwendet und definiert zunächst den Begriff „Telearbeitsplätze". 383

In § 2 Abs. 7 ArbStättV heißt es: 384

Telearbeitsplätze sind vom Arbeitgeber fest eingerichtete Bildschirmarbeitsplätze im Privatbereich der Beschäftigten, für die der Arbeitgeber eine mit den Beschäftigten vereinbarte wöchentliche Arbeitszeit und die Dauer der Einrichtung festgelegt hat. Ein Telearbeitsplatz ist vom Arbeitgeber erst dann eingerichtet, wenn Arbeitgeber und Beschäftigte die Bedingungen der Telearbeit arbeitsvertraglich oder im Rahmen einer Vereinbarung festgelegt haben und die benötigte Ausstattung des Telearbeitsplatzes mit Mobiliar, Arbeitsmitteln einschließlich der Kommunikationseinrichtungen durch den Arbeitgeber oder eine von ihm beauftragte Person im Privatbereich des Beschäftigten bereitgestellt und installiert ist.

---

[142] Quelle: https://www.boeckler.de/de/auf-einen-blick-17945-Auf-einen-Blick-Studien-zu-Homeoffice-und-mobiler-Arbeit-28040.htm (Hans Böckler Stiftung)

[143] Zitat aus der Entschließung der Konferenz der unabhängigen Datenschutzaufsichtsbehörden des Bundes und der Länder vom 3.4.2020 (Datenschutz-Grundsätze bei der Bewältigung der Corona-Pandemie)

385 Im Unterschied zur Telearbeit beschreibt der Begriff Mobile Arbeit das **ortsunabhängige Arbeiten,** bei dem mit Hilfe mobiler Technik ein Fernzugriff auf die IT-Systeme bzw. Daten der Einrichtung hergestellt oder lokal auf dem mobilen Endgerät gearbeitet wird.

386 **!** Homeoffice oder mobiles Arbeiten entbinden die Dienstgeberin nicht von der Pflicht, Mitarbeitenden die für die ordnungsgemäße Erbringung der geschuldeten Arbeitsleistung erforderlichen Arbeitsmittel zur Verfügung zu stellen.

2.2 Fernzugriff bei Nutzung privater Endgeräte

387 Soweit für eine solche Tätigkeit aber private Endgeräte (BYOD) benutzt werden sollen, ist mit Hinweis auf § 20 KDG-DVO festzustellen, dass eine solche Handhabung grundsätzlich unzulässig ist (§ 20 Abs. 1 Satz 1 KDG). Eine nach Absatz 2 zulässige Ausnahmeregelung hat schriftlich zu erfolgen und die in § 20 Abs. 2 KDG-DVO enthaltenen Festlegungen zu beinhalten.

388 Teilweise greifen diese Vorgaben erheblich in die Persönlichkeitsrechte von Mitarbeitenden ein, so beispielsweise das Recht des Verantwortlichen auf Löschung durch Fernzugriff aus wichtigem und unabweisbarem Grund oder die jederzeitige Überprüfbarkeit durch den Verantwortlichen. Hierbei gibt es unterschiedliche Ansätze bzw. Lösungen für Fernzugriffe durch ein **Mobile-Device-Management** (MDM). Denkbar sind sogenannte **Containerlösungen,** bei denen alle betrieblichen Daten wie zum Beispiel ein E-Mail-Client in einem separaten, abgeschotteten Datencontainer vorliegen. Hierbei kann die Löschung auf alle betrieblichen Daten in diesem Container beschränkt werden. Wurde eine solche Möglichkeit nicht eingebaut, kann durch den MDM-Administrator das komplette Gerät auf die Werkseinstellungen zurückgesetzt werden. Auch alle privaten Daten wären in einem solchen Fall irreversibel eliminiert und damit nicht mehr herstellbar.

> **!** Ist eine Nutzung privater Geräte zugelassen, sollte zur Sicherheit der Nutzer neben den Regelungen des § 20 KDG-DVO auch eine Vereinbarung über einen Schadensausgleich für den Fall getroffen werden, dass aus der Sphäre der Dienstgeberin versehentlich oder missbräuchlich Zugriffe auf die privaten Endgeräte der Mitarbeitenden erfolgen. 389

Praktisch nahezu unerfüllbar ist die Verpflichtung zum **Nachweis einer Löschung** der zu dienstlichen Zwecken verarbeiteten personenbezogenen Daten, wenn die erlaubte Nutzung des privaten IT-Systems endet. Gleichzeitig kann diese Vorschrift der Dienstgeberin nicht das Recht einräumen, alle Daten und damit auch private Dateien daraufhin durchzusehen, ob die Verpflichtung erfüllt wurde. Ein derart weitreichender Eingriff in die Persönlichkeitssphäre wäre unverhältnismäßig. Zulässig wäre eine eidesstattliche Versicherung durch den Mitarbeitenden, in der dieser versichert, dass die gesetzliche Forderung erfüllt worden ist. 390

Sollte die Verarbeitung personenbezogener Daten auf privaten Endgeräten dennoch zugelassen bzw. vereinbart werden, sind für die Speicherung dienstlicher Daten **externe Datenträger** zu verwenden, die nicht privat genutzt werden. Es kann dann nicht zu einer Vermischung von privaten und dienstlichen Daten kommen. Darüber hinaus hat die Dienstgeberin auch dann zu gewährleisten, dass sie ihrer Auskunftspflicht gemäß § 17 KDG nachkommen kann, wenn Betroffene entsprechende Anfragen stellen. 391

2.3 Anforderungen an die Datensicherheit

Unabhängig davon, ob private oder dienstliche Endgeräte für ein mobiles Arbeiten verwendet werden, sind **Sicherheitsregelungen einzuhalten,** die in einer entsprechenden Handlungsanweisung (§ 20 Abs. 2 KDG-DVO) festzulegen sind. Es ist stets der direkte Weg zu verwenden, wenn personenbezogene Daten vom **Arbeitsplatz an einen anderen Ort** transportiert werden. Dies gilt für Daten auf elektronischen Speichermedien gleichermaßen wie für Daten in Form von analogen Akten. 392

393 **Beispiel**

- Im KFZ darf der Dienst-PC nicht während eines Einkaufs gelagert werden.
- Bei mobilen Pflegediensten dürfen Patientenakten nicht im Fahrzeug gelagert werden, während das KFZ zur Behandlung eines Patienten verlassen wird.

394 Es hat eine **doppelte Verschlüsselung** zu erfolgen. Zum einen muss der Zugang zum Endgerät verschlüsselt sein, zum anderen müssen die darauf befindlichen Dateien auch selbst verschlüsselt sein. Zur Verschlüsselung ist stets ein valides Passwort zu verwenden (dazu bereits ► Rn. 352 ff.).

395 Dienstliche personenbezogene Daten dürfen **Dritten nicht zugänglich** sein. Das Ausbreiten von Unterlagen in Räumen, die auch Dritten zugänglich sind, hat zu unterbleiben. Die Verarbeitung personenbezogener Daten soll nach Möglichkeit in separaten Räumen stattfinden. Zumindest ist aber eine Möglichkeit zu schaffen, die es gewährleistet, dass diese Daten im Fall der Abwesenheit in einem verschließbaren Schrank untergebracht werden können. Auch eine Nutzung der **dienstlichen Endgeräte** durch Dritte (Familienangehörige, Mitbewohner und Besucher) ist untersagt.

396 Findet eine Datenverarbeitung von extern auf dem **Server der Einrichtung** statt (Remote Work), darf dies nur über verschlüsselte Verbindungen (zum Beispiel VPN) oder mittels webbasierter Zugriffe (zum Beispiel Citrix) direkt auf die Server der Einrichtung erfolgen. Personenbezogene Daten, die keinen Eingang in die Akte finden, wie Fehldrucke, Notizen, Entwürfe und Ähnliches, sind datenschutzkonform zu vernichten. Das kann entweder mit einem eigenen Schredder erfolgen, wenn dieser für die entsprechende Datenschutzklasse geeignet ist oder durch Verbringen ins Büro und der Nutzung der dortigen Entsorgungsmöglichkeit.

Das Bundesarbeitsgericht[144] hatte bereits entschieden, dass es Arbeitnehmern verwehrt ist, sich **ohne Einverständnis des Arbeitgebers** betriebliche Unterlagen oder Daten anzueignen oder diese für betriebsfremde Zwecke zu vervielfältigen. Die Durchführungsverordnung zum KDG geht demgegenüber noch weiter, indem sie das Versenden von dienstlichen E-Mails auf private E-Mail-Konten in jedem Fall für unzulässig erklärt (§ 20 Abs. 4 KDG-DVO). 397

! Die Weiterleitung von dienstlichen E-Mails auf private Endgeräte ist damit auch dann verboten, wenn damit dienstliche Zwecke verfolgt werden sollen. 398

[144] BAG, Urteil vom 8.5.2014, 2 AZR 249/13

VII. Betriebliche Kommunikation, E-Mail und Internet

399 Auch im Rahmen einer dienstlich veranlassten Kommunikation ist die Verarbeitung personenbezogener Daten auf erforderliche Angaben zu reduzieren.

1. Namensnennung von Mitarbeitenden

400 Vielfach besteht in Einrichtungen die Anweisung, auf der Arbeitskleidung, auf Briefköpfen oder an der Bürotür den vollständigen Vor- und Nachnamen anzubringen. Ebenso häufig gibt es die Vorgabe, sich am Telefon mit Vor- und Nachnamen zu melden. Darüber hinaus werden **personalisierte E-Mail-Adressen** vergeben, die sich nach dem Muster „Vorname.Nachname@Einrichtung.de“ zusammensetzen. Hierbei handelt es sich um personenbezogene Daten gemäß § 4 Nr. 1 KDG. Da ein Bezug zum Beschäftigungsverhältnis besteht, richtet sich die Zulässigkeit der Verarbeitung nach § 53 KDG. Die spezielle Regelung hebt nicht die Notwendigkeit auf, die allgemeinen Grundsätze des materiellen Schutzniveaus wie insbesondere die Verhältnismäßigkeit zu beachten.[145]

401 Bei **Mitarbeitenden mit Außenkontakten** bedeutet die Entscheidung der Dienstgeberin für die Veröffentlichung einer personalisierten E-Mail-Adresse auf der Homepage regelmäßig eine sachgerechte Ausübung ihres Organisationsermessens, das datenschutzrechtlich nicht zu beanstanden ist.[146] Das Gleiche gilt zunächst für die Nennung des Namens auf Arbeitskleidung, Bürotüren und Ähnlichem. Gerade im Bereich der **Seelsorge oder Pflege** ist die personalisierte Ansprache wichtig für eine vertrauensvolle Versorgung.

[145] Interdiözesanes Datenschutzgericht, Beschluss vom 22.4.2020, IDSG 03/2019

[146] Ebd.

Außerdem soll damit eine persönliche Erreichbarkeit für Kunden und Klienten gewährleistet werden. Das Bundesverwaltungsgericht[147] hat demgemäß entschieden, dass kein Bediensteter einen Anspruch darauf hat, von Publikumsverkehr und der Möglichkeit, **postalisch oder elektronisch von außen mit ihm Kontakt aufzunehmen**, abgeschirmt zu werden. Mit der Nennung von Namen, Dienstbezeichnung, dienstlicher Telefonnummer und E-Mail-Adresse werden keine in irgendeiner Hinsicht schützenswerten personenbezogenen Daten preisgegeben, so dass sich die Frage einer erforderlichen Ermächtigungsgrundlage für Eingriffe in individuelle Rechte nicht stellt.

Zu berücksichtigen ist aber, dass Beschäftigtendatenschutz grundsätzlich 402
dem Recht der Beschäftigten auf Schutz ihrer personenbezogenen Daten Rechnung trägt. Damit wird zugleich die **unternehmerische Freiheit** eingeschränkt. Es ist deshalb erforderlich, zwischen den betroffenen grundrechtlichen Positionen eine praktische Konkordanz herzustellen. Im Rahmen einer Verhältnismäßigkeitsprüfung im Einzelfall ist die beiderseitige Wahrung der Grundrechte der Betroffenen gleichermaßen zu berücksichtigen.[148] Indem Namen nach außen bekannt gegeben werden, handelt es sich um eine Verarbeitung personenbezogener Daten von Beschäftigten. Als berechtigte Interessen der Dienstgeberin kommen in Betracht, dass sie insbesondere in großen Einrichtungen die Mitarbeitenden persönlich ansprechen kann. Auch Kunden, Klienten und Patienten sowie deren Angehörige können Mitarbeitende mit Namen ansprechen, was zu einem persönlicheren Umgang führt. Außerdem können sich Kunden in Kenntnis der Namen von Mitarbeitenden im Fall einer Beschwerde gezielt an die Dienstgeberin wenden.

Die Bekanntgabe dieser personenbezogenen Daten muss aber auf das zur 403
Zweckerreichung erforderliche Maß beschränkt bleiben. So ist es für den Kontakt mit Externen völlig ausreichend, den **Nachnamen** anzugeben. Dabei geht es nicht darum, ob der Vorname als eine besondere intime Eigenschaft einer Person oder als Geheimnis zu betrachten ist. Insoweit stellte aber das Landesarbeitsgericht Schleswig-Holstein[149] fest, dass es sich beim Vornamen

[147] BVerwG, Beschluss vom 12.3.2008, 2 B 131.07

[148] Tiedemann in Sydow, Europäische Datenschutzgrundverordnung, Rn. 19

[149] LAG Schleswig-Holstein, Urteil vom 23.1.2008, 3 Sa 305/07

nicht um ein Datum besonderer Kategorie gemäß § 4 Nr. 2 KDG handelt und verkennt dabei, dass personenbezogene Daten gemäß § 4 Nr. 1 KDG nur verarbeitet werden dürfen, wenn eine diesbezügliche Notwendigkeit besteht. Will eine Einrichtung die namentliche Ansprechbarkeit der Beschäftigten für Kunden, Klienten, Patienten und Besucher anbieten, müssen dabei auch die **Belange der Mitarbeitenden** berücksichtigt werden.[150] Im Rahmen der geschäftlichen oder behördlichen Kommunikation ist es im Gegensatz zur privaten Kommunikation unüblich, Gesprächspartner mit Vornamen anzureden.

404 Demgegenüber müssen Beschäftigte **nicht begründen**, warum sie eine Nennung des vollständigen Namens (Vor- und Nachname) ablehnen. Häufig werden ihre Interessen, Grundrechte oder Grundfreiheiten dort überwiegen, wo ein intensiver persönlicher Kontakt dienstlich veranlasst ist. Dies gilt beispielsweise bei Patientenkontakten im Krankenhaus. Dabei befürchten Mitarbeitende häufig nicht ohne Grund, dass ihre vollständigen Namen anhand öffentlicher Telefonbücher oder Internet-Suchmaschinen mit Privatanschriften verbunden sind und sie unter Umständen von Kunden, Patienten oder durch andere Kontakte belästigt werden. Auch sind anhand dieser Daten und Recherchen im Internet Profile über die Betroffenen möglich. Dies kann die Grundrechte auf Achtung des Privatlebens und des Schutzes personenbezogener Daten verletzen.[151] Das widerspricht bereits dem Grundsatz der Datenminimierung und ist damit unzulässig.[152]

405 **!** Unter dem Gesichtspunkt einer dem Zweck angemessenen und auf das für die Zwecke der Verarbeitung notwendige Maß beschränkten Verarbeitung personenbezogener Daten ist es nicht zulässig, die vollständige Namensnennung im Beschäftigungsverhältnis gegenüber Dritten zu verlangen.

[150] Landesbeauftragter für Datenschutz Thüringen, 1. Tätigkeitsbericht 2018, Nr. 7.14 mit Hinweis auf den Tätigkeitsbericht für den nicht-öffentlichen Bereich, 2014 / 2015, Nr. 5.13; KDSA-Ost, Tätigkeitsbericht 2019, Nr. 8.3.2 mit Hinweis auf Tätigkeitsbericht 2017, Nr. 7.3.4

[151] Landesbeauftragter für Datenschutz Bremen, https://www.datenschutz.bremen.de/datenschutztipps/orientierungshilfen-und-handlungshilfen/namensschilder-auf-der-arbeitskleidung-15400 (Namensschilder auf der Arbeitskleidung)

[152] Katholische Datenschutzaufsicht Nord, 7. Tätigkeitsbericht 2020, Seite 22

2. Dienstpläne / Abwesenheitskalender / Geburtstagslisten

Das Aushängen von Dienstplänen, Abwesenheits- oder Geburtstagslisten an zentralen **für Mitarbeitende zugänglichen Stellen** ist weit verbreitet. Diese Listen geben zunächst Auskunft über personenbezogene Daten gemäß § 4 Nr. 1 KDG. Der Aushang stellt eine Verarbeitung in Form der Verbreitung bzw. Offenlegung nach § 4 Nr. 3 KDG dar. Eine solche Verarbeitung im Beschäftigungskontext ist nur zulässig, wenn sie zur Durchführung des Beschäftigungsverhältnisses erforderlich ist (§ 53 Abs. 1 KDG). Für die datenschutzrechtliche Zulässigkeit der Veröffentlichung ist zu differenzieren, welchem Empfängerkreis sie zugänglich sein müssen und welche Inhalte zulässig sind. 406

Abwesenheitskalender geben Auskunft darüber, welche Mitarbeitende sich an welchen Tagen nicht in der Einrichtung befinden. Soweit nur die Tatsache der Abwesenheit tagesaktuell dokumentiert wird, sind solche Listen nicht zu beanstanden, soweit die Einrichtung damit den Zweck verfolgt, gegenüber Dritten die Auskunft erteilen zu können, wann Abwesende wieder persönlich erreichbar sind. Dies wird insbesondere dann erforderlich sein, wenn zwischen Klienten / Patienten und Mitarbeitenden der Einrichtung ein persönlicher Kontakt besteht. Enthalten diese Kalender aber darüber hinaus auch den **Grund für die Abwesenheit** (Krankheit, Fortbildung, Urlaub und Ähnliches), stellt die Bekanntgabe dieser Information die Verarbeitung eines weiteren personenbezogenen Datums dar, dessen Veröffentlichung für die Zweckerreichung nicht erforderlich und somit unzulässig ist. Dabei ist insbesondere bei der Mitteilung „Abwesend wegen Krankheit" zu beachten, dass ein personenbezogenes Datum besonderer Kategorie verarbeitet wird, was nach § 11 Abs. 1 KDG unzulässig ist. 407

! Vor allem bei Stundenplänen, die über den Kreis der Mitarbeitenden hinaus für Schülerinnen und Schüler sowie deren Eltern erstellt werden, ist auf die Angabe von Abwesenheitsgründen zu verzichten. 408

409 Selbst eine **Einwilligung** Mitarbeitender in die Bekanntgabe des Abwesenheitsgrundes dürfte unzulässig sein, da eine solche Veröffentlichung nicht zweckmäßig ist und gegen den Grundsatz der Datensparsamkeit verstößt.

410 Auch die **Veröffentlichung von Dienstplänen** stellt eine Verarbeitung von personenbezogenen Daten dar. Als Zweck wird regelmäßig angeführt, Mitarbeitende müssten wissen, wer wann Dienst habe, um bei Verhinderung Dienste tauschen zu können. Eine diesbezügliche Erforderlichkeit besteht aber nicht. Um den Zweck zu erreichen, könnte ohne Offenlegung der personenbezogenen Daten ein **Diensttausch** durch die Stelle bewirkt werden, die die Dienstpläne erstellt. Da die Offenlegung der Dienstpläne für die Zweckerreichung nicht erforderlich ist, ist eine Veröffentlichung ohne Einwilligung der Betroffenen unzulässig. Eine Einwilligung ist in diesem Fall aber trotz des im Arbeitsverhältnis bestehenden Über-/Unterordnungsverhältnisses möglich, da es im Interesse der Mitarbeitenden liegt, flexibel im Hinblick auf die Dienstplanung zu sein und die Dienstgeberin ein Interesse daran hat, nicht eine zusätzliche Aufgabe übernehmen zu müssen. Mitarbeitende können Probleme mit den Diensten untereinander praxisnäher regeln.

411 ! Ein Datenschutzverstoß liegt aber unabhängig von einer Einwilligung Mitarbeitender vor, wenn Dienstpläne externen Personen zugänglich sind.

412 Die Veröffentlichung von **Geburtstagslisten** in einer Einrichtung ist für die Durchführung des Beschäftigungsverhältnisses nicht erforderlich. Ohne Einwilligung der Betroffenen ist das Führen solcher Listen deshalb unzulässig. Ebenso unzulässig ist es, Mitarbeitenden öffentlich, beispielsweise bei Mitarbeiterversammlungen oder Betriebsfeiern, zum Geburtstag zu gratulieren, ohne dafür zuvor eine Einwilligung eingeholt zu haben. Davon zu unterscheiden ist die **Bekanntgabe von Geburtsdaten oder Dienstjubiläen** in Form einer entsprechenden Liste an direkte Vorgesetzte. Die Gratulation durch Vorgesetzte entspricht der gesellschaftlichen Konvention und wird im Regelfall auch von den Mitarbeiterinnen und Mitarbeitern erwartet. Sie dient regelmäßig

dem guten Betriebsklima, weil sich Beschäftigte dadurch wahrgenommen und wertgeschätzt fühlen.[153]

3. Bekanntgabe von Prüfungsergebnissen

Mit der Bekanntgabe von Prüfungsergebnissen gegenüber der Belegschaft einer Einrichtung wird in der Regel der Zweck verfolgt, Beschäftigte zu motivieren. Aber sowohl die Bekanntgabe **nur besonders guter Ergebnisse** als auch die Bekanntgabe aller Prüfungsnoten bedarf der Einwilligung der Betroffenen, da sie von der Zweckbestimmung des § 53 KDG für das Beschäftigungsverhältnis nicht umfasst sind.[154] In diesem Zusammenhang ist auch zu berücksichtigen, dass die Bekanntgabe von Prüfungsergebnissen gegenüber der Dienstgeberin nur soweit gestattet ist, als dass diese zur Zweckerreichung erforderlich ist. So ist die Dienstgeberin beispielsweise bei einer Online-Datenschutz-Schulung nur darüber zu unterrichten, ob die abschließende Prüfung erfolgreich abgelegt worden ist. Nicht mitzuteilen ist dagegen, ob oder wie viele Wiederholungen erforderlich waren, um die Prüfung zu bestehen.[155] 413

4. 360-Grad-Beurteilungen

Bei einer sogenannten 360-Grad-Beurteilung (360°-Feedback) wird die Arbeitsleistung von Beschäftigten durch mehrere Personen bewertet, die sich teilweise in höheren und teilweise in niedrigeren Positionen oder auf derselben Hierarchieebene befinden. Bislang wurde dieses Bewertungskonzept 414

[153] Kramer in Weth / Herberger / Wächter / Sorge, Daten- und Persönlichkeitsschutz im Arbeitsverhältnis, Seite 189

[154] Kramer in Werth / Herberger / Wächter / Sorge, Daten- und Persönlichkeitsschutz im Arbeitsverhältnis, Seite 191

[155] Gola, Handbuch Beschäftigtendatenschutz, Rn. 1470

hauptsächlich bei **Führungskräften** praktiziert. Es gibt jedoch neuerdings Arbeitgeber, die dieses Konzept auch auf Beschäftigte ohne oder mit nur untergeordneten Führungsaufgaben übertragen.

415 Häufig wird ein Dreiklang aus Bewertungen eingeholt. Neben einer Selbsteinschätzung werden Einschätzungen von Kolleginnen und Kollegen aus unterschiedlichen Bereichen und eine Bewertung durch Vorgesetzte eingeholt. Datenschutzrechtlich ist eine 360-Grad-Beurteilung nicht grundsätzlich unzulässig. Voraussetzung ist aber, dass **kein dauerhafter Überwachungsdruck** entsteht, dass die Grundsätze der Transparenz und der Datenminimierung eingehalten werden und dass die Betroffenenrechte, zu denen vor allem das Recht auf Auskunft gehört, gewahrt bleiben. Die Bewertenden müssen deshalb denjenigen Personen bekannt sein, die bewertet werden sollen. Andernfalls müssten Mitarbeitende bei jeder Begegnung mit Kolleginnen und Kollegen damit rechnen, dass ihr Verhalten das nächste Zeugnis beeinflusst.

416 ! Es muss gewährleistet sein, dass nur dienstliche Erwägungen in die Bewertungen einfließen.

417 Den Bewerteten muss ein **Einsichtsrecht** in alle erstellten Bewertungen gewährt werden. Gerade wenn die Bewertungen aus Sicht des Bewerteten negativ ausgefallen sind, wird dies möglicherweise zu Spannungen mit den Bewertern führen. Es ist jedoch kein Rechtsgrund ersichtlich, die Rechte der bewertenden Personen, die eine Aufgabe des Arbeitgebers wahrnehmen, indem sie Vorarbeiten zu einem Arbeitszeugnis leisten, höher einzustufen als die Rechte der Bewerteten. Einrichtungen, die ein solches Reglement einführen, müssen sich mit diesen (naheliegenden) Konsequenzen abfinden.

5. Nutzung von E-Mail und Internet

418 Die Nutzung von E-Mail und Internet hat zunächst eine **arbeitsrechtliche Dimension.** Die Informationstechnik (IT) stellt die Dienstgeberin zur Verfügung,

damit die Mitarbeitenden ihre arbeitsvertraglich geschuldeten Tätigkeiten verrichten können. Eine private Nutzung dieser Einrichtungen bedarf der vorherigen Zustimmung (Einwilligung). Dies trifft auch dann zu, wenn die private Nutzung nicht ausdrücklich verboten worden ist, aber auch keine diesbezügliche Erlaubnis vorliegt.[156] **Eine Privatnutzung während der Arbeitszeit** ohne dienstgeberseitige Zustimmung ist also grundsätzlich unzulässig und stellt eine Verletzung der arbeitsvertraglichen Hauptpflicht dar, welche die Dienstgeberin abmahnen darf.[157] Abhängig von der Schwere des Verstoßes ist auch eine verhaltensbedingte Kündigung möglich.[158]

Datenschutzrechtlich ist zu beurteilen, ob bzw. inwieweit ein Arbeitgeber 419 berechtigt ist, die Nutzung von Internet und E-Mail durch Arbeitnehmer zu überprüfen. Zu unterscheiden ist dabei, ob die Dienstgeberin lediglich die dienstliche Nutzung von E-Mail erlaubt oder sie auch privat gestattet. Bei **ausschließlich dienstlich erlaubter Nutzung** sind Kontrollen grundsätzlich zulässig, schon um die Einhaltung des Verbots zu überprüfen.[159] Allerdings verlangt § 53 Abs. 1 KDG, dass der Zugriff tatsächlich erforderlich ist.[160] In jedem Fall muss der Verhältnismäßigkeitsgrundsatz gewahrt bleiben. Eine dauerhafte oder lückenlose Kontrolle ist unzulässig.[161] Möglich sind nur **Stichproben**, etwa um die rechtswidrige Nutzung des Internets zu verhindern. Auch darf die Dienstgeberin Zugriff auf Verbindungsdaten nehmen, wenn dies bei längerer (krankheits- oder urlaubsbedingter) Abwesenheit eines Mitarbeitenden zur Aufrechterhaltung des Geschäftsablaufs erforderlich ist.[162]

Unterschiedlich bewertet wird die Frage, ob Arbeitgeber auch von den **Inhal-** 420 **ten der E-Mails** Kenntnis nehmen dürfen. Hierbei ist der Ansicht zuzustimmen,

156 Gola, Handbuch Beschäftigtendatenschutz, Rn. 1282

157 BAG, Urteil vom 19.4.2012, 2 AZR 186/11

158 LAG Hessen, Urteil vom 13.12.2001, 5 Sa 987/01; LAG Niedersachsen, Urteil vom 31.5.2010, 12 Sa 875/09

159 BAG, Urteil vom 27.7.2017, 2 AZR 681/16

160 Seifert in Simitis / Hornung / Spieker gen. Döhmann, Datenschutzrecht, Art. 88 Rn. 149

161 Forst in Auernhammer, DS-GVO / BDSG, § 26 Rn. 125

162 Seifert in Simitis / Hornung / Spieker gen. Döhmann, Datenschutzrecht, Art. 88 Rn. 149

dass die E-Mail nicht einem Telefonat gleichzustellen ist[163], sondern einem Geschäftsbrief.[164] Die Dienstgeberin darf deshalb auch in demselben Maß Kenntnis vom Inhalt dienstlicher E-Mails nehmen wie von dienstlichem Schriftverkehr.[165] Dies entspricht der Rechtsprechung zum Recht auf Einsichtnahme in Briefpost, die an die Arbeitgeberadresse gerichtet ist.[166] Will der Absender eine Einsicht durch den Arbeitgeber vermeiden, muss er die E-Mail als „persönlich / vertraulich" kennzeichnen.[167] Zwar werden Mitarbeitende bei einer E-Mail-Adresse, die ihren Namen enthält, direkt angesprochen. Soweit die Adresse einen Namen der Einrichtung enthält, nimmt dies der E-Mail aber nicht den dienstlichen Charakter.

421 **Beispiel**

Die E-Mail-Adresse „L.Müller@caritas.de" ist eine dienstliche E-Mailadresse.

422 Etwas anderes gilt aber bei **E-Mail-Adressen von MAV-Mitgliedern,** Vertrauenspersonen der schwerbehinderten Mitarbeiterinnen und Mitarbeiter, des Betriebsarztes und anderen Geheimnisverpflichteten.[168]

423 ! Ein Recht auf Einsichtnahme der Dienstgeberin ist hier per Gesetz ausgeschlossen.

[163] So aber Däubler, Gläserne Belegschaften, Rn. 351

[164] Gola, Handbuch Beschäftigtendatenschutz, Rn. 1282; Seifert in Simitis / Hornung / Spieker gen. Döhmann, Datenschutzrecht, Art. 88 Rn. 149

[165] Maschmann in Kühling / Buchner, DS-GVO, BDSG, § 26 Rn. 49

[166] LG Arnsberg, Urteil vom 27.10.1989, 1 O 367/89

[167] LG Arnsberg, Urteil vom 27.10.1989, 1 O 367/89; LAG Hamm, Urteil vom 19.2.2003, 14 Sa 1972/02

[168] Ernst, NZA 2002, Seite 585 (590)

5.1 Privatnutzung

Bei **erlaubter Privatnutzung** richtet sich die Kontrolle von Telefondaten und E-Mails, soweit sie auch private E-Mails betrifft, nach den Vorschriften des § 3 Telekommunikation-Telemedien-Datenschutz-Gesetz (TTDSG).[169] Die (zumindest noch) herrschende Meinung sieht den Arbeitgeber als Telekommunikationsanbieter, wenn er Mitarbeitenden die private Nutzung des Internets erlaubt.[170] Danach ist eine Erhebung der Kommunikationsinhalte praktisch vollständig ausgeschlossen.[171] 424

Nach einer Entscheidung des Bundesverfassungsgerichts[172] schützt das **Fernmeldegeheimnis** nur den Kommunikationsvorgang selbst. Der Kommunikationsvorgang ist demnach dann beendet, wenn die Information beim Empfänger angekommen und somit die Übertragung beendet ist.[173] Dies ist gerechtfertigt, wenn die Daten tatsächlich in den Herrschaftsbereich des Empfängers gelangt sind, so dass es ihm möglich ist, diese gegen den Zugriff Dritter sichern zu können.[174] Das wiederum ist dann nicht der Fall, wenn die E-Mail noch auf dem Server des Providers oder innerhalb des betrieblichen Netzwerks auf dem Server des Arbeitgebers gespeichert ist.[175] Dies hat zur Folge, dass die Dienstgeberin grundsätzlich **ohne Einwilligung des jeweiligen Mitarbeitenden** nicht auf dessen dienstliches E-Mail-Postfach zugreifen darf.[176] Somit 425

169 Franzen in Erfurter Kommentar, BDSG, § 26 Rn. 30; Däubler, Gläserne Belegschaften, Rn. 339; Brink / Schwab, ArbRAktuell 2018, Seite 111; Maschmann in Kühling / Buchner, DS-GVO, BDSG, § 26 Rn. 50

170 Däubler, Gläserne Belegschaften, Rn. 338 m. w. N.; Orientierungshilfe der Datenschutzaufsichtsbehörden zur datenschutzgerechten Nutzung von E-Mail und anderen Internetdiensten am Arbeitsplatz, https://www.bfdi.bund.de/SharedDocs/Downloads/DE/DSK/Orientierungshilfen/OH_ZurDatenschutzgerechtenNutzungVonEMailUndAnderenInternetdienstenAmArbeitsplatz.pdf?__blob=publicationFile&v=5“

171 Riesenhuber in BeckOK Datenschutzrecht, Rn. 176

172 BVerfG, Urteil vom 2.3.2006, 2 BvR 2099/04

173 Maschmann in Kühling / Buchner, DS-GVO, BDSG, § 26 Rn. 50a

174 BVerfG, Beschluss vom 16.6.2009, 2 BvR 902/06

175 BVerfG, Beschluss vom 16.6.2009, 2 BvR 902/06; Maschmann in Kühling / Buchner, DS-GVO, BDSG, § 26 Rn. 50a; Däubler, Gläserne Belegschaften, Rn. 340a

176 Datenschutzkonferenz, Orientierungshilfe E-Mail und Internet am Arbeitsplatz, Seite 8

endet der Schutz des Fernmeldegeheimnisses erst dann, wenn der Empfänger eine eingehende E-Mail zur Kenntnis genommen und auf einer selbst gewählten Stelle im betrieblichen System abgelegt hat.[177]

426 Haben Arbeitgeber und Arbeitnehmer **keine Festlegungen** getroffen, in welchen Fällen der Arbeitgeber bei einer gemischt privaten / dienstlichen Nutzung des E-Mail-Accounts Einblick in diesen nehmen darf, kann ein Zugriff auf das betriebliche E-Mail-Postfach des Mitarbeitenden, soweit dies für betriebliche Zwecke erforderlich ist, nur mit seiner vorher eingeholten Einwilligung erfolgen. Ein Zugriff auf bereits vor Abwesenheit des jeweiligen Mitarbeitenden eingegangene E-Mails ist ebenfalls nur zulässig, soweit dieser für betriebliche Zwecke erforderlich ist und vorab die Einwilligung des Betroffenen eingeholt wurde.[178] Bei einer solchen gemischten Nutzung schlägt das Kontrollverbot für private E-Mails auf dienstliche E-Mails durch.[179] Ausnahmen können dann gelten, soweit es für das technische Funktionieren des E-Mail-Systems erforderlich ist[180] oder wenn dazu ein berechtigter Anlass besteht, der sich aus einem konkreten Verdacht einer Straftat ergibt.[181]

427 Umstritten ist die Frage, ob eine **betriebliche Übung** zwischen den Arbeitsvertragsparteien entsteht, wenn überhaupt keine Regelung zur E-Mail-Nutzung besteht und der Arbeitgeber nicht gegen eine private Nutzung einschreitet. Unter einer betrieblichen Übung ist die regelmäßige Wiederholung bestimmter Verhaltensweisen des Arbeitgebers zu verstehen, aus denen die Arbeitnehmer schließen können, ihnen solle eine Leistung oder eine Vergünstigung auf Dauer eingeräumt werden. Aus diesem als **Vertragsangebot** zu wertenden Verhalten des Arbeitgebers, das von den Arbeitnehmern in der Regel stillschweigend angenommen wird, erwachsen vertragliche Ansprüche auf die üblich gewordenen Leistungen. Entscheidend für die Entstehung eines Anspruchs ist nicht der Verpflichtungswille, sondern wie der

177 Maschmann in Kühling / Buchner, DS-GVO, BDSG, § 26 Rn. 50a

178 Datenschutzkonferenz, Orientierungshilfe E-Mail und Internet am Arbeitsplatz, Seite 8

179 Mengel, NZA 2017, Seite 1494; Maschmann in Kühling / Buchner, DS-GVO, BDSG, § 26 Rn. 51

180 Forst in Auernhammer, DS-GVO / BDSG, § 26 Rn. 125

181 Müller, öAT 2019, Seite 1

Erklärungsempfänger die Erklärung oder das Verhalten des Arbeitgebers nach Treu und Glauben unter Berücksichtigung aller Begleitumstände (§§ 133, 157 BGB) verstehen musste und ob er auf einen **Bindungswillen des Arbeitgebers** schließen durfte.[182] Es ist also erforderlich, dass die Dienstgeberin um die private E-Mail-Nutzung weiß und dennoch über einen längeren Zeitraum hinweg nichts dagegen unternimmt.[183] Demgegenüber ist aus einem rein passiven Verhalten ohne nachweisbare Kenntnis der privaten Nutzung das Entstehen einer betrieblichen Übung nicht abzuleiten.[184]

Unabhängig davon, ob die private Nutzung des E-Mail-Accounts gestattet ist 428
oder nicht, bleibt es bei der Anwendbarkeit des KDG. Danach dürfen personenbezogene Daten nur dann verarbeitet werden, wenn dies zur Begründung, Durchführung oder Beendigung des Beschäftigungsverhältnisses erforderlich ist. Die Dienstgeberin hat deshalb stets den **Grundsatz der Verhältnismäßigkeit** zu wahren. Auch wenn die private Nutzung des E-Mail-Systems verboten ist, darf sie keine Einsicht in die Inhalte der privaten Kommunikation nehmen. Werden private E-Mails verarbeitet (eingesehen), weil ihr privater Inhalt zunächst nicht erkennbar war, ist die weitere Kenntnisnahme des Inhalts abzubrechen, sobald der Irrtum offenbar wird.[185]

Weiterhin stehen Mitarbeitenden auch bei der Internet- und E-Mail-Nutzung 429
die **Benachrichtigungs- und Auskunftsrechte** aus den §§ 14 ff. KDG zu. So können sie jederzeit gemäß § 17 KDG Auskunft verlangen über die zu ihrer Person verarbeiteten personenbezogenen Daten. Auskunft zu erteilen ist über die Herkunft dieser Daten, die Empfänger oder Kategorien von Empfängern, an die Daten weitergegeben wurden, und den Zweck der Speicherung.[186]

---

[182] BAG, Urteil vom 19.8.2015, 5 AZR 450/14

[183] Gola, Handbuch Beschäftigtendatenschutz, Rn. 1301; Müller, öAT 2019, Seite 1 (3); Barton, NZA 2006, Seite 460

[184] Zöll in Taeger / Gabel, DS-GVO / BDSG / TTDSG, § 26 Rn. 51; Beckschulze, DB 2009, Seite 2097

[185] Forst in Auernhammer, DS-GVO / BDSG, § 26 Rn. 125

[186] Schröder in Schröder, Datenschutzrecht für die Praxis, Seite 84

430 **!** Aufgrund der divergierenden Rechtsansichten ist Dienstgeberinnen zu raten, die private Nutzung von Internet und E-Mail zu untersagen. Tatsächlich ist diese inzwischen praktisch wenig relevant, da Mitarbeitende regelmäßig über private Endgeräte (Smartphone) verfügen, über die sie ihre privaten E-Mails abrufen und im Internet surfen können.

431 Soll eine Privatnutzung aufgrund bestehender Rechtspflichten (betriebliche Übung, Dienstvereinbarung, Individualvereinbarung und Ähnliches) weiterhin ermöglicht werden, ist den Mitarbeitenden ein **privater E-Mail-Account** zur Verfügung zu stellen, der sich vom dienstlichen unterscheidet und über den sie ihre private Kommunikation ausschließlich abzuwickeln haben. Sofern die Einrichtung Mitarbeitenden für die private Nutzung des Internets dienstliche Rechner zur Verfügung stellen möchte, sollte dies durch Bereitstellung eines „stand alone"-Rechners geschehen. Auch die Einrichtung eines **separaten W-Lan-Netzes**, über das Mitarbeitende mit privaten Endgeräten (Smartphone, Tablet, Notebook) ins Internet gelangen, ist möglich. In beiden Fällen wird die Datensicherheit beim Arbeitgeber wesentlich erhöht, da durch die Reduzierung der Internetzugriffe auch die Gefahr minimiert wird, dienstliche Systeme mit Schadsoftware zu infizieren.

432 Kommt es zu einer plötzlichen Verhinderung des Mitarbeitenden, derentwegen ein **Abwesenheitsagent** durch ihn nicht aktiviert werden kann, ist ein solcher durch den Administrator zu installieren. Eingehende E-Mails sind dadurch zurückzusenden mit dem Hinweis, wer der Vertreter ist. Der Absender kann dann entscheiden, ob er seine Nachricht an den benannten Vertreter senden möchte. Geschieht dieser Vorgang zeitnah, ist die Einsichtnahme in die E-Mails des verhinderten Mitarbeitenden nicht erforderlich.

433 Weiterhin ist die Einrichtung von **Gruppen-E-Mail-Adressen,** beispielsweise „Buchhaltung@Einrichtung.de" zu empfehlen. Auf eine solche E-Mail-Adresse können alle Mitarbeiterinnen und Mitarbeiter der jeweiligen Gruppe (Beispiel: Buchhaltung) zugreifen. Es muss in diesen Fällen keine Vertretung eingerichtet werden, um bei Abwesenheit oder Verhinderung einzelner Mitarbeitender eine Bearbeitung eingehender E-Mails sicher zu stellen. Gleichzeitig wird für

den Absender einer E-Mail auch deutlich, dass er seine Nachricht nicht an eine bestimmte Person sendet, sondern eine Gruppe von Personen Zugriff auf die E-Mail hat. Dabei wird auf diesem Weg ein anderes Datenschutzproblem umgangen, weil die Bekanntgabe des Namens von Mitarbeitenden nicht mehr erforderlich ist. Namen sind personenbezogene Daten. Diese dürfen ohne Einwilligung nur verarbeitet, also auch bekannt gegeben werden, wenn dies erforderlich ist. In der Regel gilt dies also nur dann, wenn die Funktion des Mitarbeitenden das erfordert. Dies wird bei Mitarbeitenden, die ein Amt mit Außenwirkung oder eine Leitungsfunktion wahrnehmen, gegeben sein, nicht jedoch bei solchen der inneren Verwaltung. Insoweit wird auf ► Rn. 400 ff. verwiesen.

> **!** Nach dem Ausscheiden eines Mitarbeitenden sollte die E-Mail-Adresse unverzüglich gelöscht werden, so dass keine weiteren E-Mails auf dieser Adresse mehr eingehen. 434

Soweit Mitarbeitende ihren dienstlichen E-Mail-Account regelmäßig auch für 435 private Zwecke nutzen dürfen, vertritt die Rechtsprechung die Ansicht, dass von einer **Löschung des E-Mail-Accounts** solange Abstand genommen werden sollte, bis hinreichend geklärt ist, ob der Mitarbeitende an einer Nutzung der Datenbestände seines Accounts kein Interesse mehr hat.[187] Die nachvertragliche (Schutz-)Verpflichtung des Arbeitgebers gebietet es, Schäden von Rechtsgütern des ehemaligen Mitarbeiters abzuwenden, die in der Sphäre des Arbeitgebers entstehen könnten. Hierunter fällt auch die irreversible Datenlöschung. Löscht also die Dienstgeberin umgehend **nach Beendigung des Arbeitsverhältnisses** das E-Mail-Postfach des ausgeschiedenen Mitarbeitenden, ohne dass feststeht, dass dieser für die auf dem Account abgelegten Daten keine Verwendung mehr hat, macht sie sich ihm gegenüber schadenersatzpflichtig.[188] Sie muss davon ausgehen, dass das Interesse des Mitarbeitenden an der Sicherung seiner Daten nicht auf den Zeitraum seines Beschäftigungsverhältnisses beschränkt ist. Dies bedeutet zugleich, dass

---

[187] OLG Dresden, Urteil vom 5.9.2012, 4 W 961/12

[188] OLG Dresden, Urteil vom 5.9.2012, 4 W 961/12

die Bewertung der persönlichen Daten des Mitarbeitenden betriebsunabhängig zu erfolgen hat.[189] Das gilt erst recht, wenn Mitarbeitenden ein separater Account für private E-Mail-Nutzung zur Verfügung gestellt worden ist. Gerichtlich nicht geklärt bleibt, wie zu verfahren ist, wenn Mitarbeitenden die private Nutzung verboten ist. Doch sollte auch hier von einer sofortigen Löschung ohne Information an den ehemaligen Mitarbeitenden Abstand genommen werden, da er in diesem Fall zumindest Empfänger privater E-Mails sein könnte.

436 Mit Mitarbeitenden sollte bei deren Ausscheiden eine Vereinbarung getroffen werden, um sicherzustellen, dass ihre Rechte gewahrt sind.

437 **Beispiel**

Dazu kann der folgende Text verwendet werden:

Ich bestätige, dass meine privaten Dateien, die ich auf dienstlichen Endgeräten gespeichert/verarbeitet habe, gelöscht wurden. Sollten sich dennoch private Dateien auf den Rechnern/Servern der Dienststelle/Einrichtung befinden, erkläre ich meine Zustimmung dazu, dass diese ohne eine vorherige Mitteilung an mich von der Dienststelle/Einrichtung gelöscht werden können.

438 Eine Weiterleitung durch Mitarbeitende von dienstlichen E-Mails **auf ihre privaten E-Mail-Konten** ist grundsätzlich nicht zulässig. Da die Zugriffsmöglichkeiten für den Arbeitgeber regelmäßig nicht zu überprüfen sind, wäre in den Fällen der Weiterleitung eine Sicherung der E-Mails nicht möglich. Dies gilt auch dann, wenn Homeoffice zwischen den Parteien vereinbart ist. Allein daraus ergibt sich keine Genehmigung, E-Mails an den privaten Account weiterzuleiten. Das gilt vor allem dann, wenn der Arbeitgeber für die Arbeit zuhause einen dienstlichen Laptop zur Verfügung stellt.

[189] Fischer, NZA 2018, Seite 8

! Mitarbeitende müssen bei jeder manuellen Weiterleitung von E-Mails prüfen, inwieweit deren Inhalt der Vertraulichkeit unterliegt. Eine Weiterleitung darf nur in dem Umfang erfolgen, wie es die Aufgabenerfüllung im konkreten Fall erfordert. 439

Darüber hinausgehende Informationen aus dem bilateralen E-Mail-Verkehr zwischen dem Betroffenen und dem ursprünglichen Empfänger der E-Mail sind weiterhin vertraulich zu behandeln. 440

5.2 Zugriffe auf E-Mails durch Vertreter

Immer wieder tritt im dienstlichen Umfeld das Problem auf, wann und unter welchen Bedingungen der Arbeitgeber oder eine vertretungsberechtigte Person auf die E-Mails eines Mitarbeiters oder einer Mitarbeiterin zugreifen darf, wenn die Person krankheitsbedingt oder aus anderen Gründen ausfällt. Bei der **Organisation von Vertretungsrechten** für den E-Mail-Verkehr ist zu beachten, dass die Persönlichkeitsrechte der Mitarbeiter betroffen sein können und die Inhalts- und Adressdaten unter Umständen dem Post- und Fernmeldegeheimnis nach § 88 Telekommunikationsgesetz (TKG) unterliegen. Hinzu kommt, dass möglicherweise Mitarbeitende im Rahmen von Vertretungszugriffen Kenntnis von personenbezogenen Daten erlangen, die für ihre Aufgabenerfüllung nicht erforderlich sind. 441

Basis für die **Regelung von Vertretungszugriffen** sind organisatorische Festlegungen (zum Beispiel Dienstanweisungen), die klar definieren, wie mit E-Mails als Kommunikationsmittel im dienstlichen Kontext umzugehen ist. Die erste Grundvoraussetzung ist die Klarstellung, ob auch eine private Nutzung des dienstlichen E-Mail-Programms gestattet ist, da die private E-Mail-Korrespondenz der Mitarbeiter dem Post- und Fernmeldegeheimnis unterliegt. Auch wenn die private Nutzung untersagt ist, ist es möglich, dass der Betroffene, ohne selbst tätig zu werden, private Nachrichten unter seiner dienstlichen E-Mail-Adresse erhält. Diese Tatsache wird bei der Vergabe von Vertreterrechten häufig außer Acht gelassen und unterstellt, dass bei einer rein dienstlichen Nutzung des E-Mail-Programms alle (einschließlich der eingehenden) Nachrichten dienstlichen Charakter haben. 442

443 Der Vertretungszugriff ist organisatorisch so zu regeln, dass bei Abwesenheit des Empfängers ein **fachlich zuständiger** Mitarbeitender Einsicht nehmen kann. Ist hierbei erkennbar, dass sich auch private E-Mails im Postfach des Abwesenden befinden, dürfen diese nicht geöffnet werden.

444 Manchmal bestehen zwar Regelungen für Vertretungszugriffe in der Verwaltung, diese kommen aber dann nicht zum Tragen, wenn alle Mitarbeitende eines Fachbereichs oder diejenigen, die für den Vertretungszugriff vorgesehen sind, ausfallen. Dies kann insbesondere bei kleinen Einrichtungen der Fall sein. In einem solchen Fall können seitens der Dienstgeberin bis zur Rückkehr des Betroffenen oder seines Vertreters neue Zugriffsrechte erteilt werden. Diese Änderungen sind zu dokumentieren. Der Mitarbeitende ist **nach seiner Rückkehr** darüber zu informieren, dass auf seine Daten zugegriffen wurde. Häufig wird im Nachhinein vergessen, die Vertretungsrechte auf den ursprünglichen Zustand zurückzusetzen. Dies ist jedoch zwingend erforderlich. Gegebenenfalls kann im Nachgang auch eine Neuregelung der Vertretungsrechte seitens der Leitung erfolgen.

445 Besondere Beachtung muss die Behandlung der **E-Mail-Postfächer der Interessenvertretungen** (Mitarbeitervertretungen, Vertrauenspersonen der schwerbehinderten Mitarbeiterinnen und Mitarbeiter, Gleichstellungsbeauftragte) sowie der betrieblichen Datenschutzbeauftragten finden. Diese können personenbezogene Daten enthalten, die unter Umständen das Dienstverhältnis, den Gesundheitszustand oder sonstige sensitive Informationen über Mitarbeitende betreffen.

446 **!** Zugriffsrechte im Vertretungsfall dürfen nur an die Mitglieder des jeweiligen Gremiums vergeben werden.

5.3 Empfangsbestätigung

447 Verschiedene Kommunikationssysteme wie zum Beispiel Microsoft Outlook bieten Absendern einer E-Mail die Möglichkeit, regelmäßig eine Empfangsbestätigung zu verlangen. Auch bei Austauschplattformen wie Communicare

kann die Bereitstellung einer Nachricht so eingerichtet werden, dass man erkennt, wann jemand aus dem Empfängerkreis die Mitteilung abgerufen hat. Tatsächlich ist auf diesem Weg die **Kontrolle des Arbeitsverhaltens** von Empfängern möglich. Werden Empfangsbestätigungen systematisch verwendet, wird damit gegenüber den Empfängern Druck aufgebaut, die jeweiligen Mitteilungen sofort zu bearbeiten. Die regelmäßige anlasslose Überwachung von Mitarbeitern verstößt aber nach ständiger Rechtsprechung gegen datenschutzrechtliche Grundsätze. Sollte der Zweck nicht in der Kontrolle der Empfänger bestehen, sondern darin, sicherzustellen, dass wichtige oder eilbedürftige Nachrichten den Empfänger tatsächlich erreicht haben, wäre eine direkte Ansprache das mildere Mittel, was einer Empfangsbestätigung die Erforderlichkeit nimmt. Auch zum Beweis des Zugangs einer E-Mail ist eine Lesebestätigung nicht erforderlich. Dieser kann mit dem Sendeprotokoll belegt werden.

6. Mitarbeiter-App

Teilweise bieten Dienstgeberinnen ihren Mitarbeitenden sogenannte Mitar- 448
beiter-Apps an. Über diese können Informationen der Dienstgeberin über private Endgeräte, vornehmlich Smartphones, abgerufen werden. Handelt es sich dabei um personenbezogene Daten, ist die Verwendung einer solchen App gemäß § 20 KDG-DVO unzulässig. Die Veröffentlichung von Dienstplänen, Stundenplänen und ähnlichen Informationen, die sich auf eine identifizierte oder identifizierbare Person beziehen, ist nicht erforderlich, da es andere Möglichkeiten gibt, die weniger in die Persönlichkeitsrechte eingreifen. Eine Einwilligung Mitarbeitender vermag an dieser Rechtslage nichts zu ändern, da mit einer Einwilligung nicht eine gesetzliche Regelung abbedungen werden kann. Ersetzen die Apps die **Funktion eines „schwarzen Bretts“**, indem dort Bekanntmachungen der Dienstgeberin, neue Richtlinien, Einladungen zu Mitarbeiterversammlungen und Ähnliches veröffentlicht werden, dürfen diese Informationen grundsätzlich auch über eine App verarbeitet werden, da es sich dabei nicht um personenbezogen Daten handelt.

449 **!** Die Installation der App muss aber freiwillig sein. Mitarbeitende sind nicht verpflichtet, private Endgeräte für dienstliche Zwecke einzusetzen.

450 Es muss ausgeschlossen sein, dass die Metadaten von der Dienstgeberin oder von Dritten **ausgewertet** werden. Die Information, wer wann wie oft auf die App zugegriffen hat, stellt ein personenbezogenes Datum dar, das für die Durchführung des Beschäftigungsverhältnisses nicht erforderlich ist, was eine entsprechende Verarbeitung rechtswidrig macht.

451 Dabei kommt es nicht darauf an, ob die Inhalte der 1:1-Kommunikation geschützt sind, sondern es geht um die **Interpretation von Zusammenhängen und Kontexten** sowie um die Darstellung von Netzwerkbeziehungen Betroffener. Wird durch eine Auswertung erkennbar, wer besonders häufig angesprochen wird, kann daraus beispielsweise geschlossen werden, dass bestimmten Betroffenen eine hohe Kompetenz oder eine besondere Meinungsführerschaft innerhalb einer Gruppe zugesprochen wird. Auch Abwanderungsgedanken lassen sich aus dem Kommunikationsverhalten ersehen.[190] Daneben kann auch die Tatsache interpretiert werden, ob Mitarbeitende während des Feierabends oder an Wochenenden auf die App zugreifen. Die Verarbeitung personenbezogener Daten mit einer solchen Eingriffstiefe ist für die Durchführung des Beschäftigungsverhältnisses nicht erforderlich.[191] Auch eine Einwilligung der Mitarbeitenden kann hier keine Rechtmäßigkeit herstellen, da es an der dafür erforderlichen Freiwilligkeit aufgrund des sozialen Drucks fehlen dürfte.

---

[190] Hans-Böckler-Stiftung, Die Vermessung der Belegschaft, Mitbestimmungspraxis Nr. 10, Januar 2018, Seite 8

[191] Quelle: Tätigkeitsbericht 2020 des Diözesandatenschutzbeauftragten der ostdeutschen Bistümer, Seite 78; https://www.kdsa-ost.de/images/CONTENT/KDSA/Mbericht/dok/5._KDSA-ost-TB_2020.pdf

VIII. Fotos von Mitarbeitenden

Das Foto einer Person fällt unter das allgemeine Persönlichkeitsrecht. Dazu gehört, darüber entscheiden zu können, ob ein Foto verarbeitet werden darf.[192] Bereits die Erstellung von Foto- oder Filmaufnahmen sowie deren Speicherung stellt eine Verarbeitung im Sinn des § 4 Nr. 3 KDG dar. Insofern hat die in der Literatur geführte Diskussion darüber, ob als Rechtsgrundlage für die Verarbeitung von Fotos auch **nach Inkrafttreten der DS-GVO** noch das Kunsturhebergesetz (KUG) herangezogen werden kann, praktisch nur begrenzte Auswirkungen. Das KUG regelt nach seinem Wortlaut nur die Verbreitung oder öffentliche Zurschaustellung von Fotos. Die dem notwendigerweise vorgelagerte **Anfertigung** der Fotos von Mitarbeitenden hat nach den allgemeinen Vorschriften des KDG zu erfolgen.[193] 452

Im Beschäftigungskontext ist die Verarbeitung personenbezogener Daten, zu denen Fotos gehören, gemäß § 53 KDG zulässig, wenn dies für die Begründung, Durchführung oder Beendigung des Arbeitsverhältnisses erforderlich ist. Anfertigung und Veröffentlichung von Fotos dürften nur in seltenen Fällen auf diese Vorschrift zu stützen sein, beispielsweise für die Herstellung von Dienstausweisen. 453

Während **vor Geltung der DS-GVO** für die Rechtmäßigkeit der Veröffentlichung von Fotos die Vorschriften des Kunsturhebergesetzes (KUG) herangezogen werden konnten, ist dies aufgrund des Vorrangs der DS-GVO nicht mehr möglich. Aufgrund der Höherrangigkeit einer europäischen Norm steht das nationale Recht zurück, es sei denn, die europäische Norm hat durch eine Öffnungsklausel dem nationalen Gesetzgeber eine Regelungskompetenz eingeräumt. Nach einer Entscheidung des Bundesgerichtshofs ist dies mit Art. 85 DS-GVO der Fall, wenn die Datenverarbeitung zu journalistischen oder redaktionellen Zwecken geschieht.[194] In allen anderen Fällen der Fotoverarbeitung bleibt es mangels 454

192 BGH, Urteil vom 13.10.2015, VI ZR 271/14

193 Dazu Ullrich, ZMV 2019, Seite 57; Reuter / Schwarz, ZUM 2020, Seite 31

194 BGH, Urteil vom 7.7.2020, VI ZR 246/19

entsprechender Öffnungsklausel beim Anwendungsvorrang der europäischen Norm. Ein solcher **Anwendungsvorrang** muss auch für das KDG gelten. Das gilt zum einen wegen des Einklangs der kirchlichen Regelung mit der europäischen Norm gemäß Art. 91 DS-GVO, zum anderen sieht das KDG in § 2 Abs. 2 vor, dass nur solche Gesetze der Anwendbarkeit des KDG vorgehen, die das Datenschutzniveau des KDG nicht unterschreiten. Dies trifft für das KUG nicht zu.

455 Die praktischen Auswirkungen dieser dogmatischen Diskussion sind zunächst regelmäßig wenig spürbar.[195] Ein entscheidender Unterschied ergibt sich jedoch bei der **Widerruflichkeit der Einwilligung.** So vertrat das BAG vor Inkrafttreten der DS-GVO die Ansicht, widerrufende Mitarbeitende müssten einen Grund im Sinn einer Erklärung angeben, warum sie – anders als bei der Erteilung der Einwilligung – ihr Recht auf informationelle Selbstbestimmung gegenläufig ausüben wollen. Eine solche Forderung ist aber nach § 8 Abs. 6 KDG unzulässig. Die direkte Anwendbarkeit des KUG ist nach § 2 Abs. 2 KDG unzulässig, da diese Vorschrift das Datenschutzniveau des KDG unterschreitet. Zunächst legt § 22 KUG fest, dass Veröffentlichungen von Bildnissen der Einwilligung der Abgebildeten bedürfen. Dasselbe ergibt sich auch aus § 6 Abs. 1 lit b) KDG. Sofern die Verarbeitung der Daten auf § 6 Abs. 1 lit f) KDG gestützt wird, sind die Wertungen des KUG zumindest in der Abwägungsentscheidung zwischen den Interessen des Verantwortlichen und der Betroffenen zu berücksichtigen.[196]

456 Soweit die Veröffentlichung zur Wahrung eines berechtigten Interesses der Dienstgeberin erforderlich wäre und Interessen oder Grundrechte Betroffener nicht entgegenstünden, käme als Rechtsgrund für die Veröffentlichung eines Fotos § 6 Abs. 1 lit f) KDG in Betracht. Danach ist die Verarbeitung rechtmäßig, wenn die Verarbeitung für die Wahrnehmung einer Aufgabe erforderlich ist, die **im kirchlichen Interesse liegt** oder in Ausübung öffentlicher Gewalt erfolgt, die dem Verantwortlichen übertragen wurde. Einrichtungen gestalten ihre Veröffentlichungen (Homepage, Flyer, Imagevideos) gerne persönlich und veröffentlichen dabei Fotos von Mitarbeitenden, nicht zuletzt um Vertrauen für die Einrichtung zu gewinnen und ihr „ein Gesicht“ zu geben. Seitens der

[195] Reuter / Schwarz, ZUM 2020, Seite 31

[196] Landesbeauftragter für den Datenschutz und die Informationsfreiheit Baden-Württemberg, Fotografieren und Datenschutz 9/2019, Seite 4

Kunden gibt es eine zunehmende Erwartungshaltung, diesen Anforderungen visueller Präsens nachzukommen.[197] Voraussetzung ist aber, dass ein solches berechtigtes Interesse nicht auf anderem Wege gleichermaßen zu erreichen wäre, ohne dabei die Rechte Betroffener zu beeinträchtigen. Andernfalls fehlt es bereits an einer Erforderlichkeit.[198] Der Zweck, die Einrichtung darzustellen, wird nicht dadurch erreicht, dass Mitarbeitende mit formatfüllenden Abbildungen dargestellt werden. Regelmäßig können Imagefotos so gestaltet werden, dass ein Eindruck von der Atmosphäre entsteht, ohne Mitarbeitende erkennbar abzubilden. Da die Abgebildeten durch die Veröffentlichung ihrer personenbezogenen Daten in ihren Grundrechten betroffen sind, weil die Kontrolle über ihre Daten zumindest eingeschränkt, wenn nicht entzogen wird[199], scheitert eine Zulässigkeit der Veröffentlichung ohne Einwilligung an der Interessenabwägung, die zugunsten der Mitarbeitenden ausfällt.[200]

! Mitarbeitende müssen darüber informiert werden, wo und in welchem Kontext die Bildaufnahmen veröffentlicht werden. 457

Eine Einwilligung in die Veröffentlichung von Fotos auf der Homepage der Dienstgeberin kann nicht konkludent für die Veröffentlichung in einem **sozialen Netzwerk** wie Facebook ausgeweitet werden.[201] Bei einer Einwilligung zur Veröffentlichung in Printmedien ist zu berücksichtigen, dass diese regelmäßig auch in einer Online-Version erscheinen, für die eine separate Einwilligung erforderlich ist. 458

Nach § 22 KUG gilt eine Einwilligung im Zweifel als erteilt, wenn Abgebildete dafür, dass sie sich abbilden ließen, eine Entlohnung erhalten haben. Dabei muss sich die **Entlohnung** aber auf den Zweck der Fotoverarbeitung beziehen. 459

[197] Wächter in Weth / Herberger / Wächter / Sorge, Daten- und Persönlichkeitsschutz im Arbeitsverhältnis, Teil A VII Rn. 171

[198] Schantz in Simitis / Hornung / Spiecker gen. Döhmann, Datenschutzrecht, Art 6 Abs. 1 Rn. 100

[199] Ehmann / Selmayr, Datenschutz-Grundverordnung, Art 6 Rn. 34

[200] ArbG Lübeck, Urteil vom 20.6.2019, 1 Ca 538/19

[201] ArbG Lübeck, Urteil vom 20.6.2019, 1 Ca 538/19

Die Vergütung für die arbeitsvertraglich geschuldete Leistung ist dann keine Entlohnung im Sinn des § 22 KUG, wenn die Tätigkeit als Model nicht Inhalt des Arbeitsvertrags ist.

460 Nach einer Entscheidung des Bundesarbeitsgerichts[202] bedarf die Einwilligung zur Fotoveröffentlichung der Schriftform gemäß § 126 BGB. Für das staatliche Recht war diese Entscheidung konsequent, da § 26 Abs. 2 Bundesdatenschutzgesetz (BDSG) ein Schriftformerfordernis enthielt. Nach einer Gesetzesänderung[203] sieht die nunmehr geltenden Fassung des BDSG für die Einwilligungserklärung vor, dass diese **schriftlich oder elektronisch** zu erfolgen hat.[204] Für den Bereich der katholischen Kirche hat diese Gesetzesänderung keine bindende Auswirkung. Nach § 8 Abs. 2 KDG bedarf die Einwilligung der Schriftform. Im Weg der Auslegung erscheint es aber sachgerecht, auch hier auf eine Schriftform nach 126 BGB zu verzichten und eine schriftliche oder elektronische Einwilligung ausreichen zu lassen, indem diese unter § 8 Abs. 2 Halbsatz 2 KDG subsumiert wird.

461 Weiterhin ist die Rechtsprechung zum Widerruf der Einwilligung durch die aktuelle Gesetzeslage überholt, insoweit gefordert wurde, dass widerrufende Arbeitnehmer einen Grund im Sinn einer Erklärung angeben müssen, warum sie nach Erteilung einer Einwilligung zur Fotoveröffentlichung ihr Recht auf informationelle Selbstbestimmung gegenläufig ausüben wollen.[205] Für eine solche Forderung gibt es auch im KUG keine gesetzliche Regelung. Gleichwohl war sie allgemein anerkannt.[206] Nach der zwingenden Regelung des § 8 Abs. 6 KDG ist der Widerruf einer Einwilligung jederzeit **ohne Angaben von Gründen** mit Wirkung für die Zukunft möglich. Der klare Wortlaut dieser Vorschrift verbietet eine anderslautende Auslegung. Im Übrigen gelten die Ausführungen zur Einwilligung, dazu bereits ► Rn. 83 ff.

[202] BAG, Urteil vom 19.2.2015, 8 AZR 1011/13

[203] Zweites Gesetz zur Anpassung des Datenschutzrechts an die Verordnung EU 2016/679 und zur Umsetzung der Richtlinie (EU) 2016/680 (Zweites Datenschutz-Anpassungs- und Umsetzungsgesetz EU) vom 20.11.2019, Bundesgesetzblatt I 2019, Nr. 41, Seite 1626

[204] Die Bundestags-Drucksache 19/11181 macht deutlich, dass durch diese Formulierung nicht die Formerfordernisse gemäß §§ 126, 126a BGB erfüllt sein müssen.

[205] BAG, Urteil vom 11.12.2014, 8 AZR 1010/13

[206] OLG Frankfurt, Urteil vom 24.2.2011, 16 U 172/10; OLG München, Urteil vom 17.3.1991, 21 U 4729/88; LG Köln, Urteil vom 20.12.1995, 28 O 406/95

IX. Videoüberwachung

Im kirchlichen Datenschutzgesetz wird in § 52 KDG der Begriff Videoüberwachung legal definiert als Beobachtung mit „optisch-elektronischen Einrichtungen". Damit wird deutlich, dass neben klassischen Videogeräten alle Geräte unter diese Vorschrift fallen, die zu einer Bildaufzeichnung oder Überwachung eingesetzt werden können. Dabei ist es egal, ob diese Geräte mobil oder fest installiert sind und ob sie digital oder analog arbeiten. In den **Anwendungsbereich des KDG** fallen daher neben klassischen Überwachungskameras auch Webcams, digitale Fotoapparate, Smartphones oder Tablets mit integrierter Videofunktion.[207] Durch den verwendeten Begriff „Beobachtung" wird ferner deutlich, dass es auf eine Aufzeichnung der Bilder nicht ankommt und somit auch Monitor-Systeme ohne Bildspeicherung unter diese Vorschrift fallen. Das sind solche Systeme, bei denen die Bilder direkt auf einen Bildschirm übertragen werden, der von einer Überwachungsperson beobachtet wird.[208] Voraussetzung ist jedoch eine **Verarbeitung.** Durch Attrappen entsteht der Eindruck einer Überwachung. Daher wird auch durch funktionslose Geräte das Persönlichkeitsrecht der betroffenen Person beeinträchtigt. Da jedoch keine Daten verarbeitet werden, ist das KDG auf Attrappen nicht anwendbar.[209] Doch auch wenn sie nicht unter den Anwendungsbereich der Vorschrift fallen, da sie nicht mit einem optisch-elektronischen Verfahren arbeiten und für Beobachtungen nicht geeignet sind, können gegen solche Anlagen zivilrechtliche Abwehr- und Unterlassungsansprüche geltend gemacht werden.[210] 462

---

[207] Scholz in Simitis / Hornung / Spiecker gen. Döhmann, Datenschutzrecht, Anhang 1 zu Art. 6 Rn. 34

[208] Byers in Weth / Herberger / Wächter / Sorge, Daten- und Persönlichkeitsschutz im Arbeitsverhältnis, Seite 476

[209] Andere Ansicht Däubler, Gläserne Belegschaften, Rn. 308 im Hinblick auf ein Mitbestimmungsrecht der MAV

[210] Orientierungshilfe Videoüberwachung der Datenschutzkonferenz, https://www.datenschutzkonferenz-online.de/media/oh/20200903_oh_v%C3%BC_dsk.pdf; Wilhelm in BeckOK Datenschutzrecht, BDSG, § 4 Rn. 6a; LG Koblenz, Urteil vom 5.9.2019, 13 S 17/19

463 Das allgemeine Persönlichkeitsrecht umfasst auch das **Recht am eigenen Bild.**[211] Ebenso wie beim gesprochenen Wort gehört es zum Selbstbestimmungsrecht jedes Menschen, darüber zu entscheiden, ob Filmaufnahmen von ihm gemacht und möglicherweise gegen ihn verwendet werden dürfen.[212] Unabhängig von der Ausgestaltung der Videoüberwachung stellt eine solche deshalb einen intensiven Eingriff in das Persönlichkeitsrecht dar.[213] Bereits die Anfertigung von Abbildungen unterfällt dem Schutz des allgemeinen Persönlichkeitsrechts. Es bedarf deshalb nicht erst einer Verwertung der Bilder.[214]

464 Die Videoüberwachung muss wie jede Verarbeitung personenbezogener Daten geeignet, erforderlich und unter Berücksichtigung der gewährleisteten Freiheitsrechte angemessen sein, um den erstrebten Zweck zu erreichen. Geeignet ist die Regelung dann, wenn mit ihrer Hilfe der erstrebte Erfolg gefördert werden kann.[215] Erforderlich ist eine Regelung, wenn kein anderes, gleich wirksames, aber das Persönlichkeitsrecht weniger einschränkendes Mittel zur Verfügung steht.[216] Angemessen ist die Regelung, wenn sie verhältnismäßig im engeren Sinn erscheint. Es bedarf hier einer **Gesamtabwägung** zwischen der Intensität des Eingriffs und dem Gewicht der ihn rechtfertigenden Gründe; die Grenze der Zumutbarkeit darf nicht überschritten werden.[217] Die erforderliche Abwägung der Rechtsgüter hat stets im konkreten Fall zu erfolgen.

465 ! Ein genereller Vorrang des allgemeinen Persönlichkeitsrechts vor anderen Rechtsgütern wie dem Eigentum oder umgekehrt besteht nicht.

211 Maschmann in Kühling / Buchner, DS-GVO, BDSG, § 26 Rn. 45

212 BAG, Urteil vom 29.6.2004, 1 ABR 21/03

213 Riesenhuber in BeckOK Datenschutzrecht, BDSG, § 26 Rn. 144

214 BAG, Urteil vom 29.6.2004, 1 ABR 21/03

215 BAG, Urteil vom 19.1.1999, 1 AZR 499/98

216 Eßer in Auernhammer, DS-GVO / BDSG, § 23 Rn. 20; Taeger in Taeger / Gabel, DS-GVO / BDSG / TTDSG, Art 6 Rn. 112; BAG, Urteil vom 19.1.1999, 1 AZR 499/98

217 BAG, Urteil vom 19.1.1999, 1 AZR 499/98

Die schutzwürdigen Interessen Betroffener überwiegen aber in jedem Fall immer dann, wenn von der Videoüberwachung der **Kernbereich privater Lebensführung,** insbesondere die Intimsphäre, betroffen ist. Eine Videoüberwachung in solchen Bereichen (z. B. Toiletten, Duschen, Umkleidekabinen, Behandlungsräumen) ist generell unzulässig.[218] 466

§ 52 KDG regelt zunächst die Videoüberwachung öffentlich zugänglicher Räume mit optisch-elektronischen Geräten. **Öffentliche Zugänglichkeit** ist weit auszulegen.[219] Der Begriff „Raum" setzt dabei keine bauliche Umschließung voraus, sondern ist vielmehr im Sinn von „Bereich" zu verstehen.[220] Öffentlich zugänglich sind solche Räume, die von einem unbestimmten oder nur nach allgemeinen Merkmalen bestimmten Personenkreis betreten oder benutzt werden können.[221] Demgegenüber sind **nicht öffentliche Räume** solche, die nur von einem bestimmten oder genau abgegrenzten Personenkreis betreten werden dürfen. Öffentliche Zugänglichkeit besteht bereits dann nicht, wenn etwa ein Hinweisschild die Gruppe der Zutrittsberechtigten beschränkt. Eine physische Barriere, die einen Zugang verhindert, ist nicht erforderlich.[222] 467

Keine Anwendbarkeit des § 52 KDG besteht für nicht öffentlich zugängliche Räume.[223] Für diese Fälle ist im Gesetz eine gesonderte Regelung nicht vorhanden. Das heißt, dass in nicht öffentlichen Räumen die allgemeinen Vorschriften zur Rechtmäßigkeit der Verarbeitung personenbezogener Daten gelten. Gegenüber Mitarbeitenden ist deshalb in nicht öffentlich zugänglichen Räumen § 53 KDG einschlägig, während im Verhältnis zu anwesenden Dritten, (Klienten, Patienten, Besucher) § 6 Abs. 1 KDG gilt.[224] 468

Teilweise umstritten ist, welche Regelung für Mitarbeitende gilt, die einer Videoüberwachung in öffentlich zugänglichen Räumen unterliegen. 469

---

[218] Gola, Handbuch Beschäftigtendatenschutz, Rn. 1198; Forst in Auernhammer, § 26 BDSG Rn. 148

[219] Frenzel in Paal / Pauly, DS-GVO / BDSG, § 4 Rn. 25

[220] Leopold in Auernhammer, DS-GVO / BDSG, § 3 Rn. 18

[221] Buchner in Kühling / Buchner, DS-GVO, BDSG, § 4 Rn. 6

[222] Grabenschröer / Reuter in Taeger / Gabel, DS-GVO / BDSG / TTDSG, § 4 Rn. 34

[223] Däubler, Gläserne Belegschaften, Rn. 311; BAG, Urteil vom 29.6.2004, 1 ABR 21/03

[224] Däubler, Gläserne Belegschaften, Rn. 311

Während einerseits die Ansicht vertreten wird, dass die Videoüberwachung von **Mitarbeitenden in öffentlich zugänglichen Räumen** auch von § 52 KDG erfasst wird[225], erscheint es dem Bundesarbeitsgericht[226] wenig plausibel, wenn bezogen auf den Beschäftigtendatenschutz für Arbeitnehmer, die in öffentlich zugänglichen Räumen arbeiten, andere Maßstäbe gelten sollten als für Arbeitnehmer, die dies nicht tun. Der letztgenannten Ansicht ist zuzustimmen. Die für die Überwachung im öffentlichen Raum geltende Bestimmung schließt eine eigenständige Rechtfertigung der Datenverarbeitung nach § 53 KDG nicht aus.[227] Diese Vorschrift dient speziell dem Ausgleich der Interessen von Dienstgebern und Mitarbeitenden in Bezug auf den Beschäftigtendatenschutz. Eine Differenzierung danach, ob es sich um einen öffentlichen oder nicht öffentlichen Bereich handelt, erscheint weniger sachgemäß als auf den Zweck des § 53 KDG abzustellen. Im Beschäftigungskontext ist deshalb in Übereinstimmung mit der Rechtsprechung § 52 KDG nicht anwendbar.[228]

470 Damit kommt der Unterscheidung zwischen der Überwachung öffentlich zugänglicher und nicht öffentlich zugänglicher Räume keine Bedeutung mehr zu.[229] Zu unterscheiden bleibt zwischen offener und heimlicher Videoüberwachung. Eine **verdeckte oder heimliche Videoüberwachung** ist nur zulässig, wenn der konkrete Anfangsverdacht einer schweren arbeitsrechtlichen Pflichtverletzung oder einer strafbaren Handlung besteht.[230] Dabei muss sich die Überwachung nicht auf nur einen einzelnen Mitarbeitenden fokussieren, sie muss sich aber auf einen räumlich oder funktional abgrenzbaren Teil der Mitarbeitenden beschränken.[231] Der **Anfangsverdacht** muss konkret sein, darf sich also nicht auf allgemeine Mutmaßungen beschränken. Eine Überwachung „ins Blaue hinein“ ist unzulässig.[232] Demzufolge ist eine anlasslose

[225] Fuhrmann in Sydow, Kirchliches Datenschutzrecht, § 52 Rn. 8

[226] BAG, Urteil vom 28.8.2018, 2 AZR 133/18

[227] BAG, Urteil vom 28.8.2018, 2 AZR 133/18; ebenfalls schon für § 32 BDSG: Bundestags-Drucksache 16/13657

[228] BAG, Urteil vom 28.3.2019, AZR 421/17

[229] BAG, Urteil vom 28.8.2018, 2 AZR 133/18; Forst in Auernhammer, DS-GVO / BDSG, § 26 Rn. 147

[230] Forst in Auernhammer, DS-GVO / BDSG, § 26 Rn. 148; Däubler, Gläserne Belegschaften, Rn. 312

[231] Linck in Schaub, Arbeitsrechts-Handbuch, § 153 Rn. 9

[232] BAG, Urteil vom 28.3.2019, 8 AZR 421/17

oder präventive verdeckte Videoüberwachung nicht erlaubt.[233] Nicht zulässig ist die Videoüberwachung auch dann, wenn zuvor nicht weniger belastende Maßnahmen geprüft bzw. ausgeschöpft worden sind.[234] Ist eine verdeckte Videoüberwachung nach diesen Maßstäben zulässig, ist auch die Verwertung von „Zufallsfunden", die nicht vom Zweck der verdeckten Videoüberwachung erfasst waren, nicht ausgeschlossen. Insoweit entfaltet § 53 Abs. 1 KDG keine Sperrwirkung.[235] Eine **offene Videoüberwachung** wird regelmäßig dazu dienen, eine abschreckende Wirkung bei den Betroffenen zu bewirken.[236] Solche Überwachungen sind grundsätzlich nach § 53 Abs. 1 KDG zulässig, soweit die Verhältnismäßigkeit gewahrt bleibt.[237] Eine Unverhältnismäßigkeit der Datenerhebung liegt dann vor, wenn die Videoaufzeichnung einen solchen psychischen **Anpassungs- und Leistungsdruck** erzeugt, dass sie als eine der verdeckten Videoüberwachung vergleichbar eingriffsintensive Maßnahme anzusehen ist, ohne dass ein durch konkrete Tatsachen begründeter Verdacht einer schwerwiegenden Pflichtverletzung besteht. Dies ist jedenfalls dann anzunehmen, wenn eine lückenlose, dauerhafte sowie sehr detaillierte Erfassung des Verhaltens Betroffener während ihrer gesamten Arbeitszeit stattfindet, so dass diese davon ausgehen müssen, dass jede ihrer Bewegungen überwacht wird. In einem solchen Fall haben Betroffene, vergleichbar mit der Situation einer verdeckten Überwachung, keine Möglichkeit einer unbewachten und ungestörten Wahrnehmung ihres Persönlichkeitsrechts.[238]

Aus dem Grundsatz der **Datenminimierung und der Speicherbegrenzung** in § 7 471
Abs. 1 lit c) KDG ergibt sich, dass die Daten unverzüglich zu löschen sind, wenn sie zur Erreichung des Zwecks nicht mehr erforderlich sind oder schutzwürdige Interessen der Betroffenen einer weiteren Speicherung entgegenstehen.[239]

---

233 Fuhrmann in Sydow, Kirchliches Datenschutzrecht, § 52 Rn. 47; Däubler, Gläserne Belegschaften, Rn. 312b

234 Linck in Schaub, Arbeitsrechts-Handbuch, § 153 Rn. 9

235 BAG, Urteil vom 22.9.2016, 2 AZR 848/15

236 Fuhrmann in Sydow, Kirchliches Datenschutzrecht, § 52 Rn. 42

237 Linck in Schaub, Arbeitsrechts-Handbuch, § 153 Rn. 11

238 BAG, Urteil vom 28.3.2019, 8 AZR 421/17

239 Erwägungsgrund 39 Satz 7 f. DS-GVO

Der jeweilige **Zweck der Überwachung** bestimmt also die Speicherdauer. Wenn die Daten für den ursprünglich verfolgten Zweck nicht mehr benötigt werden, ist der Verantwortliche verpflichtet, die Videoaufzeichnungen unverzüglich zu löschen. Besteht der Zweck beispielsweise darin, Vandalismus oder Diebstähle zu verhindern bzw. strafrechtlich zu verfolgen, sind die aufgezeichneten Daten zu löschen, wenn Diebstähle und Vandalismus nicht erfolgt sind und somit eine Gefahr nicht weiter abgewendet werden muss oder eine Beweissicherung nicht mehr notwendig ist. Ob eine Straftat eingetreten ist, die verhindert werden sollte und zu verfolgen ist, werden Verantwortliche regelmäßig im Lauf von einem oder zwei Arbeitstagen klären können. Um eine Zweckerreichung auch über einen Feiertag oder ein Wochenende sicherstellen zu können, wird eine Speicherdauer von 72 Stunden in der Regel ausreichen. Bei längerer Speicherdauer muss der Verantwortliche konkrete Gründe dafür darlegen, warum zur Erreichung welchen Zwecks diese längere Aufzeichnung erforderlich ist.[240]

472 ! Es hat also innerhalb einer kurzen Frist eine Bedarfsklärung durch den Verantwortlichen zu erfolgen.

473 Danach darf gewonnenes Videomaterial nur noch insoweit verarbeitet (gespeichert) werden, als es sich um relevante Aufnahmen handelt, die für den Beobachtungszweck weiter benötigt werden und deren Speicherung schutzwürdige Interessen Betroffener nicht entgegenstehen.[241] Dienen die Aufzeichnungen auch dem Zweck, Pflichtverletzungen von Mitarbeitenden zu unterbinden bzw. aufzuklären und zu verfolgen, bleiben die Aufzeichnungen solange erforderlich, wie eine materiell-rechtliche Rechtsverfolgung möglich ist. Eine **Löschung** ist erst dann verpflichtend, wenn dieser Zweck nicht mehr erreicht werden kann.[242] Der rechtmäßig gefilmte Vorsatztäter ist nicht schutzwürdig, was die Aufdeckung und Verfolgung seiner – materiell-rechtlich

[240] Datenschutzkonferenz, Orientierungshilfe Videoüberwachung, Seite 23

[241] Beschlussempfehlung des Innenausschusses des Deutschen Bundestages, Bundestags-Drucksache 14/5793, Seite 63

[242] BAG, Urteil vom 23.8.2018, 2 AZR 133/18

noch verfolgbaren – Tat anbelangt („Datenschutz ist nicht Tatenschutz"). Er wird dies auch nicht durch reinen Zeitablauf. Andernfalls würde die Inanspruchnahme des allgemeinen Persönlichkeitsrechts in dem alleinigen Zweck denaturieren, den Täter vor der Verantwortung für sein vorsätzliches rechtswidriges Tun zu bewahren.[243] Darüber hinaus ist weder nach der Zivilprozessordung (ZPO) noch dem Arbeitsgerichtsgesetz (ArbGG) die Verwertung rechtswidrig erlangter Beweismittel verboten. Ein verfassungsrechtlich gebotenes **Verwertungsverbot** kommt ausnahmsweise nur dann in Betracht, wenn die prozessuale Verwertung selbst einen Grundrechtsverstoß darstellt.

243 BAG, Urteil vom 23.8.2018, 2 AZR 133/18 (Orientierungssatz Nr. 3)

X. Datenschutzrechtlicher Auskunftsanspruch

474 § 17 KDG gewährt betroffenen Personen ein Auskunftsrecht, um sich der Verarbeitung bewusst zu sein und deren Rechtmäßigkeit überprüfen zu können.[244] Die betroffene Person kann vom Verantwortlichen zunächst Auskunft darüber verlangen, ob der Verantwortliche **personenbezogene Daten** verarbeitet. Ist dies der Fall, kann über diese personenbezogenen Daten sowie über die Umstände nach Maßgabe der Katalogtatbestände des § 17 KDG weitere Auskunft verlangt werden.[245]

475 Die Vorschrift entspricht der Regelung in § 15 DS-GVO. Über die **Reichweite dieses Auskunftsanspruchs** wird in der Literatur diskutiert. Auch die Rechtsprechung dazu ist nicht einheitlich.[246] Fraglich ist, ob sich im Sinn einer sehr weiten Auslegung[247] der Anspruch auf jeglichen Verwaltungsvorgang bezieht, in dem ein personenbezogenes Datum der betroffenen Person auftaucht. Das würde bedeuten, dass auch ein umfassender E-Mail-Verkehr zu beauskunften wäre, bei dem der Name der betroffenen Person genannt wird. Die andere Auffassung[248] beruft sich auf den Wortlaut des Art. 15 DS-GVO und sieht die Auskunft auf die dort genannten Pflichtangaben begrenzt.

476 Zu berücksichtigen ist in dieser Diskussion, dass § 3 Abs. 5 DVO und § 6 Abs. 2 AVR Caritas ebenfalls ein Recht auf **Einsicht in die Personalakte** gewähren. Diese Vorschriften gewähren unabhängig von der Frage, ob eine Mitarbeitervertretung besteht, allen Mitarbeitenden das Recht, Einsicht in ihre Personalakte zu nehmen. Unter Personalakte ist jede Sammlung von Urkunden und Vorgängen zu verstehen, die persönliche und arbeitsrechtlich relevante Verhältnisse eines Arbeitnehmers betreffen und in einem

244 Erwägungsgrund EWG_DSGVO Nummer 63, Seite 1 DS-GVO

245 Franzen, NZA 2020, Seite 1593

246 LAG Baden-Württemberg, Urteil vom 20.12.2018, 17 Sa 11/18; LAG Niedersachsen, Urteil vom 9.6.2020, 9 Sa 608/19

247 LAG Baden-Württemberg, Urteil vom 20.12.2018, 17 Sa 11/18

248 LAG Niedersachsen, Urteil vom 9.6.2020, 9 Sa 608/19; Wybitul / Brams, NZA 2019, Seite 672

inneren Zusammenhang mit dem Arbeitsverhältnis stehen.[249] Mitarbeitenden soll damit ermöglicht werden, sich über die Richtigkeit der über sie geführten Unterlagen zu vergewissern. Damit soll Vertrauen und Transparenz gegenüber Mitarbeitenden geschaffen werden.[250]

Die Ziele dieser Regelungen entsprechen damit den Grundsätzen der Datenverarbeitung und damit dem Anliegen des § 17 KDG. Soweit besondere kirchliche Rechtsvorschriften auf personenbezogene Daten anzuwenden sind, gehen diese aber den Regelungen vor, wenn das Datenschutzniveau des KDG dadurch nicht unterschritten wird (§ 2 Abs. 2 KDG). Danach sind die Regelungen nach § 3 Abs. 5 DVO und § 6 Abs. 2 AVR Caritas **vorrangig zu § 17 KDG anzuwenden,** soweit es nicht um Informationen spezifisch datenschutzrechtlicher Art geht, die durch das Einsichtsrecht nicht abgedeckt sind. Das gilt vor allem für die Verarbeitungszwecke, die Kategorien personenbezogener Daten, die Empfänger sowie Informationen über Betroffenenrechte und die Herkunft der Daten. Diese Informationen können Mitarbeitende durch bloße Einsicht in die für sie geführte Personalakte im Regelfall nicht erlangen. 477

Sinn und Zweck der Vorschrift ist aber nur, betroffenen Personen zu ermöglichen, die Verarbeitung ihrer personenbezogenen Daten zu überprüfen, nicht aber eine Kopie aller Unterlagen zu erhalten, in denen personenbezogene Daten über sie enthalten sind.[251] 478

Da den Betroffenen **nach Beendigung des Arbeitsverhältnisses** ein Anspruch aus § 3 Abs. 5 DVO und § 6 Abs. 2 AVR Caritas nicht mehr zusteht, gilt dann vollumfänglich der datenschutzrechtliche Auskunftsanspruch nach § 17 KDG.[252] 479

Wenn und soweit ein Auskunftsanspruch besteht, muss dieser unverzüglich, spätestens aber innerhalb eines Monats, beantwortet werden (§ 14 Abs. 3 KDG). Weiterhin muss die Mitteilung in präziser, transparenter, verständlicher und leicht zugänglicher Form in einer klaren und einfachen Sprache erfolgen 480

---

249 BAG, Urteil vom 19.7.2012, 2 AZR 782/11

250 Franzen, NZA 2020, Seite 1593; Fitting, BetrVG, § 83 Rn. 1

251 LAG Niedersachsen, Urteil vom 9.6.2020, 9 Sa 608/19

252 Franzen, NZA 2020, Seite 1593

(§ 14 Abs. 1 KDG). Für die Erfüllung dieser Ansprüche ist es nicht ausreichend, den Gesetzestext **zu wiederholen**. Die Angaben zum Zweck müssten daher vollständig und so konkret und detailliert sein, dass sich der Betroffene ein Bild davon machen kann, welche Datenverarbeitungen zu welchen Zwecken erfolgen.[253]

481 Erteilt die Dienstgeberin die Auskunft nicht in der vom Gesetz vorgesehenen Form, können Betroffene einen **Schadenersatz** gemäß § 50 KDG geltend machen.[254]

[253] ArbG Düsseldorf, Urteil vom 5.3.2020, 9 Ca 6557/18

[254] ArbG Neumünster, Urteil vom 11.8.2020, 1 Ca 247 c/20

XI. Haftung für Datenschutzverstöße

Nach § 51 Abs. 1 KDG kann die Datenschutzaufsicht gegen einen Verantwortlichen oder einen Auftragsverarbeiter eine **Geldbuße** verhängen. Darüber hinaus sieht das KDG an keiner Stelle vor, Bußgelder gegenüber einzelnen Mitarbeitenden zu verhängen.[255] Dasselbe gilt für das europäische Recht. Aus Art. 83 Abs. 2 lit d) und Abs. 3 DS-GVO lässt sich aber herauslesen, dass grundsätzlich nur der Verantwortliche oder Auftragsverarbeiter als Adressaten für Sanktionen durch die Datenschutzaufsicht in Betracht kommen.[256] 482

Diese Feststellung ergibt sich auch aus dem sogenannten **funktionalen Unternehmensbegriff,** der dem Vertrag über die Arbeitsweise der Europäischen Union (AEUV) zugrunde liegt. Danach ist ein Unternehmen jede wirtschaftliche Einheit, unabhängig von ihrer Rechtsform und der Art ihrer Finanzierung.[257] Die Übertragung dieses europarechtlichen Funktionsträgerprinzips auf das kirchliche Bußgeldrecht wird bereits durch die Präambel des KDG nahegelegt. Danach will das KDG den Einklang des kirchlichen Datenschutzrechts mit der DS-GVO herstellen. Außerdem gebietet der **Grundsatz der Effektivität** des Datenschutzes die Anwendung des Funktionsträgerprinzips.[258] Werden personenbezogene Daten im Bereich einer juristischen Person verarbeitet, ist deshalb grundsätzlich die juristische Person als Rechtsträger der betroffenen Einrichtung oder des betroffenen Unternehmens Verantwortlicher und nicht die jeweils handelnde natürliche Person.[259] Eine Sanktionierung hat deshalb ausschließlich gegenüber dieser wirtschaftlichen Einheit zu erfolgen. 483

255 Ullrich, ZMV 2020, Seite 1; Moos / Schefzig in Taeger / Gabel, DS-GVO / BDSG / TTDSG, Art. 83 Rn. 91

256 Gola, RdV 2017, Seite 125

257 Holländer in BeckOK Datenschutzrecht, Art. 83 Rn. 9 f.

258 Interdiözesanes Datenschutzgericht, Beschluss vom 12.7.2021, IDSG 21/2020

259 Interdiözesanes Datenschutzgericht, Beschluss vom 19.4.2021, IDSG 14/2020; LG Bonn, Urteil vom 11.11.2020, 29 OWi 1/20

484 Es ist ausreichend, dass die rechtswidrige Handlung von irgendeiner natürlichen Person vorgenommen worden ist, die **grundsätzlich berechtigt** ist, für das Unternehmen zu handeln. Jedes Unternehmen muss so organisiert sein, dass Rechtsverstöße seiner Mitarbeiter ausbleiben.[260] Das Verhalten der einzelnen Mitarbeitenden ist dem Unternehmen zuzurechnen.[261] Dabei kommt es nicht darauf an, welche Mitarbeiterin oder welcher Mitarbeiter gehandelt hat oder welche Funktion ein Mitarbeitender bekleidet.[262]

485 Eine andere Beurteilung ergibt sich, wenn Mitarbeitende Daten für ihre eigenen Zwecke **außerhalb des Tätigkeitsbereichs** und der möglichen Kontrolle durch den Verantwortlichen nutzen.[263] In solchen Fällen bestimmen sie selbst über Zweck und Mittel der Verarbeitung und machen sich so zum Verantwortlichen.[264] In einem solchen Exzess muss sich die Sanktion der Datenschutzaufsicht direkt gegen den handelnden Mitarbeitenden richten. Dabei ist umstritten, ob für eine Verfolgung auch die kirchliche Datenschutzaufsicht zuständig ist oder ob solche Exzesstaten in die Zuständigkeit der jeweiligen Landesbeauftragten für den Datenschutz fallen. In letzterem Fall hätte das eine nicht unerhebliche Erhöhung der gesetzlichen Höchststrafe zur Folge.

[260] Bergt, DuD 2017, Seite 555

[261] Kühling / Buchner, DS-GVO, BDSG, Art. 83 Rn. 20

[262] Holländer in BeckOK Datenschutzrecht, Art. 83 Rn. 11; Interdiözesanes Datenschutzgericht, Beschluss vom 12.7.2021, IDSG 21/2020

[263] Artikel 29-Datenschutzgruppe, Working Paper 169, Seite 20; Becker-Rathmair in Sydow, Kirchliches Datenschutzrecht, § 51 Rn. 42

[264] Moos / Schefzig in Taeger / Gabel, DS-GVO / BDSG / TTDSG, Art 83 Rn. 92; Jung / Hansch, ZD 2019, Seite 143; Ziebarth in Sydow, Europäische Datenschutzgrundverordnung, Art. 4 Rn. 162; Ernst in Paal / Pauly, DS-GVO / BDSG, Art. 4 Rn. 60; Wybitul / Thiel, ZD 2020, Seite 3

XII. Datenschutzaufsicht und Datenschutzbeauftragte

Die Aufgaben eines betrieblichen Datenschutzbeauftragten sind in § 38 KDG beispielhaft benannt. Dabei besteht eine klare Trennung zwischen betrieblichen Datenschutzaufsichten gemäß §§ 36 ff. KDG und den **Datenschutzaufsichten** gemäß §§ 42 ff. KDG. Betroffene Personen können sich unmittelbar und jederzeit an die betrieblichen Datenschutzbeauftragten wenden (§ 37 Abs. 3 KDG) Eine tatsächlich bestehende Rechtsverletzung ist dafür nicht erforderlich. Vielmehr sind betriebliche Datenschutzbeauftragte auch für allgemeine Hinweise und datenschutzrechtliche Fragen zuständig.[265] Die Datenschutzaufsicht hingegen kann von jeder betroffenen Person angerufen werden, die der Ansicht ist, die Verarbeitung der sie betreffenden personenbezogenen Daten verstoße gegen datenschutzrechtliche Vorschriften. Aufgrund der Beschwerde wird eine aufsichtliche Tätigkeit eingeleitet. Eine Beratung einzelner Betroffener durch die Aufsicht wird bestenfalls die Ausnahme sein. 486

1. Stellung und Aufgaben der betrieblichen Datenschutzbeauftragten

Nach § 36 Abs. 1 KDG sind alle **Einrichtungen des verfasst kirchlichen Bereichs** (Ordinariate, Pfarreien, Kirchengemeinden, Kirchenstiftungen und Ähnliches) unabhängig vom Vorliegen weiterer Bedingungen verpflichtet, einen betrieblichen Datenschutzbeauftragten zu benennen. Für die anderen in § 3 Abs. 1 KDG genannten Einrichtungen, also auch **Caritas-Einrichtungen,** verpflichtet das Gesetz gemäß § 36 Abs. 2 KDG Verantwortliche zur Benennung betrieblicher Datenschutzbeauftragter, soweit die weiteren dort genannten Gegebenheiten 487

[265] Schulten in Sydow, Kirchliches Datenschutzrecht, § 37 Rn. 36

vorliegen. Das zunächst in § 36 Abs. 2 lit a) KDG als Voraussetzung benannte Quorum wird dabei durch die folgenden Buchstaben b) und c) wieder relativiert.

488 Einrichtungen, die **weniger als zehn Personen** mit der Verarbeitung personenbezogener Daten beschäftigen, müssen keinen betrieblichen Datenschutzbeauftragten bestellen.[266] Im Gegensatz zur Vorgängerregelung in der KDO sind nach dem KDG alle Personen mitzuzählen, die sich mit der Verarbeitung personenbezogener Daten beschäftigen, und zwar unabhängig davon, ob es sich um eine automatisierte Verarbeitung handelt.[267] Das vom Gesetz genannte Quorum von mindestens zehn Personen ist „in der Regel" zu erreichen. Ein kurzzeitiges Unterschreiten dieser Zahl ist unbeachtlich, wenn der Schwellenwert über einen Zeitraum von einem Jahr erreicht wurde oder bei einer vorausschauenden Betrachtung erreicht werden wird.[268]

489 Besteht die Kerntätigkeit einer Einrichtung in der Verarbeitung personenbezogener Daten besonderer Kategorie gemäß § 4 Nr. 2 KDG, so sind diese Einrichtungen **unabhängig von der Anzahl** der dort beschäftigten Mitarbeitenden zur Benennung eines betrieblichen Datenschutzbeauftragten verpflichtet (§ 36 Abs. 2 lit b) KDG). Eine Kerntätigkeit liegt vor, wenn es sich um die Haupttätigkeit der Einrichtung handelt. Eine **Haupttätigkeit** liegt vor, wenn der Datenverarbeitung eine wesentliche Aufgabe zur Erreichung der Unternehmensziele zukommt oder damit untrennbar verbunden ist.[269] Das dürfte für die ganz überwiegende Anzahl der kirchlichen Stellen zutreffen, da

---

[266] § 20 Abs. 2 KDO lautete: "Sind mit der automatisierten Datenerhebung, -verarbeitung oder -nutzung mehr als zehn Personen befasst ..." Damit war eine Angleichung an das BDSG (§ 38 Abs. 1) erfolgt, die jedoch durch das Zweite Datenschutzanpassungs- und Umsetzungsgesetz vom 25.11.2019 obsolet wurde, weil damit vom Bundestag der Grenzwert auf 20 Personen erhöht wurde.

[267] Der staatliche Gesetzgeber hat sich an dieser Stelle für das Gegenteil entschieden und orientiert den Grenzwert jetzt an den Personen, die mit automatisierter Datenverarbeitung beschäftigt sind (§ 38 Abs. 1 BDSG).

[268] Jaspers / Reif in Heidelberger Kommentar, Art. 37 Rn. 27; so auch zum BDSG alte Fassung: Simitis in Simitis, BDSG (a. F.) § 4f Rn. 20; Gola / Heckmann, Bundesdatenschutzgesetz, § 4 Rn. 11; Däubler / Klebe / Wedde / Weichert, BDSG (a. F.), § 4f Rn. 18

[269] Artikel-29-Datenschutzgruppe, Working Paper 243, Seite 8; Schulten in Sydow, Kirchliches Datenschutzrecht, § 36 Rn. 40

dort regelmäßig sensible, religionsbezogene Daten (Meldedaten, Steuerdaten, religiös-liturgische Daten und Ähnliches) verarbeitet werden. Erst recht trifft dies in Gesundheits- und Pflegeeinrichtungen sowie in Beratungsstellen zu.[270]

Die Benennung des betrieblichen Datenschutzbeauftragten muss gemäß § 36 Abs. 1 KDG **schriftlich** erfolgen. Die Schriftform ist konstitutiv, also zwingend erforderlich. Eine Benennung ohne Schriftform ist unwirksam.[271] Eine Benennung gegen den Willen des Mitarbeitenden ist nicht möglich, da das Direktionsrecht der Dienstgeberin nicht so weit reicht. Sowohl die Bestellung als auch die Abberufung betrieblicher Datenschutzbeauftragter bedarf einer **Änderung des Arbeitsvertrags,** die nur durch zwei entsprechende Willenserklärungen vollzogen werden kann.[272] Werden Beschäftigte als betriebliche Datenschutzbeauftragte benannt, ist für die Benennung ein Zeitraum von **vier bis acht Jahren** vorgeschrieben (§ 36 Abs. 5 Satz 2 KDG in Verbindung mit § 42 Abs. 1 Satz 1 Halbsatz 2 KDG und § 42 Abs. 1 Satz 2 KDG). Erneute Bestellungen nach Ablauf der jeweiligen Frist sind möglich. 490

Mitarbeitende, die zu betrieblichen Datenschutzbeauftragten benannt worden sind, genießen einen dem Kündigungsschutz von Betriebsräten gemäß § 15 KSchG nachgebildeten Sonderkündigungsschutz (dazu ► Rn. 494). Betriebliche Datenschutzbeauftragte können aber ihr Amt auch aus eigenem Entschluss durch **Niederlegung des Amts** beenden.[273] In diesem Fall ist der Dienstgeberin ausreichend Zeit für die Benennung eines Nachfolgers einzuräumen, es sei denn, eine sofortige Beendigung der Tätigkeit aus wichtigem Grund ist geboten.[274] Darüber hinaus ist es beiden Vertragsparteien nicht verwehrt, einen einvernehmlichen Aufhebungs- oder Änderungsvertrag zu vereinbaren. 491

270 Schulten in Sydow, Kirchliches Datenschutzrecht, § 36 Rn. 41

271 Schulten in Sydow, Kirchliches Datenschutzrecht, § 36 Rn. 12

272 Wedde, Handbuch Datenschutz und Mitbestimmung, Seite 314; BAG, Urteil vom 13.3.2007, 9 AZR 612/05

273 Wedde, Handbuch Datenschutz und Mitbestimmung, Seite 331; Däubler, Gläserne Belegschaften, Rn. 611a; Bergt in Kühling / Buchner, DS-GVO, BDSG, Art. 37 Rn. 41; Drewes in Simitis / Hornung / Spiecker gen. Döhmann, Art. 37 Rn. 63

274 Bergt in Kühling / Buchner, DS-GVO, Art. 37 Rn. 41; Drewes in Simitis / Hornung / Spiecker gen. Döhmann, Datenschutzrecht, Art. 37 Rn. 63

492 Betriebliche Datenschutzbeauftragte sind auf dem Gebiet des Datenschutzes **weisungsfrei** (§ 37 Abs. 1 KDG). Für interne betriebliche Datenschutzbeauftragte, die diese Tätigkeit zusätzlich zu ihrer Hauptaufgabe ausüben, muss sichergestellt werden, dass trotz ihres Beschäftigungsverhältnisses die Weisungsfreiheit im Bereich der Tätigkeit als Datenschutzbeauftragter eingehalten wird, insbesondere gegenüber allen Vorgesetzten im Rahmen des „normalen" Beschäftigungsverhältnisses.[275]

493 Die Dienstgeberin hat betriebliche Datenschutzbeauftragte zu unterstützen und ihnen in diesem Zusammenhang die **erforderlichen Mittel** zur Verfügung zu stellen (§ 37 Abs. 2 KDG). Neben materiellen Mitteln (Fachliteratur, ungestörter Arbeitsplatz und Ähnliches) ist darunter auch eine ausreichende **Arbeitszeitbemessung** bzw. die hinreichende Berücksichtigung des Arbeitsumfangs und der Arbeitsbelastung zu verstehen, damit betriebliche Datenschutzbeauftragte allen Aufgaben ordnungsgemäß nachkommen, einschließlich der Fortbildung.[276]

494 Bis zu einem Jahr nach der Abberufung genießen betriebliche Datenschutzbeauftragte einen **Schutz vor ordentlichen Kündigungen** (§ 37 Abs. 4 KDG). Sind Mitarbeitende zu betrieblichen Datenschutzbeauftragten benannt worden, so kann das mit ihnen bestehende Arbeitsverhältnis nur aus wichtigem Grund gekündigt werden. Dieser Sonderkündigungsschutz besteht auch noch **innerhalb eines Jahres,** nachdem die Benennung beendet worden ist. Eine entsprechende Kündigungsschutzregelung sieht das Bundesdatenschutzgesetz in § 38 Abs. 1 in Verbindung mit § 6 Abs. 4 BDSG vor.

495 Nach einem Vorlagebeschluss des Bundesarbeitsgerichts soll der Europäische Gerichtshof (EuGH) klären, ob die über die DS-GVO hinausgehenden Regelungen des BDSG mit europäischem Recht vereinbar sind. Während gemäß Art. 38 Abs. 3 DS-GVO betriebliche Datenschutzbeauftragte nur wegen der Erfüllung ihrer Aufgaben nicht abberufen oder benachteiligt werden dürfen, lässt § 6 Abs. 4 BDSG eine **Abberufung generell nur aus wichtigem Grund im Sinn des § 626 BGB** zu. Eine solche Verschärfung eines nationalen Gesetzes

[275] Moos in BeckOK Datenschutzrecht, DS-GVO, Art. 37 Rn. 74

[276] Bergt in Kühling / Buchner, DS-GVO, Art. 38 Rn. 22

könnte der Harmonisierungsbestrebung der DS-GVO entgegenstehen. Die DS-GVO ist in allen ihren Teilen verbindlich und gilt unmittelbar in jedem EU-Mitgliedstaat.[277] Nach der Rechtsprechung des EuGH würden allein durch das Inkrafttreten europarechtlich verbindlicher Normen alle entgegenstehenden Bestimmungen des nationalen Rechts ohne Weiteres unanwendbar.[278] Entschiede der EuGH in diesem Sinn, wären die Regelungen im BDSG, die eine Abberufung von betrieblichen Datenschutzbeauftragten generell nur unter der Voraussetzung des § 626 BGB zulassen, ebenso unzulässig wie die nationale gesetzliche Regelung eines nachwirkenden Kündigungsschutzes.

Diese Rechtsfragen sind aber **im Hinblick auf das KDG und dessen Regelungen unbeachtlich**, solange diese nicht gegen Grundsätze der DS-GVO verstoßen und einen Einklang im Sinn des Art. 91 Abs. 1 DS-GVO mit dieser Norm nicht mehr erkennen lassen. 496

! Unabhängig davon, wie die Entscheidungen des EuGH oder des BAG ausfallen, haben diese daher keine direkten Auswirkungen auf die Regelungen des KDG. 497

§ 6 Abs. 4 BDSG[279] stellt zum einen in Satz 1 fest, dass eine Abberufung nur unter der strengen Voraussetzung des § 626 BGB möglich ist. Zum anderen wird in Satz 2 auch die **Kündigung des Arbeitsverhältnisses** von Datenschutzbeauftragten von derselben Bedingung abhängig gemacht. Das KDG macht in § 37 Abs. 4 Satz 1 nur die Kündigung des Arbeitsverhältnisses vom Vorliegen eines wichtigen Grundes abhängig. In § 37 Abs. 4 Satz 2 KDG wird eine Abberufung zwar erwähnt, aber nirgendwo ist festgelegt, unter welchen Voraussetzungen eine solche erfolgen kann. Liegt der Benennung ein Arbeitsverhältnis zugrunde, hängt es von der Reichweite des Direktionsrechts der Dienstgeberin ab, ob sie einem Mitarbeitenden die Aufgabe des betrieblichen 498

[277] Art. 99 Abs. 2 DSGVO in Verbindung mit Art. 288 Abs. 2 AEUV

[278] EuGH, Beschluss vom 4.2.2016, C-336/14, Rn. 52

[279] Durch die Verweisung in § 38 Abs. 1 BDSG gilt diese Vorschrift auch für nicht öffentliche Stellen.

Datenschutzbeauftragten einseitig zuweisen kann. Regelmäßig wird dies nicht der Fall sein.[280] Vielmehr bedarf die Bestellung zum Datenschutzbeauftragten regelmäßig einer entsprechenden Erweiterung der arbeitsvertraglichen Aufgaben durch Vertragsänderung.[281] Der **Widerruf der Benennung**, also die Abberufung, muss deshalb durch eine entsprechende, auf das Arbeitsverhältnis gerichtete, Willenserklärung ergänzt werden.

499 Dabei hat der arbeitsvertragliche Wegfall der Tätigkeit als Datenschutzbeauftragter gegen den Willen des Mitarbeitenden durch Teilkündigung zu erfolgen.[282] **Teilkündigungen**, mit denen der Kündigende einzelne Vertragsbedingungen gegen den Willen der anderen Vertragspartei einseitig ändern will, sind zwar grundsätzlich unzulässig. Sie stellen einen unzulässigen Eingriff in das ausgehandelte Äquivalenz- und Ordnungsgefüge des Vertrags dar.[283] Eine Teilkündigung ist aber ausnahmsweise zulässig, wenn sich ein Gesamtvertragsverhältnis aus mehreren Teilverträgen zusammensetzt. Bei Wegfall der Aufgabe des Datenschutzbeauftragten wird das Arbeitsverhältnis im Übrigen nicht berührt und deshalb unverändert fortgesetzt. Lediglich die Sonderaufgabe fällt weg. Eine **Abberufung** ist somit nur durch Teilkündigung möglich, für die wichtige Gründe vorliegen müssen. Darunter werden vom Bundesarbeitsgericht unter anderem Geheimnisverrat oder eine dauerhafte Verletzung der Kontrollpflichten des Datenschutzbeauftragen subsumiert.[284]

500 Nach dem BDSG ist ebenso wie nach dem KDG eine Kündigung unabhängig davon unzulässig, ob sie wegen der Erfüllung der Aufgaben des betrieblichen Datenschutzbeauftragten erfolgt. Eine **Kündigung des Arbeitsverhältnisses** ist generell nur zulässig, wenn ein Grund vorliegt, der zur Kündigung aus wichtigem Grund berechtigt. Auch hinsichtlich dieser Regelung hat das Bundesarbeitsgericht eine Vorlage an den EuGH gestellt zur Entscheidung darüber,

[280] BAG, Urteile vom 23.1.2011, 10 AZR 562/09, Rn. 32 und vom 13.3.2007, 9 AZR 612/05, Rn. 28; Schulten in Sydow, Kirchliches Datenschutzrecht, § 36 Rn. 11

[281] BAG, Urteil vom 13.3.2007, 9 AZR 612/05, Rn. 26

[282] BAG, Urteil vom 13.3.2007, 9 AZR 612/05, Rn. 34

[283] Preis in Erfurter Kommentar, BGB, § 622a Rn. 377; BAG, Urteil vom 25.2.1988, 2 AZR 346/87

[284] BAG, Urteil vom 23.1.2011, 10 AZR 562/09, Rn. 18

ob eine so weitreichende Regelung mit dem europäischen Recht in Einklang steht.[285] Insoweit hat die Entscheidung der Gerichte ebenfalls zunächst keine direkte Auswirkung auf das kirchliche Datenschutzrecht.

2. Beschwerde an die Datenschutzaufsicht

§ 48 KDG gewährt jeder betroffenen Person das Recht auf Beschwerde bei der Datenschutzaufsicht, wenn sie der Ansicht ist, eine Verarbeitung der sie betreffenden personenbezogenen Daten verstoße gegen das KDG. Ausdrücklich ist dabei durch das Gesetz festgestellt, dass es der **Einhaltung eines Dienstweges** dabei nicht bedarf (§ 48 Abs. 1 Satz 2 KDG). Ebenso stellt § 48 Abs. 3 KDG fest, dass eine Benachteiligung wegen der Ausübung dieses Rechts nicht erfolgen darf. 501

! Wenn Beschäftigte die Verletzung eigener Datenschutzrechte gegenüber der Aufsicht vortragen, dürfen ihnen dadurch keine Nachteile wie Abmahnungen, Ausschluss von Beförderungen oder gar Kündigung erwachsen. 502

Das gilt auch dann, wenn sich im Rahmen der Prüfung durch die Aufsicht herausstellt, dass ein Datenschutzverstoß tatsächlich nicht vorlag.[286] 503

Wenden sich Mitarbeitende an die Datenschutzaufsicht, indem sie eine Datenschutzverletzung anzeigen, die nicht unmittelbar sie selbst betrifft, gilt der Schutz des § 48 Abs. 3 KDG für sie nicht, da dort ausdrücklich nur denjenigen Schutz gewährt wird, die sich im Sinn des Absatzes 1 dieser Vorschrift an die Datenschutzaufsicht wenden. **In diesen Fällen** müssen Mitarbeitende 504

[285] BAG, Urteil vom 30.7.2020, 2 AZR 225/20 (A)

[286] Mittländer in Wedde, Handbuch Datenschutz und Mitbestimmung, Seite 197

aufgrund der im Arbeitsverhältnis bestehenden Rücksichtnahmepflichten prüfen, ob es nicht eine wirksame betriebsinterne Möglichkeit gibt, Abhilfe zu schaffen.[287]

505 Eine Anzeige bei der Datenschutzaufsicht stellt aber dann **keinen Verstoß gegen die Rücksichtnahmepflicht** dar, wenn Mitarbeitende dabei nicht leichtfertig handeln, die Vorwürfe schwerwiegend sind und eine innerbetriebliche Klärung nicht zu erwarten ist.[288]

506 Gemäß § 48 KDG ist die Beschwerde bei „der" Datenschutzaufsicht einzureichen, während die DS-GVO in Art. 77 von „einer" Aufsichtsbehörde spricht. Im staatlichen Recht ist eine Aufsichtsbehörde daran gehindert, eine Beschwerde an die Behörde eines anderen EU-Mitgliedstaates abzugeben, wenn sie örtlich nicht zuständig ist. Eine **Wahlfreiheit** zwischen den im jeweiligen EU-Mitgliedstaat errichteten Aufsichtsbehörden haben Beschwerdeführer aber dadurch trotzdem nicht[289], da für den Fall der rein nationalen Zusammenarbeit die DS-GVO keine Regelung trifft.[290] Übertragen auf das **Beschwerderecht im kirchlichen Bereich** bedeutet dies, dass sich die Petenten mit ihrer Beschwerde an die für sie zuständige kirchliche Aufsicht wenden müssen. Anderenfalls gibt die angerufene Aufsicht die Beschwerde an die sachlich und örtlich zuständige Aufsicht ab. Zu den Zuständigkeiten der Datenschutzaufsichten der katholischen Kirche in Deutschland ► Anhang Seite 268 f.

---

[287] Mittländer in Wedde, Handbuch Datenschutz und Mitbestimmung, Seite 198

[288] BAG, Urteil vom 7.12.2007, 2 AZR 400/05

[289] Bergt in Kühling / Buchner, DS-GVO, BDSG, Art. 77 Rn. 25

[290] Körffer in Paal / Pauly, DS-GVO / BDSG, Art. 77 Rn. 7

XIII. Datenlöschung und Datenaufbewahrung

Grundsätzlich sind personenbezogene Daten zu löschen, wenn sie für den Zweck, für den sie erhoben worden sind, nicht mehr benötigt werden (§ 19 Abs. 1 lit a) KDG). Das gilt auch für die Daten von Mitarbeitenden. Die Zwecke, für die sie verarbeitet werden dürfen, legt § 53 KDG fest. Sind also die Daten im laufenden Beschäftigungsverhältnis oder nach dessen Beendigung nicht mehr erforderlich, müssen sie gelöscht werden. Das ist zunächst dann der Fall, wenn personenbezogene Daten **unrichtig** sind. In diesem Fall haben Mitarbeitende ein Recht auf Löschung unrichtiger Angaben in der Personalakte.[291] 507

! Eine Löschung hat auch zu erfolgen, wenn einer der in § 19 Abs. 1 KDG genannten Gründe vorliegt. 508

Demgegenüber muss eine Löschung personenbezogener Daten auch bei Wegfall des Zwecks, für die sie erhoben worden sind, dann nicht erfolgen, wenn die Dienstgeberin zu deren **Aufbewahrung gesetzlich verpflichtet** ist, dies gilt beispielsweise für Handelsbriefe nach HGB oder im Steuerrecht. Unter Umständen sind diese Daten auch aufzubewahren, bis Verjährungs- und Rechtsmittelfristen abgelaufen sind. 509

Besteht ein Grund, personenbezogene Daten über den Zeitpunkt des Zwecks hinaus zu speichern, für den sie erhoben worden sind, sind diese Daten aber zu **sperren.** Das heißt, die Daten müssen entsprechend gekennzeichnet werden, um eine Weiterverarbeitung oder Weiternutzung einzuschränken. Dafür sind entsprechende technisch-organisatorische Maßnahmen zu treffen, damit diese Daten den dafür zuständigen Personen im Rahmen der allgemeinen Bearbeitung entzogen werden.[292] 510

[291] LAG Berlin-Brandenburg, Urteil vom 4.6.2020, 10 Sa 2130/19

[292] Thüringer Landesdatenschutzbeauftragter, 3. Tätigkeitsbericht 2020, Seite 304

511 Entgegen der Vorgängerregelung in § 2 Abs. 4 Nr. 5 KDO ist im KDG das „Löschen" nicht mehr definiert. Daten können durch ordnungsgemäße Vernichtung des betreffenden Datenträgers[293] oder durch mehrfaches Überschreiben des Datenträgers gelöscht werden. Die bloße **Löschung einer Verknüpfung** oder eines Verweises im Dateiensystem führt dagegen in aller Regel nicht zu einer tatsächlichen Löschung, sondern macht den Datensatz nur schwieriger auffindbar.[294] Das geschieht regelmäßig bei Windows. Dort werden die Dateien beim „Löschen" zunächst in den sogenannten „Papierkorb" verlagert. Die Daten bleiben aber auf der Festplatte erhalten. Selbst ein Formatieren der Festplatte führt bei der sogenannten High-Level-Formatierung lediglich zu einer Neuanlage der Dateiensystemstruktur. Zwar wird das komplette Inhaltsverzeichnis gelöscht und durch ein neues ersetzt, die digitalen Daten bleiben aber noch auf dem Datenträger. Eine Formatierung ist als sicheres Löschverfahren somit ebenfalls ungeeignet.[295] Für eine sichere Löschung ist die Verwendung einer entsprechenden Software, die die Datensätze mehrfach überschreibt oder die physische Zerstörung des Speichermediums erforderlich.[296]

512 ! Wie die Löschung erfolgt, hat der Verantwortliche im Verzeichnis von Verarbeitungstätigkeiten festzulegen.

513 Mitarbeitenden und der MAV ist dieses **Verzeichnis** auf Anforderung vorzulegen, damit sie einen Überblick über die Datennutzung gewinnen als Voraussetzung für ihre Auskunftsansprüche.[297]

---

[293] https://www.baden-wuerttemberg.datenschutz.de/wp-content/uploads/2013/04/Orientierungshilfe_Sicheres_Loeschen_magnetischer_Datentraeger_AK_Technik_.pdf

[294] Dix in Simitis / Hornung / Spiecker gen. Döhmann, Datenschutzrecht, DS-GVO, Art. 17 Rn. 5

[295] https://www.bsi.bund.de/DE/Themen/Verbraucherinnen-und-Verbraucher/Informationen-und-Empfehlungen/Cyber-Sicherheitsempfehlungen/Daten-sichern-verschluesseln-und-loeschen/Daten-endgueltig-loeschen/daten-endgueltig-loeschen_node.html

[296] Im Einzelnen zur Löschung und Vernichtung von Daten siehe DIN 66399

[297] Wedde, Handbuch Datenschutz und Mitbestimmung, Seite 195

XIV. Datenverarbeitung nach Beendigung des Arbeitsverhältnisses

Unternehmen haben inzwischen erkannt, dass gute Fachkräfte nicht unbegrenzt zur Verfügung stehen. Aus diesem Grund werden ausscheidende Mitarbeiter häufig nach dem **Grund ihres Ausscheidens** gefragt. Soweit dies durch die Dienstgeberin selbst erfolgt, bestehen keine datenschutzrechtlichen Bedenken. Wird mit einer entsprechenden Erhebung aber ein Beratungsunternehmen beauftragt, ist dies anders zu beurteilen, soweit dafür Name und Telefonnummer der ausgeschiedenen Mitarbeitenden zur Verfügung gestellt werden. Ein solches Vorgehen stellt eine unzulässige Weitergabe von personenbezogenen Daten dar. Nach der Regelung des § 53 KDG dürfen Daten von Beschäftigten nur für Zwecke des Beschäftigungsverhältnisses verwendet werden, wenn dies nach der Begründung für dessen Durchführung oder Beendigung erforderlich ist. Beim Vergleich der Interessen an der Verbesserung der Arbeitsbedingungen seitens der Dienstgeberin und des Rechts auf informationelle Selbstbestimmung stellt sich eine solche Maßnahme als **unverhältnismäßig** heraus. 514

Tatsächlich scheitert eine Zulässigkeit aber auch schon an der Erforderlichkeit. 515
Denn es stehen einfachere, gesetzeskonforme Möglichkeiten zur Verfügung, um an die entsprechenden Informationen zu kommen. So kann der Mitarbeiter bereits bei **Abgabe seiner Kündigungserklärung** nach dem Grund gefragt werden.[298]

Es ist allgemein nicht üblich und auch grundsätzlich nicht zulässig, im **Ar-** 516
beitszeugnis darauf hinzuweisen, wer gekündigt hat und welches die Beendigungsgründe sind. Das vom Arbeitgeber geschuldete Wohlwollen macht es erforderlich, die (unwirksame) Kündigung und das Kündigungsschutzverfahren unerwähnt zu lassen. Andererseits hat jedoch der Arbeitnehmer einen Rechtsanspruch auf die Erwähnung des Beendigungssachverhalts, wenn

298 Unabhängiges Datenschutzzentrum Saarland, 25. Tätigkeitsbericht 2013 / 2014, Seite 100

das Arbeitsverhältnis durch seine **Eigenkündigung** beendet worden ist. Der Anspruch ist in diesem Fall darin begründet, dass es sich um einen Umstand handelt, der für den Mitarbeitenden bei einer neuen Bewerbung günstig sein kann.[299]

517 **!** Mit dem Ausscheiden von Mitarbeitenden wird die Verarbeitung ihrer personenbezogenen Daten weitgehend nicht mehr erforderlich sein, weshalb diese zu löschen sind, sofern nicht legale Gründe existieren, die eine Speicherung rechtfertigen.

518 **Gehaltsunterlagen** sind sechs bis zehn Jahre aufzubewahren. Die Sechs-Jahres-Frist gilt etwa für **Lohnkonten, Reisekostenabrechnungen** und **Fahrtenbücher.** Lohnunterlagen, die auch für die Gewinnermittlung von Bedeutung sind, dürfen erst nach zehn Jahren gelöscht werden.

519 **Arbeitszeitnachweise** sind sechs Jahre aufzubewahren. Bei besonderen Arbeitszeitdokumentationen nach dem Arbeitszeitgesetz (ArbZG) und dem Mindestlohngesetz (MiLoG) beträgt die Aufbewahrungspflicht zwei Jahre rückwirkend. Das gilt auch bei Minijobbern.

520 Bei **Neueinstellungen mit befristetem Arbeitsvertrag** müssen Dienstgeberinnen prüfen, ob mit der Person, die eingestellt werden soll, zuvor schon einmal ein befristetes oder unbefristetes Arbeitsverhältnis bestanden hat. Deshalb sind bis zum Ablauf von dreißig Jahren Unterlagen zu speichern, aus denen sich ergibt, ob ein Beschäftigungsverhältnis bestanden hat. Die Unterlagen werden sich diesbezüglich auf die wesentlichen Kontaktdaten beschränken.

521 **!** Sind personenbezogene Daten von ehemaligen Mitarbeitenden aufzubewahren, sind diese so zu verarbeiten, dass ein Zugriff nur noch im Rahmen der dann gegebenen Erforderlichkeit möglich ist.

---

[299] LAG Köln, Urteil vom 29.11.1990, 10 Sa 801/90

Sollen die E-Mail-Konten von ausgeschiedenen Mitarbeitenden gelöscht werden, ist ihnen zuvor die Möglichkeit zu gewähren, in einem angemessenen Zeitraum vor dem Ausscheiden **persönliche E-Mails** zu sichern. Das gilt auch für persönliche Dateien, die sich auf Dienstgeräten befinden. 522

Kapitel 3: Datenschutz und Mitarbeitervertretung

523 Die Mitarbeitervertretung (MAV) erhält im Rahmen ihrer gesetzlichen Tätigkeit eine Vielzahl von personenbezogenen Daten der Mitarbeitenden einschließlich der Bewerbenden. Sie steht dabei in einer **doppelten Verpflichtung:** Zum einen ist sie Kontrollinstanz im Rahmen ihres Schutzauftrags gemäß § 26 Abs. 1 MAVO. Danach hat sie darauf zu achten, dass alle Mitarbeitenden nach Recht und Billigkeit behandelt werden. Damit ist sie auch zur Überwachung der datenschutzrechtlichen Regelungen verpflichtet. Zugleich hat die MAV dabei aber im eigenen Zuständigkeitsbereich auf die Einhaltung der entsprechenden Datenschutzvorschriften zu achten.[1]

I. Datenschutzrechtliche Stellung der Mitarbeitervertretung

524 Unter der Geltung der alten Fassung des Bundesdatenschutzgesetzes (BDSG a. F.) war zunächst streitig, ob die Interessenvertretung „Dritter" oder „Verantwortlicher" im Sinn des Gesetzes ist. Durch die Rechtsprechung des Bundesarbeitsgerichts wurde diese Frage zunächst geklärt. Das BAG stellte fest, dass innerhalb des Betriebs für eine Aufteilung in die Interessenvertretung als eine „verantwortliche Stelle" einerseits und in den Arbeitgeber als eine andere „verantwortliche Stelle" andererseits kein Raum bliebe.[2] Nach Inkrafttreten

[1] Kurzböck / Weinbeck, BB 2018, Seite 1652

[2] BAG, Urteile vom 13.12.2016, 1 ABR 59/14 und vom 20.4.2016, 1 ABR 46/10; Beschlüsse vom 11.11.1997, 1 ABR 21/97 und vom 7.2.2012, 1 ABR 46/10

der DS-GVO und des neuen Bundesdatenschutzgesetzes (BDSG n. F.) wurde die Frage nach der datenschutzrechtlichen Einordnung der betrieblichen Interessenvertretung in Literatur und Rechtsprechung erneut kontrovers behandelt.[3] Diese Frage ist keineswegs akademischer Natur. Aus der Einordnung der MAV als eigener **Verantwortlicher im Sinn des § 4 Nr. 9 KDG** oder Teil des Verantwortlichen erwachsen ganz unterschiedliche Rechtsfolgen. So wäre die MAV, betrachtete man sie als Verantwortlicher, zumindest ab einer bestimmten Größe verpflichtet, einen eigenen betrieblichen Datenschutzbeauftragten nach § 36 Abs. 2 KDG zu benennen. Vor allem aber wäre die MAV in der Position als Verantwortlicher haftbar für Datenschutzverstöße gemäß § 50 KDG als auch Adressat von Geldbußen gemäß § 51 KDG.

Mit dem **Betriebsrätemodernisierungsgesetz** vom 14.6.2021[4] ist diese Frage 525
für den Geltungsbereich des Betriebsverfassungsgesetzes (BetrVG) geklärt worden.

Das Gesetz stellt in dem neu eingefügten § 79a Abs. 1 Satz 2 BetrVG klar: 526

Soweit der Betriebsrat zur Erfüllung der in seiner Zuständigkeit liegenden Aufgaben personenbezogene Daten verarbeitet, ist der Arbeitgeber der für die Verarbeitung Verantwortliche im Sinne der datenschutzrechtlichen Vorschriften.

Dies ist sachgerecht, da der Betriebsrat keine nach außen rechtlich verselbst- 527
ständigte Institution ist. Bei der Verarbeitung personenbezogener Daten agiert der Betriebsrat daher als institutionell unselbstständiger Teil des für die Einhaltung des Datenschutzes verantwortlichen Arbeitgebers.[5]

---

3 Betriebsrat ist Teil des Verantwortlichen: LAG Hessen, Urteil vom 10.12.2018, 16 TaBV 130/18; LAG Niedersachsen, Beschluss vom 22.10.2018, 12 TaBV 23/18; Gola, DSGVO, Art. 4 Rn. 56; Kranig / Wybitul, ZD 2019, Seite 1; Baumgartner / Hansch, ZD 2019, Seite 99; Betriebsrat ist eigener Verantwortlicher: LAG Sachsen-Anhalt, Beschluss vom 18.12.2018, 4 TaBV 19/17; LAG Mecklenburg-Vorpommern, Urteil vom 15.5.2019, 3 TaBV 10/18; Schaffland / Holthaus in Schaffland / Wiltfang, Art. 37, Rn. 90; Wybitul / von Gierke, BB 2017, Seite 184

4 Bundesgesetzblatt I 2021, Nr. 32

5 Bundestags-Drucksache 19/28899, Seite 22

1. MAV als Teil des Verantwortlichen

528 Nach § 4 Nr. 9 KDG ist Verantwortlicher, wer allein oder gemeinsam mit anderen über die Zwecke und Mittel der Verarbeitung personenbezogener Daten entscheidet. Die Zwecke der **Verarbeitung von Beschäftigtendaten** legt aber nicht die MAV fest, sondern die MAVO.[6] Auch über die Mittel der Verarbeitung dürfen Mitarbeitervertretungen nicht selbstständig entscheiden. Sie können nur jeweils für den Einzelfall von der Dienstgeberin den erforderlichen Sachaufwand verlangen (§ 17 Abs. 2 MAVO). So ist die MAV insbesondere darauf angewiesen, die IT-Infrastruktur zu nutzen, die ihr von der Dienstgeberin vorgegeben wird.[7] Mit dem Betriebsrätemodernisierungsgesetz geht nicht automatisch eine Änderung der MAVO einher. Jedoch wurde dadurch das BetrVG auch nicht geändert, sondern durch eine ergänzende Regelung **klargestellt.** Aus diesem Grund ist diese Änderung in den Text der MAVO bis zu einer entsprechenden Änderung ebenfalls hineinzulesen. Eine Auslegung, nach der die MAV eigener Verantwortlicher ist[8], ist vor diesem Hintergrund nicht mehr vertretbar.

529 Die MAV ist deshalb **Teil des Verantwortlichen** und agiert daher als institutionell unselbstständiger Teil der für die Einhaltung des Datenschutzes verantwortlichen Dienstgeberin.[9] Dabei hat sie bei der Verarbeitung personenbezogener Beschäftigtendaten und insbesondere personenbezogener Beschäftigtendaten **besonderer Kategorie** die datenschutzrechtlichen Vorschriften einzuhalten. Die Einführung einer dem § 79a BetrVG entsprechenden gesetzlichen Regelung, gegebenenfalls als § 20a MAVO, erscheint ebenso sinnvoll wie erforderlich. Die durch § 79a Abs. 1 Satz 3 BetrVG eingeführte ausdrückliche Verschwiegenheitspflicht Datenschutzbeauftragter gegenüber dem Arbeitgeber über Informationen, die Rückschlüsse auf den Meinungsbildungsprozess des Betriebsrats zulassen, sollte ebenfalls in die MAVO aufgenommen werden.

---

6 Wedde in www.bund-verlag.de/aktuelles~DSGVO-Beschaeftigtendatenschutz-Rolle-des-Betriebsrats~#

7 BAG, Urteil vom 20.4.2016, 7 ABR 50/14

8 Andelewski / Bach / Fröb, ZMV 2020, Seite 10 ff.

9 Bundestags-Drucksache 19/28899, Seite 22

2. Unterstützungspflicht der Dienstgeberin

In § 79a BetrVG ist die beiderseitige Unterstützungspflicht von Arbeitgeber und Betriebsrat bei der Einhaltung der datenschutzrechtlichen Vorschriften explizit festgeschrieben. Begründet wird dies mit der datenschutzrechtlichen Verantwortlichkeit des Arbeitgebers einerseits und der innerorganisatorischen Selbstständigkeit und Weisungsfreiheit des Betriebsrats andererseits.[10] 530

Dienstgeberin und MAV sind bei der Erfüllung der datenschutzrechtlichen Pflichten in vielfacher Weise auf **gegenseitige Unterstützung** angewiesen. So muss die Dienstgeberin sicherstellen, dass auch bei der MAV Verzeichnisse für Verarbeitungstätigkeiten Anwendung finden. Soweit sich die MAV darauf beruft, zur Erstellung solcher Verzeichnisse nicht verpflichtet zu sein, muss das Verzeichnis der Dienstgeberin die Verarbeitungstätigkeiten der MAV enthalten. Die Dienstgeberin ist gegenüber betroffenen Personen verpflichtet, offenzulegen, ob diese Personen betreffende personenbezogene Daten bei ihr verarbeitet werden. Darüber hinaus ist gegebenenfalls darzulegen, für welche Verarbeitungszwecke dies geschieht. Weiterhin ist u. a. darzulegen, an welche Empfänger die Daten weitergegeben worden sind und wie lange sie gespeichert werden. Diesen **datenschutzrechtlichen Auskunftsrechten** kann die Dienstgeberin im Hinblick auf die bei der MAV verarbeiteten personenbezogenen Daten nur nachkommen, wenn die MAV sie diesbezüglich unterstützt. Weiterhin hat die MAV innerhalb ihres Zuständigkeitsbereichs eigenverantwortlich die Umsetzung technischer und organisatorischer Maßnahmen zur Gewährleistung der Datensicherheit sicherzustellen. Die Dienstgeberin hat der MAV dafür die erforderlichen Sachmittel zur Verfügung zu stellen. 531

Auch ohne die ausdrückliche Erwähnung einer beiderseitigen Verpflichtung zur Unterstützung bei der Einhaltung datenschutzrechtlicher Vorschriften besteht eine solche **im Geltungsbereich der Mitarbeitervertretungsordnung** (MAVO). Dies ergibt sich bereits aus § 26 Abs. 1 Satz 1 MAVO. Darüber hinaus verpflichtet § 26 Abs. 1 Satz 2 MAVO Dienstgeberin und MAV, darauf zu achten, dass Mitarbeitende nach Recht und Billigkeit behandelt werden. Beide 532

[10] Bundestags-Drucksache 19/28899, Seite 22

Betriebsparteien haben deshalb auch die Pflicht, die zum Schutz der Persönlichkeitsrechte dienenden Regelungen des KDG einzuhalten. Diesem Anspruch würde eine MAV nicht gerecht, die **in ihrem Zuständigkeitsbereich** keine Regelungen zur Verarbeitung personenbezogener Daten unterhält. Die Dienstgeberin darf in diesen Fällen die Durchführung der Beteiligung der MAV vom Nachweis entsprechender Regelungen abhängig machen.[11]

3. Verhältnis zum betrieblichen Datenschutzbeauftragten

533 § 36 KDG legt fest, in welchen Fällen betriebliche Datenschutzbeauftragte zu bestellen sind. Einrichtungen des verfasst kirchlichen Bereichs sind danach unabhängig vom Vorliegen weiterer Bedingungen zur Benennung betrieblicher Datenschutzbeauftragter verpflichtet. Für die weiteren in § 3 Abs. 1 KDG genannten Einrichtungen, also auch Caritaseinrichtungen, ist eine Pflicht zur Benennung von betrieblichen Datenschutzbeauftragten zunächst von der **Zahl der Beschäftigten** abhängig, die mit der Verarbeitung personenbezogener Daten beschäftigt sind (§ 36 Abs. 2 lit a) KDG). Durch die folgenden Buchstaben b) und c) wird diese vermeintliche Ausnahme jedoch wieder relativiert (dazu bereits ► Rn. 487 ff.). Im Ergebnis wird davon auszugehen sein, dass im Geltungsbereich des KDG die Pflicht zur Bestellung betrieblicher Datenschutzbeauftragter die Regel sein wird, auch wenn die Zahl der mit der Verarbeitung personenbezogener Daten Beschäftigter unter zehn liegt.

3.1 MAV-Beteiligung bei Bestellung

534 Der Datenschutzbeauftragte wird nach § 36 Abs. 1 KDG von der Dienstgeberin ausgewählt und benannt.

11 BAG, Urteil vom 9.4.2019, 1 ABR 51/17

> **!** Der Bestellungsakt als solcher unterliegt nicht der Mitbestimmung der MAV. 535

Die MAV hat auch **kein Beteiligungsrecht,** das es ihr – wie etwa bei der Bestellung und Abberufung angestellter Betriebsärzte oder Fachkräfte für Arbeitssicherheit nach § 9 Abs. 3 Gesetz über Betriebsärzte, Sicherheitsingenieure und andere Fachkräfte für Arbeitssicherheit (ASiG) – ermöglichen würde, dafür zu sorgen, dass das Amt von einer Person ihres Vertrauens wahrgenommen wird.[12] Der MAV stehen aber unabhängig von der gesetzlichen Regelung im KDG die Beteiligungsrechte gemäß § 34 MAVO zu. Soll also eine Person eingestellt werden, um die Aufgabe des betrieblichen Datenschutzbeauftragten zu übernehmen, ist die **Zustimmung der MAV** zu dieser Einstellung einzuholen. § 36 Abs. 6 KDG fordert als Benennungsvoraussetzungen Fachkunde und Zuverlässigkeit. Verfügt ein Bewerber oder eine Bewerberin nicht über diese Voraussetzungen, kann die MAV die Zustimmung zur Einstellung gemäß § 34 Abs. 2 Nr. 1 MAVO verweigern, weil die Einstellung gegen ein Gesetz verstieße. Auch wenn es sich nicht um eine Einstellung handelt, kann die MAV bei Bestellung eines betrieblichen Datenschutzbeauftragten, der nicht die Voraussetzungen der Fachkunde und Zuverlässigkeit nachweisbar erfüllt, die Benennung gegenüber der Dienstgeberin monieren und, soweit dieser nicht für Abhilfe sorgt, der Datenschutzaufsicht eine entsprechende Mitteilung machen. 536

3.2 Kontrollbefugnis für die MAV

Der Datenschutzbeauftragte erfüllt Aufgaben der Dienstgeberin, denn er ist nach § 37 Abs. 1 Satz 1 KDG dem Leiter der kirchlichen Stelle unmittelbar zu unterstellen. Weiterhin hat er nach § 38 lit a) KDG die Anwendung der Datenverarbeitungsprogramme zu überwachen, mit denen personenbezogene Daten verarbeitet werden. Nach der Rechtsprechung des Bundesarbeitsgerichts[13] war deshalb zu befürchten, dass eine Unterwerfung des Betriebsrats 537

[12] So bereits zur alten Rechtslage BAG, Urteil vom 11.11.1997, 1 ABR 21/97

[13] BAG, Urteil vom 11.11.1997, 1 ABR 21/97

unter die Kontrollbefugnis des Datenschutzbeauftragten als einem **Vertreter der Arbeitgeberseite** Zugang zu grundsätzlich allen Dateien des Betriebsrats eröffnen würde, und zwar ohne Rücksicht darauf, ob sie personenbezogene Daten enthalten oder nicht. Dieser Schluss erscheint aber fraglich: Betriebliche Datenschutzbeauftragte nehmen ihre Aufgaben auf dem Gebiet des Datenschutzes **weisungsfrei** wahr (§ 37 Abs. 1 KDG). Sie sind unabhängige Organe und üben keine unternehmerische oder behördliche Tätigkeit aus.[14] Art. 38 Abs. 5 DS-GVO verpflichtet den betrieblichen Datenschutzbeauftragten gesetzlich zur **Vertraulichkeit**. Betroffene Person, die sich jederzeit und unmittelbar an betriebliche Datenschutzbeauftragte wenden können (§ 37 Abs. 3 KDG), müssen darauf vertrauen dürfen, dass ihre Anliegen von betrieblichen Datenschutzbeauftragten vertreten werden, ohne die Offenlegung ihrer Identität gegenüber dem Verantwortlichen befürchten zu müssen.[15]

538 Eine solche Verpflichtung auf die **Verschwiegenheit** ist im KDG etwas verklausulierter aufgenommen. § 37 Abs. 2 Satz 4 KDG verweist auf § 43 Abs. 9 KDG. Danach sind betriebliche Datenschutzbeauftragte „auch nach Beendigung" ihrer Aufgabe verpflichtet, über die ihnen in dieser Eigenschaft bekannt gewordenen Angelegenheiten Verschwiegenheit zu bewahren. Im Umkehrschluss sind sie dazu also auch während ihrer Aufgabe entsprechend verpflichtet. Dies gilt auch **gegenüber der Dienstgeberin**, soweit sich die Erkenntnisse Datenschutzbeauftragter auf Inhalte in Dateien beziehen, die im Hinblick auf den Datenschutz nicht relevant sind. Die Einrichtungsleitung bestellt einseitig nach ihren persönlichen Kriterien und ohne Hinzuziehung der MAV betriebliche Datenschutzbeauftragte. Es wäre praxisfern, anzunehmen, dass sie dabei besonders kritische Mitarbeitende für diese Position auswählt.[16] Auch das Bundesarbeitsgericht bezweifelte die praktische Wirksamkeit dieser Regelungen.[17] Dennoch ist in einer späteren Entscheidung[18] die rein hypothetische Möglichkeit einer missbräuchlichen Ausnutzung technischer Kontrollmöglichkeiten nicht als Begründung für die Einrichtung separater

14 Drewes in Simitis / Hornung / Spieker gen. Döhmann, Datenschutzrecht, Art. 39 Rn. 28

15 Raum in Auernhammer, DS-GVO / BDSG, Art. 38 Rn. 48

16 Raum in Auernhammer, DS-GVO / BDSG, Art. 38 Rn. 20

17 BAG, Urteil vom 11.11.1997, 1 ABR 21/97, Rn. 51

18 BAG, Beschluss vom 20.4.2016, 7 ABR 50/14

Telefon- und Internetanschlüsse für den Betriebsrat zugelassen worden. Fühlen sich betriebliche Datenschutzbeauftragte trotz gesetzlich festgeschriebener Weisungsfreiheit und Vertraulichkeitsverpflichtung in erster Linie ihrem Arbeitgeber „verpflichtet“, ist das eine Frage der persönlichen Einstellung und Eignung, nicht aber der gesetzlichen Regelungen.[19] Bei fortwährendem Verstoß gegen die Verschwiegenheitspflicht kommt eine Abberufung in Betracht, weil dann vermutet werden kann, dass die Benennungsvoraussetzung des § 36 Abs. 6 KDG nicht mehr gegeben ist.[20]

Ohne eine Zuständigkeit des betrieblichen Datenschutzbeauftragten auch für den Betriebsrat oder die MAV entstünde eine Lücke im Datenschutz des Betriebs bzw. der Einrichtung, die bereits nach dem Urteil des Bundesarbeitsgerichts als Verstoß gegen die seinerzeit bestehende EG-Datenschutzrichtlinie kritisiert worden ist.[21] Vor dem Hintergrund der unmittelbaren Wirkung der DS-GVO gemäß Art. 288 Abs. 2 AEUV gegenüber dem BetrVG kann ein solcher Zustand nicht aufrechterhalten werden.[22] Das BetrVG ist unionrechts- und datenschutzkonform auszulegen.[23] Entgegen § 1 Abs. 3 BDSG (alte Fassung) gehen andere Rechtsvorschriften dem Datenschutzgesetz nicht mehr vor, wenn dies nicht ausdrücklich in der DS-GVO geregelt ist.[24] 539

! In Anbetracht dieser Rechtslage ist auch für den Geltungsbereich des KDG davon auszugehen, dass Datenschutzbeauftragte für den Bereich der MAV zuständig sind. 540

---

19 Forgó / Helfrich / Schneider, Betrieblicher Datenschutz, Rn. 154; Raum in Auernhammer, DS-GVO / BDSG, Art. 38 Rn. 21

20 Schulten in Sydow, Kirchliches Datenschutzrecht, § 37 Rn. 23

21 Aßmus, ZD 2011, Seite 27; Ehmann, CR 1998, Seite 332; Simitis in Simitis, BDSG (a. F.), § 4 g Rn. 42

22 Baumgartner / Hansch, ZD 2019, Seite 99; Wybitul, NZA 2017, Seite 1488; Kort, ZD 2017, Seite 6; Pötter / Gola, RDV 2017, Seite 284; andere Ansicht Däubler, Gläserne Belegschaften, Rn. 685, der den Betriebsrat selber als Kontrollinstanz sieht, die darüber hinaus bessere Einwirkungsmöglichkeiten besitzt als der Datenschutzbeauftragte.

23 Pötter / Gola, RDV 2017, Seite 280

24 Die kirchlichen Datenschutzgesetze regeln ihren Vorrang vor anderen kirchengesetzlichen Regelungen nicht gleichermaßen ausdrücklich. Das KDG verlangt in § 2 Abs. 2 aber, dass das Datenschutzniveau des KDG durch andere Rechtsvorschriften nicht unterschritten werden darf.

541 Betriebliche Datenschutzbeauftragte haben nach § 38 Abs. 1 KDG auf die Einhaltung des Gesetzes und anderer Datenschutzvorschriften hinzuwirken. Eine **mittelbare Kontrolle der MAV** durch den betrieblichen Datenschutzbeauftragten ist schon deshalb nicht gegeben, weil dessen Kontrollaufgaben sich auf das „Wie" der Datenverarbeitung bei der Interessenvertretung beschränken müssen und nicht darauf, welche Daten inhaltlich verarbeitet werden.[25] Damit ist betrieblichen Datenschutzbeauftragten weder eine Durchsuchung aller Dateien erlaubt noch ein direktes Eingreifen im Sinn einer Beseitigung eines als rechtswidrig erkannten Zustandes durch Datenschutzbeauftragte. Hat die MAV der Dienstgeberin ein Datenschutzkonzept vorgelegt, aus dem sich ergibt, wie personenbezogene Daten bei der MAV verarbeitet werden, erstreckt sich das Prüfungsrecht durch Datenschutzbeauftragte ausschließlich auf die rechtliche Kontrolle dieser Unterlagen. Die in § 26 Abs. 1 MAVO geforderte Verpflichtung der Betriebsparteien zur **vertrauensvollen Zusammenarbeit** verpflichtet die Dienstgeberin, davon auszugehen, dass die Verarbeitung bei der MAV in dem beschriebenen Rahmen gesetzeskonform stattfindet.[26] Die Einrichtungsleitung bzw. der Verantwortliche hat keinerlei Anspruch darauf, zu erfahren, was der Datenschutzbeauftragte geprüft hat und zu welchem Befund er gelangt ist, wenn der Datenschutzbeauftragte sich nicht seinerseits im Rahmen seiner Unabhängigkeit zu einem entsprechenden Bericht entschließt.[27] Die rein hypothetische Möglichkeit einer missbräuchlichen Verarbeitung oder grundsätzliches Misstrauen gegenüber der MAV reichen nicht für eine Anordnung zur inhaltlichen Prüfung der bei der MAV verarbeiteten Daten durch betriebliche Datenschutzbeauftragte aus.[28]

542 Stellung und Aufgaben des Datenschutzbeauftragten richten sich nach §§ 37, 38 KDG und bestehen somit auch gegenüber der MAV. Weil diese **Teil des Verantwortlichen** ist (dazu bereits ► Rn. 528 f.), hat die MAV deshalb auch einen Anspruch darauf, die Beratung durch den Datenschutzbeauftragten in Anspruch zu nehmen.[29]

---

25 Kraning, ZD 2019, Seite 2

26 Ullrich, ZAT 2021, Seite 92

27 Drewes in Simitis / Hornung / Spiecker gen. Döhmann, Datenschutzrecht, Art. 39 Rn. 28

28 Rechtsgedanke aus BAG, Beschluss vom 20.4.2016, 7 ABR 50/14

29 Bundestags-Drucksache 19/28899, Seite 22

3.3 MAV-Mitglieder als betriebliche Datenschutzbeauftragte

Nach § 36 Abs. 6 KDG darf zum betrieblichen Datenschutzbeauftragten nur bestellt werden, wer die erforderliche **Zuverlässigkeit** besitzt. Zuverlässigkeit in diesem Sinn bezeichnet keine subjektive Eigenschaft, sondern knüpft an objektive Tatsachen an. Zweifel daran können bestehen, wenn die dienstlichen Verpflichtungen zu einem **Interessenkonflikt** führen.[30] 543

Mit § 36 Abs. 7 KDG soll die Bestellung von Personen, die mit der Leitung der Datenverarbeitung betraut sind oder denen die Leitung der kirchlichen Stelle selbst anvertraut ist, zum Datenschutzbeauftragten unterbleiben. Damit soll der Gefahr von Interessen- und Loyalitätskonflikten begegnet werden. Dabei geht es darum, die Benennung solcher Personen zum betrieblichen Datenschutzbeauftragten zu verhindern, die aufgrund ihrer bisherigen dienstlichen Stellung ein ausgeprägtes **Näheverhältnis zum Verantwortlichen** pflegen.[31] Mitarbeitervertreter und Mitarbeitervertreterinnen stehen aber regelmäßig nicht im Verdacht, unter diese Personengruppe zu fallen. 544

Weil dem betrieblichen Datenschutzbeauftragten zum Teil erhebliche Einblicke in betriebliche Unterlagen ermöglicht werden, werden Dienstgeberinnen oftmals keine MAV-Mitglieder mit dieser Aufgabe betrauen wollen. Deshalb erscheint es zunächst nicht besonders praxisnah, die Frage zu thematisieren, ob die Dienstgeberin als der Verantwortliche ein Mitglied der MAV zum betrieblichen Datenschutzbeauftragten benennen darf. **Praxisrelevant** ist aber die Frage, ob Mitarbeitervertreter und Mitarbeitervertreterinnen von einer solchen Aufgabe ausgeschlossen werden dürfen und ob betriebliche Datenschutzbeauftragte als solche abberufen werden dürfen, wenn sie nach ihrer Benennung in die MAV gewählt werden. Teilweise wird die Ansicht vertreten, dass die im deutschen Recht verankerte **Drei-Säulen-Kontrolle** (Aufsichtsbehörde, Datenschutzbeauftragter, Betriebsrat) in diesem Fall zum Zwei-Säulen-Modell schrumpfe, was möglichst vermieden werden sollte.[32] Der Drei-Säulen-Kontrolle liegt zugrunde, dass ein Betriebsrat aufgrund seiner 545

30 Schulten in Sydow, Kirchliches Datenschutzrecht, § 36 Rn. 18 ff., 21

31 Schulten in Sydow, Kirchliches Datenschutzrecht, § 36 Rn. 22

32 Stück, ZD 2019, Seite 256 (260)

allgemeinen Kontrollfunktion gemäß § 80 Abs. 1 Nr. 1 BetrVG auch darüber zu wachen hat, dass der Beschäftigtendatenschutz eingehalten wird. Er hat damit gleichgelagerte Aufgaben wie ein betrieblicher Datenschutzbeauftragter.

546 **In § 26 MAVO** findet sich ein entsprechender ausdrücklicher Auftrag in der allgemeinen Aufgabenbeschreibung der MAV nicht. Gleichwohl lässt sich dieselbe Verpflichtung aus § 26 Abs. 1 Satz 2 MAVO herleiten, nämlich dem Auftrag, darauf zu achten, dass alle Mitarbeitenden **nach Recht und Billigkeit** behandelt werden. Dem ist entgegenzuhalten, dass Mitarbeitervertreter und Mitarbeitervertreterinnen im Hinblick auf die Verarbeitung personenbezogener Daten von Mitarbeitenden regelmäßig mindestens ebenso sensibel sein dürften wie interne betriebliche Datenschutzbeauftragte, die allein von der Dienstgeberin bestellt werden. Außerdem müsste dieselbe Inkompatibilität auch für sonstige MAV-Mitglieder angenommen werden, soweit sie bei ihrer Tätigkeit mitarbeiterbezogene Aufgaben wahrnehmen, die unter das Kontrollrecht gemäß § 26 Abs. 1 Satz 2 MAVO fallen.[33]

547 Die bloße Mitgliedschaft im Betriebsrat macht jemanden für das Amt des Datenschutzbeauftragten allein nicht unzuverlässig. Nach Ansicht des Bundesarbeitsgerichts[34] besteht **keine grundsätzliche bzw. generelle Inkompatibilität** zwischen diesen beiden Ämtern. Dabei kommt es nach der Feststellung des Gerichts nicht darauf an, ob dem betrieblichen Datenschutzbeauftragten gegenüber der MAV Beaufsichtigungs- oder Kontrollrechte zukommen.[35] In Teilen der Literatur wird dies dennoch als Argument gegen eine Benennung von MAV-Mitgliedern herangezogen.[36] Gleichzeitig wird für eine Tätigkeit als IT-Sicherheitsbeauftragter keine Inkompatibilität gesehen, weil IT-Sicherheit und Datenschutz meist parallel laufen.[37] Aber auch das MAV-Mitglied hat als betrieblicher Datenschutzbeauftragter in beiden Rollen die Einhaltung des

33 Gola, Handbuch Beschäftigtendatenschutz, Rn. 310

34 BAG, Urteil vom 23.3.2011, 10 AZR 562/09

35 Dies wurde seinerzeit vom BAG im Urteil vom 11.11.1997, 1 ABR 21/97 abgelehnt.

36 Drewes in Simitis / Hornung / Spiecker gen. Döhmann, Datenschutzrecht, Art. 38 Rn. 55

37 Bergt in Kühling / Buchner, DS-GVO, BDSG, Art. 38 Rn. 42; Drewes in Simitis / Hornung / Spiecker gen. Döhmann, Datenschutzrecht, Art. 38 Rn. 55

geltenden Rechts unabhängig von der Dienstgeberin zu überwachen.[38] Zum betrieblichen Datenschutzbeauftragten darf nur jemand bestellt werden, der bereit ist, Konflikte auf sich zu nehmen und sie durchzustehen.[39] Dies entspricht ebenso dem **Anforderungsprofil von MAV-Mitgliedern**. Unterstellt man einem MAV-Mitglied, es würde als betrieblicher Datenschutzbeauftragter seine Kontrollfunktion gegenüber dem MAV-Gremium nicht ernst nehmen, könnte man IT-Sicherheitsbeauftragten unterstellen, sie neigten dazu, den Datenschutz zugunsten der Sicherheitsinteressen zu vernachlässigen.[40] Letztlich beruht beides nur auf Spekulationen. Deshalb ist dem Bundesarbeitsgericht darin zu folgen, dass eine generelle Inkompatibilität nicht besteht. Dementsprechend kommt auch ein Widerruf der Benennung erst bei einer unzureichenden Aufgabenwahrnehmung in Betracht und nicht schon allein bei einer Wahl des betrieblichen Datenschutzbeauftragten zum Mitarbeitervertreter.[41]

Zu berücksichtigen ist auch, dass das KDG in § 36 Abs. 7 nur zwei Positionen 548
(Leitung der Datenverarbeitung und Leitung der kirchlichen Stelle) benennt, denen die Aufgabe als betrieblicher Datenschutzbeauftragter nicht übertragen werden soll. Bei allen anderen Tätigkeiten ist nur sicherzustellen, dass deren Umfang die Aufgaben des betrieblichen Datenschutzbeauftragten an der umgehenden Bearbeitung **nicht behindert**. MAV-Mitglieder sind so zu behandeln, wie ohne ihre Amtsstellung und ohne ihre Amtsausübung vergleichbare Mitarbeitende oder Gruppen von Mitarbeitenden zu behandeln wären.[42] Soweit in der Literatur zwar eine Vereinbarkeit der Tätigkeiten als MAV-Mitglied und betrieblicher Datenschutzbeauftragter anerkannt wird, aber dennoch eine Benennung als „ultima ratio“[43] und „keinesfalls empfehlenswert“[44] dargestellt wird, dürfte eine solche Ansicht gegen das Benachteiligungsverbot des § 18 MAVO verstoßen.

---

38 Däubler, Gläserne Belegschaften, Rn. 599a

39 Simitis, BDSG (a. F.), § 4f Rn. 97

40 Siehe auch Bundesbeauftragter für Datenschutz und Informationsfreiheit, 26. Tätigkeitsbericht, Seite 50

41 BAG, Urteil vom 23.3.2011, 10 AZR 562/09

42 Thiel in Thiel / Fuhrmann / Jüngst, MAVO, § 18 Rn. 8

43 Gola, Handbuch Beschäftigtendatenschutz, Rn. 313

44 Raum in Auernhammer, DS-GVO / BDSG, Art. 38 Rn. 61

549 Im staatlichen Rechtskreis ist die Frage, ob ein Betriebsratsmitglied zum betrieblichen Datenschutzbeauftragten benannt werden kann, noch nicht abschließend entschieden. Das LAG Sachsen hat unter Berufung auf das Urteil des Bundesarbeitsgerichts[45] festgestellt, dass die bloße Mitgliedschaft im Betriebsrat diese Person für den betrieblichen Datenschutzbeauftragten nicht unzuverlässig macht.[46] Das Gericht hat die gegen diese Entscheidung eingelegte Revision dem Europäischen Gerichtshof zur Vorabentscheidung vorgelegt.[47] Das Verfahren ist derzeit beim EuGH (unter dem Aktenzeichen C-453/21) anhängig.

45 BAG, Urteil vom 23.3.2011, 10 AZR 562/09

46 LAG Sachsen, Urteil vom 19.8.2019, 9 Sa 268/18

47 BAG, Urteil vom 27.4.2021, 9 AZR 383/19 (A)

II. Datenschutz im MAV-Büro

Als Teil des Verantwortlichen im Sinn des § 4 Nr. 9 KDG ist die MAV dem Datenschutz verpflichtet.[48] Sie hat unter Beachtung des Strukturprinzips der Unabhängigkeit in der MAVO eigenständig über Maßnahmen zu beschließen, um einem Missbrauch der Daten **innerhalb ihres Verantwortungsbereichs** zu begegnen. Mit der gesetzlich geforderten Eigenständigkeit der MAV wären Kontrollrechte und Weisungsbefugnisse der Dienstgeberin hinsichtlich der Ausübung des MAV-Amtes nicht vereinbar.[49] So trägt die MAV die Verantwortung dafür, dass geeignete und erforderliche Datensicherung in ihrem Bereich erfolgt. Außerdem muss sie die jeweils geltenden betrieblichen Datenschutzbestimmungen einhalten und den Anforderungen des KDG Rechnung tragen.[50] Auch bei der MAV müssen deshalb technisch-organisatorische Maßnahmen gemäß § 26 KDG etabliert sein, ohne deren Vorliegen eine Übermittlung personenbezogener Daten an die Interessenvertretung nicht zulässig ist. 550

1. Vertraulichkeit der Datenverarbeitung

Aus dieser Eigenverantwortlichkeit der MAV folgt deren Pflicht, unter anderem für die in § 26 Abs. 1 lit b) KDG geforderte **Vertraulichkeit** Sorge zu tragen und zu gewährleisten, dass nachträglich überprüft und festgestellt werden kann, ob und von wem personenbezogene Daten eingegeben, verändert oder entfernt worden sind. Bei einer solchen Eingabekontrolle geht es nicht darum, unbefugte Handlungen zu verhindern, sondern eine Möglichkeit zu 551

[48] BAG, Urteil vom 3.6.2003, 1 ABR 19/02

[49] BAG, Urteil vom 11.11.1997, 1 ABR 21/97 (für den Betriebsrat)

[50] BAG, Urteil vom 12.8.2009, 7 ABR 15/08

schaffen, nachträglich Fehler aufzudecken.[51] Die danach grundsätzlich gebotene individuelle Zugangsregelung zum gemeinsam genutzten MAV-PC setzt jedoch nicht zwingend einen für die Dienstgeberin erkennbaren personalisierten Zugang zum PC voraus. Eine geeignete Eingabekontrolle lässt sich auch anders konfigurieren, etwa über Eingaben, deren persönliche Zuordnung nicht der Dienstgeberin, sondern nur der MAV bekannt ist, beispielsweise durch die Bezeichnungen als BR 1, BR 2, BR 3 etc.[52]

2. Datenschutzkonzept der MAV

552 Die MAV ist nicht selbst Verantwortlicher, sondern **Teil des Verantwortlichen** (dazu bereits ► Rn. 528 f.). Sie hat im Rahmen ihrer gesetzlichen Verpflichtung eigenständig für die Sicherstellung des Datenschutzes in ihrem **Zuständigkeitsbereich** zu sorgen. Der Verantwortliche muss in seinem Zuständigkeitsbereich jederzeit wissen, wo personenbezogene Daten verarbeitet werden. Der Verantwortliche bleibt auch verantwortlich, wenn personenbezogene Daten an die MAV weitergegeben werden. Deshalb kann eine Weitergabe an die MAV nicht dazu führen, dass dieser Bereich für den Verantwortlichen eine datenschutzrechtliche „Blackbox" darstellt. Um sich vor einer eigenen Inanspruchnahme zu schützen, muss die Dienstgeberin als Verantwortlicher von der MAV vor Übergabe personenbezogener Daten die Vorlage eines Konzepts fordern, welches sich inhaltlich an ein **Datenschutzkonzept** oder ein Verzeichnis für Verarbeitungstätigkeiten anlehnt. Aus diesem muss hervorgehen, wie die personenbezogenen Daten im Bereich der MAV verarbeitet werden. Daraus muss sich ergeben

- in welcher Form die eingereichten personenbezogenen Daten den MAV-Mitgliedern zugänglich gemacht werden,
- ob Kopien der eingereichten Unterlagen angefertigt werden,

---

51 Overkamp / Overkamp in Weth / Herberger / Wächter / Sorge, Daten- und Persönlichkeitsschutz im Arbeitsverhältnis, Seite 404

52 BAG, Urteil vom 18.7.2012, 7 ABR 23/11 (für den Betriebsrat)

- auf welcher Rechtsgrundlage Kopien erstellt werden bzw. woraus sich eine Erforderlichkeit dafür ergibt,
- wie personenbezogene Daten im Bereich der MAV gespeichert (aufbewahrt) werden,
- in welcher Form Zutritts-, Zugangs- und Zugriffskontrollen geregelt sind und
- welche Löschungsregelungen für personenbezogene Daten bestehen.

Das von der MAV vorgelegte Konzept kann vom betrieblichen Datenschutz- 553
beauftragten **auf Richtigkeit und Vollständigkeit** geprüft werden.[53]

Die Ausübung der Mitbestimmungsrechte der MAV kann nicht zu einer Ein- 554
schränkung des Schutzes personenbezogener Daten der Betroffenen führen. Vielmehr dürfen solche Daten auch in Ausübung der Mitbestimmung nur in datenschutzkonformer Weise verarbeitet werden. Gibt es zwischen der MAV und dem Verantwortlichen **keine verbindlichen Regelungen**, aus denen der Verantwortliche die Einhaltung des Datenschutzes bei der MAV ersehen kann, geht der Schutz der personenbezogenen Daten dem Mitbestimmungsrecht vor. Dies ist vom Bundesarbeitsgericht[54] ausdrücklich für den Fall einer Übermittlung personenbezogener Daten besonderer Kategorie gemäß § 4 Nr. 2 KDG entschieden worden. Es ist nicht ersichtlich, warum diese Rechtsprechung nicht auch auf die Übermittlung personenbezogener Daten im Sinn des § 4 Nr. 1 KDG zu übertragen sein sollte. Nach § 7 Abs. 1 lit a) KDG müssen personenbezogene Daten auf eine nachvollziehbare Weise verarbeitet werden. Nach § 26 Abs. 1 KDG hat der Verantwortliche geeignete Maßnahmen zu treffen, um ein dem Risiko angemessenes Schutzniveau zu gewährleisten. Werden personenbezogene Daten in einer weder für die betroffene Person noch für den Verantwortlichen nachvollziehbaren Weise verarbeitet, kann der Verantwortliche seiner Verpflichtung aus § 26 Abs. 1 KDG nicht nachkommen. Das Vorliegen eines Konzepts, aus dem der Umgang mit personenbezogenen Daten für den Bereich der MAV hervorgeht, ist deshalb **Voraussetzung** für die Weitergabe personenbezogener Daten im Rahmen der Mitbestimmung.

---

[53] Zum Umfang des Prüfungsrechts des betrieblichen Datenschutzbeauftragten bei der MAV ► Rn. 537 ff.

[54] BAG, Beschluss vom 9.4.2019, 1 ABR 51/17

555 ! Gibt die Dienstgeberin personenbezogene Daten an die MAV weiter, ohne dass ein entsprechendes Datenschutzkonzept vorliegt oder hat sie sich nicht über deren datenschutzrechtlich korrekte Verarbeitung bei der MAV vergewissert, haftet sie gegebenenfalls auf Schadenersatz.

3. Weitergabe von Personalunterlagen durch die Dienstgeberin

556 Zunächst stellt die Übergabe der Personalunterlagen an die MAV durch die Dienstgeberin im Rahmen der Mitbestimmung eine Verarbeitung – im Sinn der Offenlegung – dieser personenbezogenen Daten dar. **Offenlegung** bezeichnet dabei den Vorgang, der dazu führt, dass Daten für andere zugänglich werden. Die im Gesetz beispielhaft genannte Form der Übermittlung meint die gezielte Weitergabe von personenbezogenen Daten an einen oder mehrere Empfänger. Diese müssen keine Dritten sein.[55] Insofern unterscheidet sich die Rechtslage unter Geltung des KDG von der Vorgängerregelung in § 2 Abs. 4 Nr. 3 KDO.[56] Nach der früheren Regelung war eine Übermittlung nur dann gegeben, wenn personenbezogene Daten an einen „Dritten" weitergegeben wurden. Da die MAV nicht „Dritter" im Sinne der Vorschrift war, stellte die Weitergabe keine Übermittlung dar. Nachdem dieses Kriterium weggefallen ist, liegt nunmehr eine **Übermittlung** vor.

557 Auch wenn die MAV kein „Dritter" ist, ist diese Verarbeitung nur rechtmäßig, wenn eine der in § 6 Abs. 1 KDG genannten Bedingungen erfüllt ist. Laut Buchstabe d) dieser Vorschrift ist die **Überlassung der personenbezogenen Daten** an die MAV zulässig, wenn die Verarbeitung zur Erfüllung einer rechtlichen Verpflichtung erforderlich ist, der die Verantwortliche unterliegt. Der **Umfang der Unterlagen**, die der MAV überlassen werden dürfen, richtet sich

---

[55] Roßnagel in Simitis / Hornung / Spieker gen. Döhmann, Datenschutzrecht, Art. 4 Nr. 2 Rn. 26

[56] Ebenso § 3 Abs. 4 Nr. 3 Bundesdatenschutzgesetz alte Fassung

dementsprechend nach der Verpflichtung, der der Verantwortliche aufgrund der mitbestimmungsrechtlichen Regelungen der MAVO unterliegt.

Der MAV sind solche personenbezogenen Daten mitzuteilen, die für diese in 558
Ausübung ihres Mitbestimmungsrechts erforderlich sind.[57] Deshalb muss die Dienstgeberin die MAV über alle Umstände unterrichten, die der MAV die Prüfung eines Zustimmungsverweigerungsrechts ermöglichen.[58] Der **Umfang des Zustimmungsverweigerungsrechts** ist in § 34 Abs. 2 MAVO abschließend geregelt. Inwieweit es danach erforderlich ist, der MAV personenbezogene Daten Betroffener zu übermitteln, ist im Einzelfall vom Verantwortlichen zu prüfen. Die datenschutzrechtliche Erforderlichkeit ergibt sich dabei nicht aus der subjektiven Einschätzung von MAV oder Dienstgeberin, sondern bestimmt sich nach objektiven Kriterien.[59]

3.1 Datenübermittlung bei der Einstellung

Personenbezogene Daten müssen auf das für die Zwecke der Verarbeitung 559
notwendige Maß beschränkt sein (§ 7 Abs. 1 lit c) KDG). Bei der Beteiligung der MAV im **Rahmen einer Einstellung** sind deshalb solche personenbezogenen Daten den Bewerbungsunterlagen vor Übermittlung an die MAV zu entnehmen, die für die Einstellungsentscheidung nicht erforderlich sind. Dazu gehören beispielsweise von Bewerbenden unaufgefordert eingereichte Führungs- oder Gesundheitszeugnisse, wenn diese nicht aufgrund gesetzlicher Regelungen eine Einstellung unzulässig machen.[60] Auch die Mitteilung aller, auch zur Einstellung nicht vorgesehener, externen Bewerbenden an die MAV ist nicht erforderlich[61], weil in § 34 Abs. 3 MAVO der Personenkreis abschließend benannt ist, dessen Unterlagen vorgelegt werden müssen.

---

57 Fitting, BetrVG, § 99 Rn. 174

58 Reiter in Eichstätter Kommentar, MAVO, § 34 Rn. 77

59 Steiner in Wedde, Handbuch Datenschutz und Mitbestimmung, Seite 387

60 Andere Ansicht Jüngst in Thiel / Fuhrmann / Jüngst, MAVO, § 34 Rn. 56; Reiter in Eichstätter Kommentar, MAVO, § 34 Rn. 87

61 Anders als nach dem BetrVG, welches die Übergabe der Bewerbungsdaten aller Bewerbenden an den Betriebsrat fordert (BAG, Urteil vom 3.12.1985, 1 ABR 72/83)

560 Werden die Unterlagen dennoch an die MAV übermittelt, so stellt dies einen Datenschutzverstoß dar.

561 Fraglich ist insoweit, ob die Regelungen des § 34 Abs. 3 Sätze 3 und 4 MAVO vor dem Hintergrund des KDG noch Bestand haben können. § 2 Abs. 2 KDG bestimmt, dass besondere kirchliche oder staatliche Rechtsvorschriften dem KDG vorgehen, wenn sie das Datenschutzniveau des KDG nicht unterschreiten. **Spezialregelungen** verdrängen also das KDG als lex generalis.[62] Damit das spezielle dem generellen Gesetz vorgehen kann, muss die Regelung im „Spezialgesetz" für die Durchsetzung des speziellen Zwecks dieses Gesetzes erforderlich sein. Das ist dann nicht der Fall, wenn schon die spezialgesetzliche Regelung leerläuft, weil sie keinen Zweck verfolgt oder den Zweck, der verfolgt werden soll, nicht erreichen kann. So ist **kein Zweck ersichtlich**, der die Vorlage der Bewerbungsunterlagen einrichtungsinterner Bewerber an die MAV erforderlich machen könnte. Dennoch regelt § 34 Abs. 3 Satz 4 MAVO, dass anstelle eines Verzeichnisses die „erforderlichen Bewerbungsunterlagen" zur Einsicht der MAV gestellt werden können. Erforderlichkeit setzt immer einen Zweck voraus (erforderlich für ...). Der Zweck in § 34 Abs. 3 MAVO ist aber die Prüfung, ob ein Zustimmungsverweigerungsgrund nach § 34 Abs. 2 MAVO vorliegt. Ein solcher Verweigerungsgrund kann aber bei einrichtungsinternen Bewerbenden gar nicht bestehen.

562 Nach § 34 Abs. 2 Nr. 1 MAVO ist ein **Zustimmungsverweigerungsgrund** begründet, wenn die Maßnahme „gegen ein Gesetz, eine Rechtsverordnung, kircheneigene Ordnung oder sonstiges geltendes Recht verstößt". Nach § 34 Abs. 2 Nr. 2 MAVO kann die MAV die Zustimmung zu einer Einstellung verweigern, wenn „durch bestimmte Tatsachen der Verdacht begründet wird, dass der Bewerber durch sein Verhalten den Arbeitsfrieden in der Einrichtung ... stört ..." Gemäß § 34 Abs. 1 MAVO liegt eine Einstellung vor, wenn „eine Person in eine Einrichtung eingegliedert wird, um zusammen mit den dort beschäftigten Mitarbeitern den arbeitstechnischen Zweck der Einrichtung durch weisungsgebundene Tätigkeit zu verwirklichen." Die beiden genannten Fallgruppen stellen

62 Hammer in Sydow, Kirchliches Datenschutzrecht, § 2 Rn. 16

auf eine **Neueinstellung** ab. Für einrichtungsinterne Bewerbende, die ja bereits in die Einrichtung eingegliedert sind, ist nur im Hinblick auf Teilzeitbeschäftigte und schwerbehinderte Menschen vorstellbar, dass ein Verweigerungsgrund nach § 34 Abs. 2 Nr. 1 oder Nr. 2 MAVO bestehen könnte. Ein Verweigerungsrecht nach § 34 Abs. 2 Nr. 3 KDG ergibt sich, wenn eine Person Arbeitsleistungen nach dem Arbeitnehmerüberlassungsgesetz (AÜG) für mehr als sechs Monate erbringen soll. Für die Beurteilung, ob ein solcher Fall vorliegt, benötigt die MAV nicht die Bewerbungsunterlagen einrichtungsinterner Bewerbender, sondern ausschließlich die Mitteilung, dass ein solcher Fall vorliegt.

! Die Übermittlung an die MAV von Bewerbungsunterlagen einrichtungsinterner Bewerbender, die für eine Einstellung nicht vorgesehen sind, ist mangels Erforderlichkeit immer unzulässig. 563

Diese Rechtsansicht wird auch vom Bundesarbeitsgericht vertreten. Dieses 564 hatte dargelegt, dass ein **notwendiger Aufgabenbezug** vorliegen muss.[63] Die Grenzen des Einsichtsrechts oder der Übermittlung von Bewerberdaten liegen dort, wo ein Beteiligungsrecht oder eine sonstige Aufgabe offensichtlich nicht in Betracht kommt.[64] Die MAVO gewährt ein Zustimmungsverweigerungsrecht nur dann, wenn ein entsprechender Grund vorliegt in der Person, die zur Einstellung vorgesehen ist. Für die Beurteilung, ob insoweit ein Verweigerungsgrund besteht, benötigt die MAV aber keine Kenntnis darüber, wer sich aus der Einrichtung ggf. auch noch beworben hat. Erst recht ist keine Erforderlichkeit für die Übermittlung der Bewerbungsunterlagen der unterlegenen einrichtungsinternen Bewerbenden an die MAV zu erkennen, da solche Unterlagen für die Beurteilung eines Zustimmungsverweigerungsrechts keinen Erkenntnisgewinn vermitteln können.

Eine Ausnahme gilt zunächst für die Bewerbungsunterlagen **schwerbehinderter Menschen.** 565 Die Einstellung eines nicht schwerbehinderten Menschen verstößt dann gegen § 34 Abs. 2 Nr. 1 MAVO, wenn die Dienstgeberin vor der

63 BAG, Beschluss vom 7.5.2019, 1 ABR 53/17, Rn. 17

64 BAG, Beschluss vom 14.1.2014, 1 ABR 54/12, Rn. 23

Einstellung nicht geprüft hat, ob der ausgeschriebene Arbeitsplatz nicht mit einem schwerbehinderten Menschen besetzt werden kann.[65] § 164 SGB IX verpflichtet sie zu einer entsprechenden Prüfung. Wird diese **unterlassen**, stellt das einen Rechtsverstoß im Sinn des § 34 Abs. 2 Nr. 1 MAVO dar, der zur Zustimmungsverweigerung berechtigt.[66] Aus diesem Grund verfolgt die in der MAVO festgelegte Verpflichtung, der MAV alle Bewerbungen von schwerbehinderten Menschen zu übermitteln, einen legalen Zweck im datenschutzrechtlichen Sinn.

566 Gemäß § 9 Teilzeit- und Befristungsgesetz (TzBfG) hat die Dienstgeberin teilzeitbeschäftigte Mitarbeitende bei der Besetzung eines Arbeitsplatzes bevorzugt zu berücksichtigen, die ihr gegenüber in Textform den Wunsch nach einer **Verlängerung ihrer arbeitsvertraglich vereinbarten Arbeitszeit** angezeigt haben, es sei denn, einer der in dieser Vorschrift genannten Gründe steht dem entgegen. In analoger Anwendung der Rechtsprechung zu den schwerbehinderten Menschen ist auch hier ein Zustimmungsverweigerungsrecht der MAV gegeben, wenn die Dienstgeberin es unterlässt, die Bewerbungen von teilzeitbeschäftigten Mitarbeitenden für eine Vollzeitstelle nicht zu berücksichtigen. Auch insofern liegt ein Rechtsverstoß im Sinn des § 34 Abs. 2 Nr. 1 MAVO vor. Es wäre konsequent, wenn der kirchliche Ordnungsgeber Bewerbungen von Teilzeitbeschäftigten neben den Bewerbungen von schwerbehinderten Menschen in die MAVO aufgenommen hätte.

567 ! Aber auch ohne eine solche Festlegung in der MAVO sind der MAV die Bewerbungen aller Teilzeitbeschäftigten zu übermitteln, da nur so der gesetzliche Zweck erreicht werden kann.

568 Die Regelungen in § 34 Abs. 3 Sätze 3 und 4 MAVO müssen deshalb hinter dem KDG als lex generalis **zurückstehen**, soweit sie die Übermittlung von personenbezogenen Daten an die MAV gestatten, die für die Zweckerreichung,

[65] BAG, Beschluss vom 14.11.1989, 1 ABR 88/88

[66] BAG, Beschluss vom 14.11.1989, 1 ABR 88/88; Jüngst in Thiel / Fuhrmann / Jüngst, MAVO, § 34 Rn. 69

nämlich die Beurteilung des Zustimmungsverweigerungsrechts, nicht erforderlich sind.[67]

Wenn diesen Feststellungen mit dem Argument begegnet wird, die ohnehin gegenüber dem BetrVG in der MAVO stark eingeschränkten Mitbestimmungsrechte dürften nicht mit dem Argument der fehlenden datenschutzrechtlichen Erforderlichkeit noch weiter reduziert werden[68], wird verkannt, dass Informationsrechte für die MAV **kein Selbstzweck** sein dürfen. Informationen, die zur Offenbarung personenbezogener Daten führen, ohne dass damit ein Zweck erreicht werden kann, sind nicht erforderlich und damit unzulässig. Mögliche Defizite in der MAVO werden auch durch eine Verletzung von Persönlichkeitsrechten Mitarbeitender nicht ausgeglichen, sondern bedürfen einer Änderung der MAVO. 569

Die Regelungen in § 34 Abs. 3 Sätze 3 und 4 MAVO wären nur dann zur Errei- 570
chung des Zwecks geeignet, wenn sich das Zustimmungsverweigerungsrecht nicht ausschließlich auf die Person konzentriert, die eingestellt werden soll. Das ist zugleich der Unterschied zum Betriebsverfassungsgesetz. Die datenschutzrechtliche Zulässigkeit der Übermittlung personenbezogener Daten von Bewerbenden wäre anders zu beurteilen, wenn **die MAVO um Tatbestände erweitert** würde, wie sie in § 99 Abs. 2 Nrn. 2 bis 4 BetrVG vorgesehen sind. Solange das nicht der Fall ist, ist entgegen einer in der Literatur vertretenen Ansicht[69] die Rechtsprechung zum Betriebsverfassungsgesetz nur bedingt übertragbar, da § 99 BetrVG und § 34 MAVO im Hinblick auf die Zustimmungsverweigerungsrechte nicht vergleichbar, sondern grundlegend anders sind.[70]

---

67 Gleichzeitig verweigert die MAVO aber der MAV Unterlagen, die für eine Zweckerreichung notwendig und erforderlich sind, indem die Vorlage der Bewerbungsunterlagen aller Bewerbenden ausgeschlossen wird. Ob ein Verstoß gegen das Allgemeine Gleichbehandlungsgesetz (AGG) vorliegt, wird die MAV kaum beurteilen können, wenn sie z. B. nicht weiß, dass sich neben dem männlichen Bewerber, der eingestellt werden soll, zehn Frauen beworben haben. Gleiches gilt bei Missachtung der Rechtsprechung, dass eine unterschiedliche Behandlung wegen der Religion nur möglich ist, wenn dies die Anforderungen des Arbeitsplatzes erfordern.

68 Wiszkocsill, ZMV 2021, Seite 83

69 Reiter in Eichstätter Kommentar, MAVO, § 34 Rn. 38

70 Ullrich, ZMV 2021, Seite 81

3.2 Einhaltung der Datenverarbeitungsgrundsätze

571 Die Datenverarbeitung im MAV-Büro muss sich an den Grundsätzen für die Verarbeitung personenbezogener Daten gemäß § 7 KDG orientieren. Danach müssen **personenbezogene Daten** auf rechtmäßige und für die betroffene Person nachvollziehbare Weise verarbeitet werden. Sie dürfen nur für legitime, eindeutig festgelegte Zwecke verwendet werden und sind auf das notwendige Maß zu beschränken.

572 ! Die MAV muss sich also bei jeder Datenverarbeitung vergewissern, ob sie sich bei der Verarbeitung auf eine einschlägige rechtliche Grundlage berufen kann.

573 Der jeweilige **Zweck der Verarbeitung** wird sich regelmäßig aus gesetzlichen Regelungen wie der MAVO ergeben. Danach ist der Zweck konkret und abschließend zu bestimmen. Die Verarbeitung für andere Zwecke ist damit unzulässig. So würde eine MAV pflichtwidrig handeln, wenn sie in den betriebsöffentlich ausgehängten Protokollabschriften der MAV-Sitzung Vergütungsgruppen, Fallgruppen oder Gehaltshöhen der von personellen Maßnahmen betroffenen Mitarbeitenden aufführt.[71]

574 Weiterhin sind nach dem **Grundsatz der Datenminimierung** (§ 7 Abs. 1 lit c) KDG nur solche Daten zu erheben, die für die Erreichung des jeweiligen Zwecks erforderlich sind (► Rn. 51). Darüber hinaus ist eine Entfernung der Zuordnung eines Betroffenen in einem Datensatz vorzunehmen, wenn der Personenbezug für die Zwecke der Verarbeitung nicht mehr erforderlich ist (§ 7 Abs. 1 lit e) KDG).

[71] Gola, Handbuch Beschäftigtendatenschutz, Rn. 2611 mit Hinweis auf LAG Berlin, Beschluss vom 26.6.1986, 7 TaBV 2/86

> **!** Daraus ergibt sich praktisch die Verpflichtung, für alle personenbezogenen Daten, die bei der MAV verarbeitet werden, eine Löschfrist festzulegen. 575

Personenbezogene Daten sind immer dann zu **löschen**, wenn sie für die Zwecke nicht mehr erforderlich sind, für die sie erhoben wurden (§ 19 Abs. 1 lit a) KDG). Nicht erforderlich ist, die Unterlagen, die der MAV von der Dienstgeberin im Rahmen der Beteiligungsrechte zur Einstellung übergeben worden sind, zu kopieren. Für den Nachweis der ordnungsgemäßen Beteiligung reicht vielmehr die entsprechende Feststellung des Beschlusses und des Abstimmungsverhältnisses in der Niederschrift aus. 576

Die MAV ist darüber hinaus verpflichtet, eine **angemessene Sicherheit** der bei ihr verarbeiteten personenbezogenen Daten zu gewährleisten. Dafür müssen technisch-organisatorische Maßnahmen getroffen werden, die insbesondere eine unbefugte und unberechtigte Verarbeitung verhindern, aber auch vor unbeabsichtigtem Verlust, unbeabsichtigter oder beabsichtigter Zerstörung oder Schädigung schützen (§ 7 Abs. 1 lit f) KDG). § 7 Abs. 2 KDG legt dem Verantwortlichen die Pflicht auf, die Einhaltung dieser Grundsätze **nachweisen** zu können. Der Verantwortliche ist dazu aber nur in der Lage, wenn ihm entsprechende Regelungen von der MAV übergeben worden sind. Hat die MAV der Dienstgeberin als dem Verantwortlichen ein **Verzeichnis von Verarbeitungstätigkeiten** übergeben, welches diese Festlegungen enthält, muss sich der Verantwortliche wegen des Grundsatzes der vertrauensvollen Zusammenarbeit (§ 26 Abs. 1 MAVO) darauf verlassen, dass die im Verzeichnis aufgeführten Maßnahmen von der MAV auch tatsächlich umgesetzt werden. 577

4. Niederschrift der MAV-Sitzungen

578 § 14 Abs. 6 MAVO verpflichtet die MAV, über jede ihrer Sitzungen eine Niederschrift zu fertigen, welche „die Namen der An- und Abwesenden, die Tagesordnung, den Wortlaut der Beschlüsse und das jeweilige Stimmenverhältnis enthalten muss". Insbesondere dann, wenn es um **Beschlüsse zu personellen Einzelmaßnahmen** geht, ist damit regelmäßig die Verarbeitung personenbezogener Daten – teilweise auch solche besonderer Kategorie – verbunden.

579 Die Verarbeitung der Niederschrift muss datenschutzrechtlichen Vorschriften entsprechen. Die Niederschrift gehört zu den **Unterlagen der MAV**. Diese müssen in der Einrichtung verwahrt werden und die Dienstgeberin hat dafür zu sorgen, dass der MAV die dafür erforderlichen Sachmittel, wie ein eigenes MAV-Büro oder zumindest ein verschließbarer Schrank, zur Verfügung gestellt werden.[72] Gemäß § 34 Abs. 3 BetrVG hat jedes Betriebsratsmitglied das Recht, die Niederschriften einzusehen. Eine entsprechende Regelung fehlt in der MAVO. Ein solches Einsichtsrecht ist jedoch in Übereinstimmung mit der Rechtsprechung des Bundesarbeitsgerichts zum BetrVG[73] auch für MAV-Mitglieder einzuräumen, da anderenfalls eine korrekte Interessenvertretung durch einzelne Mitarbeitervertreter nicht erfolgen könnte. Nach der Rechtsprechung ist aber nur ein Einsichtsrecht zu gewähren, ebenso wie es der Gesetzestext des BetrVG verlangt. Das Erstellen von **Kopien der Niederschriften** durch einzelne MAV-Mitglieder oder sogar die Herausgabe der Kopien an alle Mitglieder ist unzulässig.[74] Nach § 4 Nr. 3 KDG stellt die Verwendung ebenso wie die Offenlegung durch Übermittlung eine Verarbeitung dar. Eine Verarbeitung ist aber gemäß § 6 Abs. 1 KDG nur dann rechtmäßig, wenn mindestens eine der dort genannten Bedingungen erfüllt ist. Da die MAVO, anders als das BetrVG, nicht einmal ein Einsichtsrecht in die Niederschrift postuliert, ist erst recht **keine Rechtsgrundlage für die Übergabe** einer Abschrift ersichtlich.

---

72 Thiel in Thiel / Fuhrmann / Jüngst, MAVO, § 34 Rn. 74

73 BAG, Beschluss vom 12.8.2009, 7 ABR 15/08

74 BAG, Beschluss vom 27.5.1982, 6 ABR 66/79; andere Ansicht Thiel in Thiel / Fuhrmann / Jüngst, MAVO, § 14 Rn. 71 f., Richartz in Eichstätter Kommentar, MAVO, § 14 Rn. 64; Fitting, BetrVG, § 34 Rn. 25

Einen **Anspruch auf eine Abschrift** normiert die MAVO ausdrücklich nur für die Dienststellenleitung oder deren Beauftragten, wenn sie an der Sitzung teilgenommen haben und dann auch nur für denjenigen Teil, an dem sie teilgenommen haben (§ 14 Abs. 6 Satz 3 MAVO). **Im Umkehrschluss** ist daraus zu schließen, dass der kirchliche Ordnungsgeber den Kreis der Berechtigten bewusst eng gehalten hat, die eine Abschrift erhalten dürfen und deshalb eine Ausdehnung dieses Kreises auf alle MAV-Mitglieder von der MAVO nicht umfasst ist.

! Dementsprechend ist eine Verteilung von Abschriften an alle MAV- 580
Mitglieder unzulässig.

Jedes Betriebsratsmitglied verfügt aber über ein unabdingbares Recht, auf 581
Datenträgern gespeicherte Dateien und E-Mails des Betriebsrats auf elektronischem Weg zu lesen.[75] Wenn die MAV die Sitzungsniederschriften auf einem Laufwerk speichert, auf das nur ihre Mitglieder Zugriff haben, können diese **jederzeit Einsicht in die Protokolle** nehmen. Ein solcher Zugriff könnte auch remote (zur Begrifflichkeit ► Rn. 396) erfolgen, wenn eine gesicherte Verbindung zu diesem Laufwerk besteht. Die MAV hat in diesem Fall dafür zu sorgen, dass zum Schutz von Daten angemessene technische und organisatorische Maßnahmen wie **Sperrung der Druck- und Kopierfunktion** etabliert werden, damit bei einem elektronischen Datenzugriff auf dem Arbeitsplatzrechner des MAV-Mitglieds eine Kopie des Dokuments nicht erstellt werden kann.[76]

Auf diesem Weg hätte die MAV jederzeit die Kontrolle über die personenbe- 582
zogenen Daten. Ein **unkontrollierter Abfluss dieser Daten** wäre dann nicht mehr möglich. Dies ist insbesondere vor dem Hintergrund wichtig, dass Auskunftsrechte von Betroffenen bei einer anderen Handhabung nicht mehr korrekt beantwortet werden könnten. Wenn der Verantwortliche nicht weiß, wer Kopien von Sitzungsniederschriften mit personenbezogenen Daten erstellt hat, wo diese gelagert sind oder an wen sie weitergegeben und wann sie

[75] BAG, Beschluss vom 12.8.2009, 7 ABR 15/08

[76] BAG, Beschluss vom 12.8.2009, 7 ABR 15/08, Rn. 22

gelöscht werden, ist eine Auskunftserteilung gemäß § 17 KDG unmöglich. Die Übergabe eines Protokolls mit personenbezogenen Daten an jedes MAV-Mitglied stellt einen **Datenschutzverstoß** dar, für den der Verantwortliche haftet.

583 **Beispiel**

Nach ihrem Ausscheiden klagt die ehemalige Mitarbeiterin gegen die Dienstgeberin, weil sie die Ansicht vertritt, während ihrer Tätigkeit falsch eingruppiert gewesen zu sein. Zum Beleg für ihre Behauptung legt sie die Bruttogehaltliste der Dienstgeberin vor, die sie als ehemaliges MAV-Mitglied erhalten und bei ihrem Ausscheiden nicht zurückgegeben hat. Die Dienstgeberin zeigt die ehemalige Mitarbeiterin bei der Datenschutzaufsicht an, weil sie die Bruttolohnliste für andere Zwecke nutzt. Die Datenschutzaufsicht sanktioniert die Dienstgeberin, da diese nicht dafür gesorgt hat, dass es bei der MAV eine Regelung gibt, die den Umgang mit personenbezogenen Daten innerhalb der MAV festlegt. Die Dienstgeberin als Verantwortlicher hat die erforderliche Sorgfalt damit außer Acht gelassen und mindestens fahrlässig gehandelt. Da die MAV selbst nicht Verantwortlicher ist, sondern Teil des Verantwortlichen, haftet dieser für das Fehlverhalten der MAV.

584 Werden die datenschutzrechtlichen Vorschriften korrekt erfüllt, kann es nach dem **Ausscheiden eines MAV-Mitglieds** auch nicht zu der problematischen Frage kommen, wer berechtigt ist, einen Herausgabeanspruch gerichtlich geltend zu machen und an wen die Herausgabe zu erfolgen hat.

585 Das Verbot der Verteilung von Niederschriften an alle MAV-Mitglieder greift nur dann, wenn die Niederschrift personenbezogene Daten enthält. Verwendet die MAV in den Niederschriften nur **pseudonymisierte Daten**, ist eine Weitergabe vom KDG nicht erfasst. Die MAV könnte also in der Niederschrift auf die Nennung von Namen verzichten und stattdessen ein Pseudonym vergeben (z. B. 1/22) und eine Liste führen, in der die Pseudonyme Klarnamen zugeordnet sind (z. B. 1/22 = Zustimmung zur Einstellung Hans Meier). Diese Liste verbleibt

ausschließlich im Zugriffsbereich der MAV.[77] Da die bloße Niederschrift dann keine personenbezogenen Daten mehr enthält, könnte sie allen MAV-Mitgliedern übermittelt werden. Auch für die Aufbewahrung der Niederschrift würden dann weniger strenge Maßstäbe gelten, da sie vom KDG nicht erfasst wäre.

5. Anspruch der MAV auf eigenen E-Mail-Account

Nach der jüngeren Rechtsprechung des Bundesarbeitsgerichts kann die be- 586
triebliche Interessenvertretung einen **Internetzugang** sowie die Teilhabe am E-Mail-Verkehr verlangen, soweit dies zur ordnungsgemäßen Wahrnehmung der ihr nach dem Gesetz obliegenden Aufgaben erforderlich ist. Sie muss dazu keine konkret anstehenden betriebsverfassungsrechtlichen Aufgaben darlegen, zu deren Erledigung Informationen aus dem Internet benötigt werden.[78] Ein **Anspruch der MAV** auf die Bereitstellung eines Zugangs zu Internet und E-Mail kann deshalb als herrschende Meinung in Literatur und Rechtsprechung betrachtet werden.[79] Die noch im Jahr 2010 vom BAG thematisierte mögliche Kostenbelastung[80], insbesondere für kleinere Einrichtungen, braucht aufgrund der zwischenzeitlich üblichen Flatrates nicht mehr berücksichtigt zu werden.[81]

Es ist technisch möglich, beispielsweise mit Hilfe eines Proxy-Servers, die 587
Internetnutzung der MAV zu überwachen bzw. auszuwerten. Das Bundesarbeitsgericht hat deshalb entschieden, dass es Interessenvertreter als erforderlich erachten durften, eine über einen Proxy-Server auf jedes Mitglied des Gremiums bezogene mögliche Kontrollmöglichkeit der Internetnutzung durch die **Einrichtung eines Gruppen-Accounts** auszuschließen. Andernfalls

[77] Steiner in Wedde, Handbuch Datenschutz und Mitbestimmung, Seite 388

[78] BAG, Beschlüsse vom 18.7.2012, 7 ABR 23/11, Rn. 23 und vom 14.7.2010, 7 ABR 80/08 Rn. 24; anders noch BAG, Beschluss vom 23.8.2006, 7 ABR 55/05

[79] Gola, Handbuch Beschäftigtendatenschutz, Rn. 1553; Fuhrmann in Thiel / Fuhrmann / Jüngst, MAVO, § 17 Rn. 129

[80] BAG, Beschluss vom 17.2.2010, 7 ABR 81/09

[81] Fuhrmann in Thiel / Fuhrmann / Jüngst, MAVO, § 17 Rn. 130

bestünde bei einem personalisierten Internetzugang über den Rechner des Betriebsrats wegen der technischen Kontrollmöglichkeit eine Gefahr der Behinderung der Gremienarbeit durch Einwirkung auf das einzelne Mitglied.[82]

588 **!** Mitarbeitervertretungen haben also das Recht, vom Dienstgeber die Einrichtung eines Gruppen-Accounts zu verlangen, über den jedes MAV-Mitglied Zugang zu Internet und E-Mail hat.

589 Während für die Begründung dieses Anspruchs eine abstrakte Gefahr ausreichend war, wird eine solche für einen eigenen, **vom IT-System des Arbeitgebers unabhängigen Zugang** des Betriebsrats bzw. der MAV zu Internet und E-Mail nicht als ausreichend erachtet.[83] Wegen des Grundsatzes der vertrauensvollen Zusammenarbeit, der auch die Mitarbeitervertretungsordnung maßgeblich prägt, kann ohne das Vorliegen konkreter Anhaltspunkte nicht unterstellt werden, dass eine Dienstgeberin von den technischen Überwachungsmöglichkeiten der Internetnutzung in unzulässiger Weise Gebrauch macht und insbesondere Inhalte der von der MAV versandten oder an diese gerichteten E-Mails zur Kenntnis nimmt und ggf. auswertet.[84] Diese Rechtsprechung erscheint zwar nicht ganz widerspruchsfrei, ist jedoch insoweit nachvollziehbar, als dass der Druck, der auf einzelne MAV-Mitglieder ausgeübt werden könnte, konkreter ist als der Druck auf ein Gremium, bei dem sich im Zweifelsfall jedes Mitglied hinter diesem Gremium verstecken könnte.

590 **Aus datenschutzrechtlicher Sicht** ist diese Rechtsprechung zu begrüßen, weil der Datenverkehr zwischen den Betriebsparteien innerhalb des geschützten gemeinsamen Netzwerks besser geschützt ist. Bei einer Übermittlung der Daten per E-Mail an einen separaten Internetanschluss der MAV entstünde demgegenüber eine nicht notwendige Sicherheitslücke. Insbesondere wenn personenbezogene Daten von Mitarbeitenden versendet würden, wären erhöhte Sicherheitsanforderungen zu gewährleisten (Verschlüsselung).

---

82 BAG, Beschluss vom 18.7.2012, 7 ABR 23/11, Rn. 25

83 BAG, Beschluss vom 20.4.2016, 7 ABR 50/14, Rn 24

84 BAG, Beschluss vom 20.4.2016, 7 ABR 50/14, Rn. 25a

Die MAV ist verpflichtet, den Datenschutz zu gewährleisten, wenn auf ihrem Rechner personenbezogene Daten genutzt bzw. verarbeitet werden. Dazu gehört u. a. auch eine **Eingabekontrolle**, aus der hervorgeht, ob und von wem personenbezogene Daten in das System verarbeitet (eingegeben, verändert oder entfernt) worden sind.[85] 591

6. Anspruch der MAV auf eigene Homepage in Internet / Intranet

Es gehört zu den gesetzlichen Aufgaben der MAV, im Rahmen ihrer Zuständigkeit die Mitarbeitenden umfassend und rechtzeitig zu informieren. Der Kontakt zwischen MAV und Mitarbeitenden ist nach der MAVO weder institutionalisiert noch in sonstiger Weise vorgegeben. Die MAVO verweist die MAV für die **Weitergabe von Informationen** weder auf eine mündliche Übermittlung in Mitarbeiterversammlungen oder Sprechstunden noch auf eine schriftliche Unterrichtung durch Aushänge am „schwarzen Brett" oder Rundbriefe an die Belegschaft. Auch die Dienstgeberin kann der MAV die Art der innerbetrieblichen Kommunikation nicht vorschreiben.[86] Die MAV muss sich also nicht darauf verweisen lassen, Mitarbeitende der Einrichtung durch Aushänge am „schwarzen Brett", mittels Rundschreiben oder im Rahmen von Betriebsversammlungen zu informieren. 592

Die Dienstgeberin kann deshalb verpflichtet sein, der MAV eine **Homepage im Intranet** zur Verfügung zu stellen. Dies gilt auch dann, wenn nicht alle Mitarbeitenden über einen eigenen Intranet-Zugang verfügen sollten und deshalb für die MAV auf diesem Weg nicht erreichbar sind, denn dies wird auch bei der Verwendung anderer Informationswege wie beispielsweise dem „schwarzen Brett" der Fall sein.[87] 593

---

[85] Fitting, BetrVG, § 40 Rn. 134a

[86] BAG, Beschluss vom 3.9.2003, 7 ABR 12/03

[87] ArbG Paderborn, Beschluss vom 29.1.1998, 1 BV 35/97

594 **!** Insbesondere bei zunehmender Genehmigung von Homeoffice und mobiler Arbeit wird die Information der Mitarbeitenden regelmäßig durch eine Homepage der MAV im Intranet erforderlich sein. Der Zugriff von zuhause oder unterwegs wäre für Mitarbeitende dann über eine VPN-Verbindung möglich.

595 Das **Gebot der vertrauensvollen Zusammenarbeit** verbietet der MAV generell, ohne Veranlassung durch die Dienstgeberin die Öffentlichkeit über betriebsinterne Vorgänge zu unterrichten. Aus diesem Grund hat die Rechtsprechung einen Anspruch der Interessenvertretungen auf den Betrieb einer eigenen **Homepage im Internet** untersagt. Es gehört nicht zu den der MAV nach der Mitarbeitervertretungsordnung obliegenden Aufgaben, von sich aus die außerbetriebliche Öffentlichkeit über „allgemein interessierende Vorgänge" der Einrichtung zu informieren.[88] Richtigerweise kommt es weniger darauf an, ob die Homepage im Intranet oder im Internet betrieben wird, sondern darauf, einen Zugriff durch Dritte auszuschließen. Die Beschränkung des Zugriffs auf den Kreis der Berechtigten lässt sich deshalb auch im Internet durch Vergabe von Passwörtern beschränken.[89]

596 Unabhängig davon darf die MAV nur solche Themen veröffentlichen, die in ihren **Zuständigkeitsbereich** fallen. Dabei sind datenschutzrechtliche Vorgaben zu beachten. Personenbezogene Daten dürfen nur dann Gegenstand einer Veröffentlichung sein, wenn dafür eine Rechtsgrundlage besteht, was regelmäßig nicht der Fall sein wird. Die **eigenständige Entfernung** von Informationen und Beiträgen aus dem Intranet durch die Dienstgeberin stellt eine unzulässige Erschwerung der Information der Belegschaft und damit der MAV-Tätigkeit dar. Welche Informationen die MAV für zweckmäßig hält, ist allein von ihr zu entscheiden. Hält die Dienstgeberin eine bestimmte Veröffentlichung durch die MAV für unzulässig, ist es ihr unbenommen, dagegen mit den zu Gebote stehenden rechtlichen Mitteln, gegebenenfalls im Weg des einstweiligen Rechtsschutzes, vorzugehen.[90]

---

[88] ArbG Paderborn, Beschluss vom 29.1.1998, 1 BV 35/97

[89] Gola, Handbuch Beschäftigtendatenschutz, Rn. 1555

[90] BAG, Beschluss vom 3.9.2003, 7 ABR 12/03

III. Datenschutzrechtliche Kontrollaufgaben der MAV

Nach deutschem Recht sollen drei Institutionen über die Einhaltung des Datenschutzes in einer Einrichtung wachen: Die Datenschutzaufsicht, der betriebliche Datenschutzbeauftragte und die Arbeitnehmervertretung.[91] Der MAV kommt damit eine **Kontrollfunktion** zu.[92] Die Rechtsgrundlage für diesen Anspruch liefert § 26 Abs. 1 Satz 2 MAVO, der die MAV verpflichtet, auf die Behandlung aller Mitarbeitenden **nach Recht und Billigkeit** zu achten. Diese allgemeine Aufgabe der MAV ist nicht vom Vorliegen bestimmter konkreter Mitwirkungs- bzw. Mitbestimmungsrechte abhängig.[93] Vielmehr hat die MAV die Einhaltung und Durchführung sämtlicher Vorschriften zu Gunsten der Mitarbeitenden zu überwachen[94] und tritt insofern als Kontrollinstanz neben den betrieblichen Datenschutzbeauftragten.[95] 597

Insbesondere vor dem Hintergrund der gegenüber den Regelungen im Betriebsverfassungsgesetz stark **eingeschränkten Mitbestimmungsrechte gemäß der MAVO** sollte die MAV die Regelungen kennen, die ihr weitere Möglichkeiten einräumen, die Rechte der Mitarbeitenden zu wahren. Dazu gehört auch das KDG, dessen Zweck es ist, Einzelne davor zu schützen, dass sie durch die Verarbeitung ihrer personenbezogenen Daten in ihren Persönlichkeitsrechten beeinträchtigt werden (§ 1 KDG). Damit hat dieses Gesetz auch für Mitarbeiterinnen und Mitarbeiter schützenden Charakter. 598

Werden personenbezogene Daten von Mitarbeitenden **im Auftrag der Dienstgeberin** von einem anderen Unternehmen verarbeitet, bleibt dies ohne 599

[91] Raum in Auernhammer, DS-GVO / BDSG, § 38 Rn. 61

[92] Gola, Handbuch Beschäftigtendatenschutz, Rn. 313

[93] Fitting, BetrVG, § 80 Rn. 4

[94] BAG, Beschluss vom 19.10.1999, 1 ABR 75/98

[95] Gola, Handbuch Beschäftigtendatenschutz, Rn. 42

Einfluss auf die Überwachungsaufgabe der MAV.[96] In mitbestimmungspflichtigen Angelegenheiten kann sich der Arbeitgeber Dritten gegenüber nicht in einer Weise binden, die eine **Einflussnahme der zuständigen Arbeitnehmervertretung** faktisch ausschließen würde. Vielmehr muss der Arbeitgeber durch eine entsprechende Vertragsgestaltung sicherstellen, dass die ordnungsgemäße Wahrnehmung des Mitbestimmungsrechts gewährleistet ist.[97]

600 Besteht eine Kontrollaufgabe der MAV, kann diese grundsätzlich von der Dienstgeberin verlangen, ihr alle Unterlagen **in dem erforderlichen Umfang** zur Verfügung zu stellen, die sie benötigt, um diese Aufgabe zu erfüllen.[98] Notwendig ist danach also, dass das Verlangen der MAV auf Zurverfügungstellung von Unterlagen ihre Aufgaben betrifft und diese Unterlagen zur Durchführung einer konkreten Kontrollaufgabe erforderlich sind.[99] Es muss mindestens ein möglicher Aufgabenbezug vorliegen, um einen Unterrichtungsanspruch zu begründen, damit die MAV prüfen kann, ob sie tätig werden kann oder muss.[100] Eine **Unterrichtungspflicht der Dienstgeberin** besteht im Hinblick auf geplante Einführungen oder Änderungen von IT-Systemen, bei IT-Sicherungsmaßnahmen sowie bei allen Formen der Verarbeitung personenbezogener Daten von Beschäftigten. Dabei kommt es nicht darauf an, ob diese Datenverarbeitung möglicherweise gegen datenschutzrechtliche Vorschriften verstößt oder ein Mitbestimmungsrecht nach § 36 Abs. 1 Nr. 9 MAVO auslöst.[101] Das KDG ist insgesamt ein Gesetz zum Schutz Beschäftigter. Die MAV hat dessen Einhaltung zu überwachen und ist deshalb in jedem Fall zu unterrichten.[102]

601 ! Bei einem groben Verstoß der Dienstgeberin kann dies zu einem Verfahren vor dem kirchlichen Arbeitsgericht gemäß § 2 Abs. 2 Kirchliche Arbeitsgerichtsordnung (KAGO) führen.

---

[96] Däubler, Gläserne Belegschaften, Rn. 632

[97] BAG, Beschluss vom 27.1.2004, 1 ABR 7/03

[98] Fitting, BetrVG, § 80 Rn. 53 ff.

[99] BAG, Beschluss vom 19.10.1999, 1 ABR 75/98

[100] Wedde, Handbuch Datenschutz und Mitbestimmung, Rn. 32; Fitting, BetrVG, § 80 Rn. 51

[101] Fitting, BetrVG, § 80 Rn. 53; BAG, Beschluss vom 17.3.1987, 1 ABR 59/85

[102] Wedde, Handbuch Datenschutz und Mitbestimmung, Rn. 33

Bei möglichen **Verstößen der Dienstgeberin** gegen datenschutzrechtliche Regelungen sollte sich die MAV zunächst zur Klärung an den betrieblichen Datenschutzbeauftragten wenden. Sollte dies nicht zum Erfolg führen oder besteht eine Dringlichkeit, steht es der MAV auch frei, eine Anfrage oder Beschwerde an die zuständige Datenschutzaufsicht zu richten. Diese ist gemäß § 44 Abs. 3 lit f) KDG verpflichtet, sich mit einem solchen Vortrag zu befassen. 602

Um sich einen Überblick über die Verarbeitung und den Umgang mit personenbezogenen Daten bei der Dienstgeberin zu verschaffen, sollte die MAV das dienstgeberseitig erstellte Datenschutzkonzept anfordern. Liegt ein solches nicht explizit vor, sollte die MAV erfragen, welche Maßnahmen die Dienstgeberin gemäß § 26 KDG getroffen hat, um durch technisch-organisatorische Maßnahmen die Rechte und Freiheiten natürlicher Personen zu sichern. Um zu erfahren, wem die personenbezogenen Daten Mitarbeitender zur Verfügung stehen, kann die MAV das sogenannte **Rollen- und Rechtekonzept** abverlangen. Zu dem gleichen Zweck sollte die MAV sich das bei der Dienstgeberin bestehende **Verzeichnis der Verarbeitungstätigkeiten** vorlegen lassen. Die erforderlichen Inhalte eines solchen Verzeichnisses ergeben sich aus § 31 KDG. Ist gemäß § 35 KDG für die Verarbeitung personenbezogener Daten Mitarbeitender eine Datenschutz-Folgenabschätzung erforderlich, sollte auch diese von der MAV bei der Dienstgeberin angefordert werden. 603

1. Datenschutz-Folgenabschätzung (DSFA)

Die Datenschutz-Folgenabschätzung (DSFA) ist ein Verfahren zur Sicherstellung und zum Nachweis der Einhaltung gesetzlicher Anforderungen.[103] Stellt der Verantwortliche fest, dass eine Form der Verarbeitung aufgrund des Umfangs, der Umstände und der Zwecke der Verarbeitung voraussichtlich ein hohes Risiko für die Rechte und Freiheiten natürlicher Personen darstellt, muss er nach § 35 KDG **vorab** (!) eine DSFA durchführen.[104] 604

[103] Jandt in Kühling / Buchner, DS-GVO, BDSG, Art. 35 Rn. 1

[104] Datenschutzkonferenz, Kurzpapier Nr. 5, Seite 1

605 Ein **Risiko im Sinn des KDG** ist gegeben, wenn die Möglichkeit besteht, dass ein Schaden (einschließlich ungerechtfertigter Beeinträchtigung von Rechten und Freiheiten natürlicher Personen) eintritt oder es zu einem Schaden für eine oder mehrere natürliche Personen kommen kann.[105] Verarbeitungsvorgänge, die voraussichtlich ein solches Risiko mit sich bringen, sind vorab auf ihre Folgewirkungen für den Privatsphärenschutz zu prüfen.[106] Ob eine DSFA durchzuführen ist, ergibt sich aus einer **Risikoanalyse,** die der Verantwortliche durchzuführen hat. Stellt der Verantwortliche dabei fest, dass durch den Verarbeitungsvorgang voraussichtlich kein hohes Risiko für Rechte und Freiheiten der Betroffenen besteht, ist eine DSFA zunächst nicht erforderlich. Es ist jedoch eine **schriftliche Dokumentation** zu erstellen, aus der sich die Begründung für diese Entscheidung ergibt.[107]

606 ! Eine DSFA besteht zumindest aus zwei Teilen. Diese sind die Risikoanalyse und die Darstellung geeigneter Maßnahmen zur Verminderung oder gar Ausschaltung der festgestellten Risiken.

607 Die **inhaltlichen Mindestanforderungen** an eine DSFA legt § 35 Abs. 7 KDG fest. Danach bedarf es einer systematischen Beschreibung der geplanten Verarbeitungsvorgänge sowie der vollständigen Angabe der Zwecke der Datenverarbeitung. Weiterhin sind Notwendigkeit und Verhältnismäßigkeit im Hinblick auf den Zweck zu bewerten. Dabei hat auch eine Bewertung der Risiken für die Rechte und Freiheiten der betroffenen Personen stattzufinden. Dann sind für ermittelte Risiken die geplanten Abhilfemaßnahmen, Sicherheitsvorkehrungen und Verfahren darzustellen, durch die der Schutz der personenbezogenen Daten sichergestellt wird. Dazu gehört insbesondere auch die Erfüllung der Vorschriften in §§ 26, 27 KDG.

---

105 Datenschutzkonferenz, Kurzpapier Nr. 18, Seite 1

106 Martini in Paal / Pauly, DS-GVO / BDSG, Art. 35 Rn. 1

107 Datenschutzkonferenz, Kurzpapier Nr. 5, Seite 1; Reibach in Taeger / Gabel, DS-GVO / BDSG / TTDSG, Art. 35 Rn. 39

§ 35 Abs. 8 KDG regt für den Verantwortlichen an, gegebenenfalls die **Stellungnahme der betroffenen Person** zur beabsichtigten Verarbeitung einzuholen. Damit bleibt diese Vorschrift hinter der Regelung des Art. 35 Abs. 9 DS-GVO zurück, die anregt, neben der betroffenen Person deren Vertreter zu konsultieren. Als Vertreter ist dort an den Betriebsrat zu denken.[108] Da in beiden Fällen jedoch die Stellungnahmen nur „gegebenenfalls" einzuholen sind, ist diese Vorschrift fakultativ (nicht verbindlich). Auch im staatlichen Recht handelt es sich bei dieser Vorschrift weder um ein Betroffenenrecht nach Kapitel 3 DS-GVO noch um eine Erweiterung der betriebsverfassungsrechtlichen Mitbestimmungsrechte des Betriebsrats.[109] Praktisch wirkt sich die Auslassung in § 35 Abs. 8 KDG deshalb nicht aus, zumal der MAV in diesem Zusammenhang regelmäßig die Beteiligungsrechte aus § 29 und § 36 MAVO zustehen werden. 608

Ein Verstoß gegen die Vorschrift des § 35 KDG liegt vor, wenn der Verantwortliche eine erforderliche Datenschutz-Folgenabschätzung (DSFA) nicht vorgenommen hat. Darüber hinaus gilt dies auch dann, wenn eine **erforderliche DSFA** nicht ordnungsgemäß vorgenommen worden ist. Ein Verstoß des Verantwortlichen gegen die Pflichten aus § 35 KDG ist durch die Datenschutzaufsicht zu sanktionieren. Außerdem können Betroffene gegen den Verantwortlichen einen Schadenersatzanspruch (§ 50 Abs. 1 KDG) oder einen Entschädigungsanspruch (§ 50 Abs. 3 KDG) geltend machen. 609

2. Verzeichnis von Verarbeitungstätigkeiten

§ 31 KDG verpflichtet Verantwortliche, zum Nachweis der Einhaltung des Gesetzes ein Verzeichnis der ihrer Zuständigkeit unterliegenden Verarbeitungstätigkeiten zu führen.[110] Dieses Verzeichnis soll der **Dokumentation**, 610

[108] Datenschutzkonferenz, Kurzpapier Nr. 5, Seite 4; Baumgartner in Ehmann / Selmayr, Art. 35 DS-GVO Rn. 71; Raum in Auernhammer, DS-GVO / BDSG, Art. 35 Rn. 61

[109] Baumgartner in Ehmann / Selmayr, Datenschutz-Grundverordnung, Art. 35 Rn. 71

[110] Erwägungsgrund 82 zur DS-GVO

Selbstkontrolle und zu Beweiszwecken dienen.[111] Außerdem soll dem Verantwortlichen mit der Erstellung des Verzeichnisses auch die Bedeutung und die ihm daraus erwachsende **Verantwortung bei der Verarbeitung personenbezogener Daten** vor Augen geführt werden. Weiterhin dient das Verzeichnis als wesentliche Grundlage für eine strukturierte Datenschutzdokumentation. Ohne ein solches Verzeichnis wird es dem Verantwortlichen regelmäßig nicht möglich sein, seiner Verpflichtung aus § 7 Abs. 2 KDG nachzukommen, die Einhaltung der Grundsätze der Verarbeitung nachweisen zu können.[112]

611 Als **Verarbeitungstätigkeit** wird im Allgemeinen ein Geschäftsprozess auf geeignetem Abstraktionsniveau verstanden.[113] Für jede einzelne Verarbeitungstätigkeit ist eine Beschreibung nach Maßgabe des § 31 KDG anzufertigen. Dabei ist ein **strenger Maßstab** anzulegen, so dass jeder neue Zweck der Verarbeitung eine eigene Verarbeitungstätigkeit darstellt.[114] Das Verzeichnis muss nach § 31 KDG wesentliche Angaben zur Verarbeitung beinhalten wie beispielsweise die **Zwecke der Verarbeitung** und eine Beschreibung der Kategorien der personenbezogenen Daten, der betroffenen Personen und der Empfänger.[115] Je nach Beschreibung einer Verarbeitungstätigkeit ist der Verarbeitungszweck zu dokumentieren.

612 **Beispiel**

- Personalaktenführung / Stammdaten
- Lohn-, Gehalts- und Bezügeabrechnung
- Arbeitszeiterfassung
- Urlaubsdatei
- Nutzungsprotokollierungen IT / Internet / E-Mail
- Bewerbungsverfahren

111 Werpers in Sydow, Kirchliches Datenschutzrecht, § 31 Rn. 1

112 Datenschutzkonferenz, Kurzpapier Nr. 1, Seite 3

113 Hartung in Kühling / Buchner, DS-GVO, BDSG, Art. 30 Rn. 15

114 Datenschutzkonferenz, Hinweise zum Verzeichnis von Verarbeitungstätigkeiten, Art. 30 DS-GVO, Seite 1

115 Datenschutzkonferenz, Kurzpapier Nr. 1, Seite 2

- Telefondatenerfassung
- Firmenparkplatzverwaltung
- Videoüberwachung an Arbeitsplätzen, in Schulen, Pflegeheimen etc.
- Beschaffung / Einkauf sowie Finanzbuchhaltung
- Antragsbearbeitung
- Meldewesen (Melderegister)
- Wahlen (Wählerverzeichnis für Gremienwahlen oder Wahlen gemäß MAVO)
- betriebsärztliche Untersuchungen
- Beratungsleistungen aller Art

Aus dem Verarbeitungsverzeichnis kann die DSFA abgeleitet werden. Anhand 613
der einzelnen Verarbeitungstatbestände kann konkret das **jeweilige Risiko** für die Rechte der Betroffenen analysiert werden.[116]

! Das Führen eines Verzeichnisses von Verarbeitungstätigkeiten ist eine 614
Pflicht, die dem Verantwortlichen vom Gesetz zwingend aufgegeben wird. Dementsprechend führt ein Verstoß gegen diese Pflicht zu einer Sanktionierung durch die Datenschutzaufsicht gemäß §§ 49, 51 KDG.

[116] Gossen / Schramm, ZD 2017, Seite 7

IV. Datenschutz im Rahmen der MAV-Beteiligungsrechte

615 Bei der MAV werden aufgrund der gesetzlichen Beteiligungsrechte gemäß MAVO eine Vielzahl von personenbezogenen Daten (§ 4 Nr. 1 KDG) und teils auch solche besonderer Kategorie (§ 4 Nr. 2 KDG) verarbeitet. Die **Beteiligungsrechte der MAV** werden gemäß § 28 Abs. 1 MAVO in die folgenden vier Bereiche unterteilt:

- Anhörung und Mitberatung
- Vorschlagsrecht
- Zustimmung
- Antragsrecht

616 Zwar findet diese grundsätzliche Einteilung eine Entsprechung im Betriebsverfassungsgesetz, jedoch bleiben die einzelnen Rechte zum Teil erheblich hinter den **Rechten eines Betriebsrats** zurück. Das hat dann gegebenenfalls Auswirkungen auf datenschutzrechtliche Vorschriften.[117] Wo Beteiligungsrechte hinter denen des BetrVG zurückbleiben, ist regelmäßig auch die Verarbeitung personenbezogener Daten bei der MAV eingeschränkt.

617 Andererseits hat die MAV darauf zu achten, dass alle Mitarbeitenden **nach Recht und Billigkeit behandelt** werden (§ 26 Abs. 1 Satz 2 MAVO). Damit gemeint ist die Einhaltung von Recht und Gesetz. Neben kirchlichen Rechtsvorschriften sind darunter auch völkerrechtliche Bestimmungen, nationale Gesetze und Rechtsordnungen, kollektive Rechtsinstrumente sowie Richterrecht und Gewohnheitsrecht zu verstehen.[118] Voraussetzung für eine korrekte Aufgabenerfüllung einer MAV ist deshalb die Kenntnis der rechtlichen Regelungen. Dazu gehören auch **datenschutzrechtliche Vorschriften.** Eine MAV, die nicht weiß, welche Unterlagen ihr im Rahmen der Beteiligung nach den §§ 26 ff. MAVO vorzulegen sind, kann eine Willenserklärung nur „ins Blaue

---

[117] Ullrich, ZMV 2021, Seite 81

[118] Stöcke-Muhlack in Eichstätter Kommentar, MAVO, § 26 Rn. 20

hinein" abgeben. **In der Praxis** scheint dies zumindest im Hinblick auf datenschutzrechtliche Vorschriften leider mehr die Regel als die Ausnahme zu sein.

Im Folgenden soll zunächst auf das Informationsrecht (Nr. 1) und anschließend auf das Anhörungs- und Mitberatungsrecht (Nr. 2) sowie das Zustimmungsrecht bei Einführung und Anwendung technischer Einrichtungen (Nr. 3) als stärkstes Beteiligungsrecht[119] eingegangen werden. 618

1. Informationsrecht

Will eine MAV ihrer gesetzlichen Überwachungspflicht nachkommen, hat sie einen Anspruch nach § 26 Abs. 1 Satz 2, § 27 ff. MAVO auf Vorlage solcher Unterlagen, die für die Erledigung dieser Aufgaben erforderlich sind. Die Voraussetzungen dieses **Informationsrechts,** mit dem eine entsprechende Informationspflicht der Dienstgeberin korrespondiert, hat die MAV darzulegen. Anhand ihrer Angaben kann die Dienstgeberin – und im Konfliktfall das Kirchliche Arbeitsgericht – prüfen, ob die Voraussetzungen der Vorlagepflicht im Hinblick auf die gewünschten Unterlagen gegeben sind.[120] 619

Die MAVO enthält keine konkrete Regelung, aus der hervorgeht, auf welche Weise die Dienstgeberin ihrer **Informationspflicht** zu genügen hat. Sie ist mithin in der Wahl der Informationsmittel grundsätzlich frei.[121] Die Dienstgeberin erfüllt den Anspruch der MAV durch die Vorlage von Unterlagen, in der die verlangten Informationen verkörpert sind. Dabei ist die Dienstgeberin berechtigt und verpflichtet, zu prüfen, ob aus den verlangten Unterlagen Angaben hervorgehen, die **in keinem Zusammenhang** mit der geltend gemachten Überwachungsaufgabe oder einer anderen MAV-Aufgabe stehen. Das kann zur Folge haben, dass eine Unterlage gegebenenfalls nur in Auszügen zur Verfügung zu stellen ist, soweit in ihr Informationen verkörpert sind, auf die sich 620

[119] Stöcke-Muhlack in Eichstätter Kommentar, MAVO, § 28 Rn. 10

[120] BAG, Beschluss vom 16.8.2011, 1 ABR 22/10, Rn. 63

[121] Jüngst in Thiel / Fuhrmann / Jüngst, MAVO, § 27 Rn. 30 f.

der Vorlageanspruch der MAV nicht erstreckt.[122] Die **Überlassung personenbezogener Daten an die MAV,** die vom Vorlageanspruch der MAV nicht umfasst werden, ist unzulässig. Deshalb ist die Einräumung eines Leserechts auf Personalunterlagen für die MAV, beispielsweise in SAP, unzulässig.

1.1 Teilnahme an Personalgesprächen

621 § 26 Abs. 3a MAVO gewährt Mitarbeitenden das Recht, ein **Mitglied der MAV** hinzuzuziehen bei einem Gespräch mit dem Dienstgeber über

- personen-, verhaltens- oder betriebsbedingte Schwierigkeiten, die zur Gefährdung des Dienst- oder Arbeitsverhältnisses führen können (Nr. 1)
- oder den Abschluss eines Änderungs- oder Aufhebungsvertrages (Nr. 2).

622 Es handelt sich hierbei ausdrücklich um einen **Rechtsanspruch für Mitarbeitende**. Ein allgemeiner Anspruch der MAV, an solchen Gesprächen teilzunehmen, ist daraus nicht abzuleiten. Unzulässig ist deshalb die generelle Beteiligung der MAV, wenn die MAVO nur die Möglichkeit für Mitarbeitende vorsieht, ein **Mitglied der MAV** hinzuziehen zu können. Die Dienstgeberin darf in einem solchen Fall nicht von sich aus die MAV darüber informieren, dass ein solches Gespräch stattfindet und erst recht nicht darüber, welche Inhalte Gegenstand des Gesprächs sind.[123]

623 Auch eine **Dienstvereinbarung** kann nicht vorsehen, dass die MAV über Gespräche gemäß § 26 Abs. 3a MAVO verpflichtend zu unterrichten ist.[124] Nach dieser Vorschrift steht es ausschließlich im Ermessen Mitarbeitender, ob sie zu dem Gespräch ein MAV-Mitglied hinzuziehen möchten.[125] Bei einer Information der MAV würde der Personalfall allen Mitgliedern der MAV bekannt. Das ist aber unzulässig, soweit Betroffene dem nicht zugestimmt haben.

---

[122] BAG, Beschluss vom 17.3.1983, 6 ABR 33/80

[123] Stück, ZD 2019, Seite 346 (351); BAG, Beschluss vom 12.8.2009, 7 ABR 15/08

[124] BAG, Beschluss vom 11.12.2018, 1 ABR 12/17; andere Ansicht Fitting, BetrVG, § 75 Rn. 139a, der sich auf die Vorinstanz LAG Düsseldorf, Beschluss vom 25.10.2016, 8 TvBV 62/16 bezieht

[125] Jüngst in Thiel / Fuhrmann / Jüngst, MAVO, § 26 Rn. 167

Wenn ein Mitglied der MAV aufgrund einer entsprechenden Bitte eines Mitarbeitenden an dem Gespräch teilnimmt, vertritt dieses MAV-Mitglied in der Situation nicht die MAV, sondern **unterstützt** ausschließlich den Mitarbeiter oder die Mitarbeiterin. Deshalb besteht gegenüber dem Gremium eine Schweigepflicht.[126] 624

Auch sind die Beteiligungsrechte für die MAV im Rahmen der Einstellung abschließend geregelt. Aus § 34 MAVO ergibt sich kein genereller Anspruch der MAV, an **Einstellungsgesprächen** teilzunehmen.[127] In einem solchen Gespräch werden personenbezogene Daten verarbeitet, die für die Prüfung eines Zustimmungsverweigerungsrechts der MAV nicht erforderlich sind. 625

! Eine Vereinbarung zwischen MAV und Dienstgeberin, welche der MAV oder einem Mitglied ein Teilnahmerecht einräumt, ist deshalb unzulässig. 626

1.2 Betriebliches Eingliederungsmanagement (BEM)

Seit 2004 besteht für Dienstgeberinnen die Verpflichtung, ein Betriebliches Eingliederungsmanagement (BEM) durchzuführen. Da viele Beendigungen des Arbeitsverhältnisses auf krankheitsbedingte Gründe zurückzuführen sind, soll mit dem BEM ein Verfahren etabliert werden, welches durch geeignete **Gesundheitsprävention** das Arbeitsverhältnis möglichst dauerhaft sichert.[128] Die Dienstgeberin muss dieses Verfahren von sich aus anstrengen[129] und ist zu dessen Durchführung verpflichtet, wenn die betroffene Person zustimmt.[130] 627

---

126 Thiel in Thiel / Fuhrmann / Jüngst, MAVO, § 20 Rn. 31; andere Ansicht BAG, Beschluss vom 11.12.2018, 1 ABR 12/17

127 BAG, Beschluss vom 18.7.1978, 1 ABR 8/75

128 Bundestags-Drucksache 15/1783

129 BAG, Urteil vom 13.5.2015, 2 AZR 565/14

130 Linck in Schaub, Arbeitsrechts-Handbuch, § 31 Rn. 7

628 **§ 167 Abs. 2 SGB IX lautet auszugsweise:**

Sind Beschäftigte innerhalb eines Jahres länger als sechs Wochen ununterbrochen oder wiederholt arbeitsunfähig, klärt der Arbeitgeber mit der zuständigen Interessenvertretung im Sinne des § 176, bei schwerbehinderten Menschen außerdem mit der Schwerbehindertenvertretung, mit Zustimmung und Beteiligung der betroffenen Person die Möglichkeiten, wie die Arbeitsunfähigkeit möglichst überwunden werden und mit welchen Leistungen oder Hilfen erneuter Arbeitsunfähigkeit vorgebeugt und der Arbeitsplatz erhalten werden kann (betriebliches Eingliederungsmanagement). Beschäftigte können zusätzlich eine Vertrauensperson eigener Wahl hinzuziehen. Soweit erforderlich, wird der Werks- oder Betriebsarzt hinzugezogen. Die betroffene Person oder ihr gesetzlicher Vertreter ist zuvor auf die Ziele des betrieblichen Eingliederungsmanagements sowie auf Art und Umfang der hierfür erhobenen und verwendeten Daten hinzuweisen. (...)

629 Durch das Gesetz wird damit zunächst ausdrücklich festgelegt, dass Betroffene über die Ziele des Verfahrens zu informieren sind. Darüber hinaus sind sie über die **Art und den Umfang der erhobenen Daten** und darüber zu informieren, wem diese Daten zugänglich gemacht werden.[131]

630 Die zuständige Interessenvertretung – bei schwerbehinderten Menschen außerdem die Schwerbehindertenvertretung – wacht darüber, dass der Arbeitgeber die ihm nach dieser Vorschrift obliegenden Verpflichtungen erfüllt. Das Gesetz spricht zunächst von einer Klärung zwischen Arbeitgeber und Interessenvertretung. Eine Verpflichtung der Dienstgeberin, Betroffenen ein **Angebot für ein BEM-Gespräch** zu unterbreiten, besteht aber auch dann, wenn eine Mitarbeitervertretung nicht existiert.[132] Wenn eine MAV besteht, muss die Dienstgeberin dieser die Namen der Mitarbeitenden mit Arbeitsunfähigkeitszeiten von mehr als sechs Wochen im zurückliegenden Zwölf-Monats-Zeitraum auch dann mitteilen, wenn die Betroffenen der Weitergabe

[131] Däubler, Gläserne Belegschaften, Rn. 399c

[132] BAG, Beschluss vom 30.9.2010, 2 AZR 88/09

nicht zugestimmt haben. § 167 Abs. 2 Satz 8 SGB IX verpflichtet die zuständige Interessenvertretung, darüber zu wachen, dass der Arbeitgeber seinen gesetzlichen Verpflichtungen nachkommt. Eine solche Überprüfung ist ohne die **namentliche Nennung** der betroffenen Beschäftigten nicht möglich.[133]

Die Mitteilung nur **anonymisierter Unterlagen** reicht nicht aus. Dadurch kann die MAV keine hinreichende Gewissheit darüber erlangen, dass alle betroffenen Mitarbeitenden über das gesetzlich verpflichtende Angebot des Betrieblichen Eingliederungsmanagements tatsächlich informiert wurden.[134] Nur bei Mitteilung der Namen der Betroffenen kann die MAV durch Nachfrage überprüfen, ob die Dienstgeberin überhaupt die Durchführung eines BEM angeboten und die Betroffenen ordnungsgemäß belehrt hat.[135] 631

Die **Namensliste** enthält Angaben darüber, welche Mitarbeitende krankheitsbedingte Fehlzeiten von mehr als sechs Wochen innerhalb des letzten Jahres aufweisen. Es handelt sich dabei um personenbezogene Daten besonderer Kategorie gemäß § 4 Nr. 2 KDG in Verbindung mit § 4 Nr. 17 KDG, weil daraus Informationen über den Gesundheitszustand hervorgehen. Die Verarbeitung solcher Daten ist nach § 11 Abs. 1 KDG grundsätzlich unzulässig. 632

Eine **Übermittlung der personenbezogenen Daten** an die MAV ist nach der aktuellen gesetzlichen Regelung auch eine Verarbeitung von Daten im Sinn des § 4 Nr. 3 KDG. Entgegen den Vorgängerregelung in der KDO[136] ist nach dem KDG für das Vorliegen einer „Übermittlung" nicht mehr erforderlich, dass die personenbezogenen Daten „Dritten" offenbart werden. Es kommt also nicht mehr darauf an, ob man die MAV als „Dritten" betrachtet oder als Teil des Verantwortlichen (ausführlich zu dieser Thematik bereits ► Rn. 524 ff.). Die Übermittlung an die MAV ist aber dennoch zulässig, da § 11 Abs. 1 KDG nicht gilt, wenn einer der in § 11 Abs. 2 KDG genannten Fälle vorliegt. Nach § 11 Abs. 2 lit b) KDG ist eine Verarbeitung dann zulässig, wenn sie erforderlich ist, damit der 633

133 BVerwG, Beschluss vom 4.9.2012, 6 P 5.11, Rn.14

134 BVerwG, Beschluss vom 4.9.2012, 6 P 5.11, Rn. 14

135 BAG, Beschluss vom 7.2.2012, 1 ABR 46/10, Rn. 12

136 Gemäß § 2 Abs. 4 Nr. 3 KDO war „Übermitteln" das Bekanntgeben gespeicherter oder durch Datenverarbeitung gewonnener personenbezogener Daten an einen Dritten.

Verantwortliche einer ihm aus dem Arbeitsrecht oder dem Recht der sozialen Sicherheit erwachsenen Pflicht nachkommen kann. Eine solche Verpflichtung erfüllt die Dienstgeberin mit der Weitergabe der Namensliste an die MAV. Darüber hinaus dürfen der MAV aber keine personenbezogenen Daten mitgeteilt werden, die für die Erfüllung ihrer Überwachungsaufgaben **nicht erforderlich** sind. Die Information „länger als sechs Wochen innerhalb der letzten zwölf Monate krank" reicht aus.

634 **!** Die konkreten Fehlzeiten und erst recht die konkreten Gründe bzw. die Angabe der Krankheiten dürfen nicht mitgeteilt werden.

635 Die **Überwachungsaufgabe** der MAV bezieht sich nur darauf, sicherzustellen, dass die Dienstgeberin alle Mitarbeitenden, die in den zurückliegenden zwölf Monaten länger als sechs Wochen arbeitsunfähig krank gewesen sind, über die Möglichkeit und den Umfang eines BEM informiert hat.

636 Für eine weitere Beteiligung eines MAV-Mitglieds im zweiten Schritt des BEM, in dem es um den eigentlichen **Klärungsprozess** geht, wie die Arbeitsunfähigkeit möglichst überwunden werden und mit welchen Leistungen oder Hilfen erneuter Arbeitsunfähigkeit vorgebeugt und der Arbeitsplatz erhalten werden kann, ist die **Zustimmung der Betroffenen** erforderlich. Hierbei handelt es sich nicht um ein Beteiligungsrecht der MAV, sondern Betroffenen wird vom Gesetz die Möglichkeit zugesprochen, eine Vertrauensperson eigener Wahl hinzuzuziehen. Handelt es sich dabei um ein Mitglied der MAV, ist dieses nicht berechtigt, der MAV über Inhalte des Gesprächs zu berichten. Das hinzugezogene MAV-Mitglied unterstützt Betroffene nur bei Ausübung eines Individualrechts und ist dabei gleichsam „Helfer" Betroffener.[137]

[137] Kort, NZA 2019, Seite 502

1.3 Einsicht in Bruttogehaltslisten

Der Kirchliche Arbeitsgerichtshof (KAGH) hat in einer Entscheidung festgestellt, dass es auch im Geltungsbereich der MAVO gemäß § 26 Abs. 2 Satz 1 MAVO einen **Anspruch der MAV auf Vorlage der Bruttoentgeltlisten** gibt.[138] Nach Rechtsauffassung des KAGH besteht dieses Einsichtsrecht unabhängig von der Darlegung eines besonderen Anlasses, weil die Erforderlichkeit des Einsichtsrechts sich bereits aus der Aufgabenzuweisung der MAV in § 26 Abs. 1 Satz 2 MAVO ergibt. 637

Die Vorschrift entspricht § 75 Abs. 1 BetrVG. Danach ist es Aufgabe des Betriebsrats, darüber zu wachen, dass die zugunsten der Arbeitnehmer geltenden Gesetze eingehalten werden.[139] Eine gleiche Aufgabenzuweisung trifft § 26 Abs. 1 Satz 2 MAVO für die MAV. Damit ist eine **Erforderlichkeit durch die Aufgabenzuweisung** gegeben, ohne dass darüber hinaus von der MAV glaubhaft gemacht werden müsste, dass die Dienstgeberin von den Grundsätzen von Recht und Billigkeit abgewichen ist.[140] Voraussetzung ist, dass eine solche Liste bei der Dienstgeberin vorhanden ist. 638

§ 26 Abs. 3 Nr. 10 erste Alternative MAVO verpflichtet die MAV im Rahmen der Mitbestimmung, die **Entgeltgleichheit von Frauen und Männern** durchzusetzen. Sie hat beispielsweise im Rahmen ihrer Mitbestimmung bei Einstellungen durch Verweigerung der Zustimmung zur Eingruppierung einer ungleichen Behandlung nach dem Geschlecht entgegenzuwirken. Weiterhin wird der MAV durch § 26 Abs. 3 Nr. 10 zweite Alternative MAVO die Aufgabe zugesprochen, die für die MAV im **Entgelttransparenzgesetz** (EntgTranspG) festgelegten Aufgaben zu wahren und umzusetzen. 639

§ 10 EntgTranspG gibt den Beschäftigten einen **Anspruch auf Auskunft**, damit diese die Einhaltung des Gebots der Entgeltgleichheit überprüfen können. Es handelt sich hierbei also um einen individualrechtlichen Anspruch der 640

---

[138] KAGH, Urteil vom 22.11.2019, M 07/2019

[139] BAG, Beschluss vom 26.9.2017, 1 ABR 27/16

[140] Stöcke-Muhlack in Eichstätter Kommentar, MAVO, § 26 Rn. 61; andere Ansicht Jüngst in Thiel / Fuhrmann / Jüngst, MAVO, § 26 Rn. 83

Beschäftigten. Zur Erfüllung dieses individualrechtlichen Anspruchs müssen sich Mitarbeitende eines tarifgebundenen oder tarifanwendenden Arbeitgebers gemäß § 14 EntgTranspG an die MAV wenden. Die Interessenvertretung hat den Arbeitgeber dann **in anonymisierter Form zu informieren**. Die MAV muss der Dienstgeberin mitteilen, zu welcher Beschäftigungsgruppe der oder die Anfragende und die angefragte Vergleichstätigkeit gehören und welche Entgeltbestandteile gemäß § 10 Abs. 1 Satz 3 EntgTranspG er oder sie erfragt.[141] Neben der rein deklaratorischen Regelung[142] des § 13 Abs. 1 Satz 1 EntgTranspG überträgt § 13 Abs. 1 Satz 2 EntgTranspG der Interessenvertretung ausdrücklich die Aufgabe, dieses Auskunftsrecht gegenüber dem Arbeitgeber wahrzunehmen.

641 **!** Die MAV ist durch diese Vorschrift berufen, einen individualrechtlichen Anspruch eines Mitarbeitenden durchzusetzen.

642 Die MAV hat nach § 13 Abs. 3 EntgTranspG keinen eigenen allgemeinen Anspruch auf Vorlage der aufbereiteten Bruttoentgeltlisten. Der Anspruch setzt vielmehr ein **konkretes Auskunftsverlangen eines Mitarbeitenden** voraus. Dies ergibt sich aus § 13 Abs. 3 Satz 3 EntgTranspG, wonach die Entgeltlisten so aufzubereiten sind, dass der Betriebsausschuss im Rahmen seines Einblicksrechts die Auskunft ordnungsgemäß erfüllen kann. Damit wird ausdrücklich eine zu erfüllende Auskunft für den Anspruch vorausgesetzt. Gleichzeitig verpflichtet diese Vorschrift den Arbeitgeber, die Entgeltlisten „aufzuarbeiten". Im Gegensatz zu der Regelung des allgemeinen Einsichtsrechts in § 80 Abs. 2 Halbsatz 2 BetrVG ist der Arbeitgeber hier verpflichtet, wenn es für die Aufgabenerfüllung der Interessenvertretung erforderlich ist, **Unterlagen zu erstellen**, die ihm bislang in dieser Form noch nicht vorliegen.[143] Die Dienstgeberin hat eine auf Vollzeitäquivalente hochgerechnete Gehaltsauflistung zu erstellen, aus der die MAV den Median des durchschnittlichen Bruttogehalts

[141] Bundestags-Drucksache 18/11133, Seite 64

[142] Bauer / Krieger / Günther, AGG / EntgTranspG, § 13 Rn. 1

[143] BAG, Beschluss vom 7.5.2019, 1 ABR 53/17

berechnen kann.[144] Weiterhin hat die Dienstgeberin gemäß § 13 Abs. 2 Satz 2 EntgTranspG die Entgeltlisten zwar nach Geschlecht aufzuschlüsseln, jedoch ergibt sich daraus nicht die Pflicht einer namentlichen Nennung der Beschäftigten.[145] Anders als nach dem allgemeinen Einsichtsrecht gemäß § 80 Abs. 2 Satz 2 BetrVG ist nach datenschutzrechtlichen Vorschriften und nach § 12 Abs. 3 EntgTranspG eine **Namensnennung** im Fall des § 26 Abs. 3 Nr. 10 zweite Alternative MAVO unzulässig.

Das BetrVG begrenzt die Zahl der zur Einsicht Berechtigten, indem es fest- 643
legt, dass die Ausübung des allgemeinen Einsichtsanspruchs einem Betriebsausschuss oder einem nach § 28 BetrVG gebildeten Ausschuss vorbehalten ist, sowie in kleineren Betrieben dem Betriebsratsvorsitzenden, dessen Stellvertreter oder einem beauftragten Betriebsratsmitglied.[146] Die **Begrenzung des Einsichtsrechts** auf Mitglieder solcher Ausschüsse bzw. auf ein Mitglied der Interessenvertretung ist erforderlich, um die Zahl derer, die Kenntnis von personenbezogenen Daten der Beschäftigten erhalten, gering zu halten. Auch ohne eine entsprechende Festlegung in der MAVO ist die Zahl derer, die Einblick in Gehaltslisten nehmen dürfen, auf eine **für die Zweckerfüllung erforderliche Zahl** zu begrenzen. Ein MAV-Mitglied sollte durchaus in der Lage sein, eine Kontrolle allein durchzuführen und dabei eventuelle Unregelmäßigkeiten zu erfassen. Die Einsichtnahme des gesamten Gremiums ist demgegenüber für die Zweckerreichung nicht erforderlich. In größeren Einrichtungen ist das Recht einem aus der MAV gebildeten Ausschuss zu übertragen.

1.4 Vorlage von Stellenplänen

Der Stellenplan ist Teil der Personalplanung. Zunächst wird darin festge- 644
stellt, welche Stellen wirtschaftlich bzw. rechtlich zur Verfügung stehen.[147] Dies ist ein abstrakter Stellenplan **(Soll-Stellenplan)**. Aus diesem heraus wird der **Ist-Stellenplan** entwickelt, der die Stellen ausweist, die tatsächlich in

[144] Bundestags-Drucksache 18/11133, Seite 63

[145] Bauer / Krieger / Günther, AGG / EntgTranspG, § 13 Rn. 12

[146] BAG, Beschluss vom 7.5.2019, 1 ABR 53/17

[147] KAGH, Urteil vom 2.3.2007, M 06/06, Rn. 14

der Einrichtung von den Kostenträgern zugestanden und damit vorhanden und besetzt sind.[148] Da die MAV im Rahmen ihrer personellen Mitbestimmung, insbesondere **bei personellen Einzelmaßnahmen**, unter Umständen auch wertende Vergleiche vornehmen muss, bezieht sich die Informationspflicht der Dienstgeberin auf die Mitteilung der Ist-Besetzung, also auf die Beschreibung des Ist-Zustandes. Das gilt selbst dann, wenn die Dienstgeberin keine entsprechende Zusammenstellung hat.[149]

645 **Der Ist-Stellenplan enthält folgende Informationen:**
- Name, Vorname
- Geburtsdatum
- Einstellungsdatum
- Beschäftigungszeit
- Eingruppierung unter Angabe der Kostenstelle
- ausgeübte Tätigkeit
- Einstufung als leitender Mitarbeitender
- Beschäftigungsumfang

646 ! Diese Daten sind personenbezogene Daten gemäß § 4 Nr. 1 KDG. Sie dürfen nur verarbeitet werden im Sinn des § 4 Nr. 3 KDG, wenn eine der Bedingungen des § 6 Abs. 1 KDG vorliegt.

647 Nach § 26 Abs. 2 MAVO sind der MAV auf Verlangen die zur Durchführung ihrer Aufgaben erforderlichen Unterlagen vorzulegen. Zu diesen gehört auch der Ist-Stellenplan.[150] Dabei ist der Begriff „vorlegen“ nicht definiert. Grundsätzlich bedeutet er mehr als „einsehen lassen“[151], aber weniger als „aushändigen“.[152] In jedem Fall erlaubt die Regelung aber die **Bekanntgabe** dieser personenbezogenen Daten an die MAV. Während sich der Kirchliche Arbeitsgerichtshof nicht

148 Jüngst in Thiel / Fuhrmann / Jüngst, MAVO, § 26 Rn. 70

149 KAGH, Urteil vom 2.3.2007, M 06/06, Rn. 16

150 Jüngst in Thiel / Fuhrmann / Jüngst, MAVO, § 26 Rn. 70

151 Stöcke-Muhlack in Eichstätter Kommentar, MAVO, § 26 Rn. 54

152 Jüngst in Thiel / Fuhrmann / Jüngst, MAVO, § 26 Rn. 61

festlegt, wie die Dienstgeberin die MAV im Hinblick auf den Stellenplan zu unterrichten hat, wird in der Literatur die Ansicht vertreten, dass zumindest eine **vorübergehende Überlassung** sachgemäß ist.[153] Das Bundesverwaltungsgericht sieht darüber hinaus für die Fälle, in denen der Personalrat Unterlagen zur Wahrnehmung seiner Beteiligungsrechte immer wieder benötigt, einen Anspruch des Personalrats darauf, ihm **Kopien auf Dauer** zu überlassen.[154] Hat die MAV von der Dienstgeberin den Ist-Stellenplan, egal in welcher Form, zur Kenntnis erhalten, hat sie bei der weiteren Verarbeitung die Grundsätze der Verarbeitung personenbezogener Daten gemäß § 7 KDG zu beachten. Dabei ist die Verarbeitung unter anderem auf die festgelegten Zwecke und das notwendige Maß zu beschränken. Dies schließt die Anfertigung von Kopien für jedes einzelne MAV-Mitglied aus.

2. Anhörung und Mitberatung

Will eine Dienstgeberin in einer Angelegenheit, die der Anhörung und Mitberatung nach § 29 MAVO unterliegt, eine Entscheidung fällen, ist zuvor die ordnungsgemäße, den Regelungen der MAVO entsprechende Beteiligung der MAV erforderlich. Das Verfahren richtet sich nach § 29 Absätze 2 bis 4 MAVO. Die MAV muss auf der Grundlage der Darstellungen der Dienstgeberin in die Lage versetzt werden, sich ein Bild von der Maßnahme zu verschaffen und zu beurteilen, ob sie sachgemäße Einwendungen dagegen vorbringen kann.[155] Das Beteiligungsverfahren soll die **rechtzeitige und umfassende Information der MAV** sicherstellen.[156] Deshalb müssen ihr alle Unterlagen zugänglich gemacht werden, welche die Dienstgeberin aufgrund gesetzlicher Regelungen zu erstellen hat. 648

[153] Stöcke-Muhlack in Eichstätter Kommentar, MAVO, § 26 Rn. 55; Jüngst in Thiel / Fuhrmann / Jüngst, MAVO, § 26 Rn. 61

[154] BVerwG, Beschluss vom 23.1.2002, 6 P 5.01

[155] Jüngst in Thiel / Fuhrmann / Jüngst, MAVO, § 28 Rn. 12

[156] Stöcke-Muhlack in Eichstätter Kommentar, MAVO, § 28 Rn. 3

649 **Beispiel**

Möchte die Dienstgeberin formalisierte Krankenrückkehrgespräche einführen, ist gemäß § 31 KDG ein Verzeichnis von Verarbeitungstätigkeiten zu erstellen. Weiterhin hat der Dienstgeber eine Datenschutz-Folgenabschätzung (DSFA) gemäß § 35 Abs. 4 lit b) KDG durchzuführen. Ohne die Vorlage dieser Unterlagen kann die MAV eine ordnungsgemäße Beurteilung der Maßnahme nicht vornehmen.

650 Nach der Rechtsprechung des Bundesarbeitsgerichts[157] sind solche standardisierten Gespräche **mitbestimmungspflichtig** (§ 29 Abs. 1 Nr. 3 MAVO). Hat die Dienstgeberin die Erstellung dieser Unterlagen versäumt, kann eine ordnungsgemäße Anhörung der MAV nicht stattfinden.

651 Zwar sind dem Betriebsrat nach der ständigen Rechtsprechung des Bundesarbeitsgerichts nur solche Unterlagen zur Verfügung zu stellen, die der Arbeitgeber – zumindest in Form einer elektronischen Datei – tatsächlich besitzt.[158] Grundsätzlich kann der Betriebsrat also nicht verlangen, dass der Arbeitgeber **nicht vorhandene Unterlagen** für ihn herstellt.[159] Etwas anderes muss aber gelten, wenn eine Rechtsnorm den Arbeitgeber zur Erstellung entsprechender Unterlagen verpflichtet. Die MAV kann eine DSFA nicht selbst erstellen. Sie kann mithin nicht selbst einschätzen, welche Risiken für die Rechte und Freiheiten des Betroffenen mit der Einführung einer Maßnahme verbunden sind. Es leuchtet ein, dass die Dienstgeberin die Beteiligungsrechte der MAV nicht dadurch umgehen kann, dass sie geltendes Recht umgeht.

652 Die **Frist zur Stellungnahme** gemäß § 29 Abs. 3 MAVO beginnt erst durch eine ordnungsgemäße, vollständige Unterrichtung der MAV.[160]

[157] BAG, Urteil vom 8.11.1994, 1 ABR 22/94

[158] BAG, Beschluss vom 10.10.2006, 1 ABR 68/05

[159] BAG, Beschluss vom 30.9.2008, 1 ABR 54/07

[160] BAG, Beschluss vom 26.6.2011, 7 ABR 24/10

3. Zustimmung bei Einführung und Anwendung technischer Einrichtungen

Die Einführung und Anwendung technischer Einrichtungen, die dazu bestimmt sind, das Verhalten oder die Leistung der Mitarbeiterinnen und Mitarbeiter zu überwachen, unterliegt gemäß § 36 Abs. 1 Nr. 9 MAVO der Zustimmung der MAV. Es wird einzelnen Mitarbeitenden häufig schwerfallen, zu erkennen, inwieweit Daten **zu Kontrollzwecken** verwendet werden.[161] Deshalb soll diese Vorschrift der MAV die Möglichkeit und die Befugnis geben, unzulässige Eingriffe in das Persönlichkeitsrecht Mitarbeitender zu verhindern.[162] **Ziel der Vorschrift** ist es damit, Mitarbeitende vor einer Verletzung ihres Persönlichkeitsrechts unter gleichzeitiger Beachtung der schützenswerten Belange der Dienstgeberin zu bewahren.[163] Die Vorschrift bietet damit einen Schutz gerade vor den besonderen Gefahren, die sich aus technischen Einrichtungen ergeben.[164] 653

„Überwachung" im Sinn des Mitbestimmungsrechts ist ein Vorgang, durch den Informationen über das Verhalten oder die Leistung von Beschäftigten erhoben und – jedenfalls in der Regel – aufgezeichnet werden, um sie auch späterer Wahrnehmung zugänglich zu machen.[165] Für eine **Überwachung im Sinn des § 36 Abs. 1 Nr. 9 MAVO** ist es nicht erforderlich, dass die Daten über das Verhalten oder die Leistung von Mitarbeitenden von der technischen Einrichtung selbst (automatisch) erhoben werden. Deren manuelle Eingabe ist ausreichend, wenn diese Daten anschließend gespeichert werden und auf sie zugegriffen werden kann. 654

Eine weitere Voraussetzung für den Mitbestimmungstatbestand ist eine Überwachung mit Hilfe von **technischen Einrichtungen.** Gerade weil durch die Vorschrift einzelne Mitarbeitende vor den besonderen Gefahren geschützt werden 655

161 Däubler, Gläserne Belegschaften, Rn. 666

162 Jüngst in Thiel / Fuhrmann / Jüngst, MAVO, § 36 Rn. 113

163 BAG, Beschluss vom 13.12.2016, 1 ABR 7/15

164 Fitting, BetrVG, § 87 Rn. 215

165 BAG, Beschluss vom 13.12.2016, 1 ABR 7/15

sollen, die sich aus der Anwendung technischer Einrichtungen (Geräte) ergeben können und bei deren Verwendung für diese nicht zwingend erkennbar ist, dass sie neben einer primären Funktion auch zur Überwachung von Leistung oder Verhalten dienen können, ist ein Mitbestimmungsrecht der MAV erforderlich.[166]

656 **!** Nicht technische Kontrollverfahren wie die Überwachung durch andere Mitarbeitende oder den Vorgesetzten fallen deshalb nicht unter den Anwendungsbereich der Vorschrift.

657 Das Mitbestimmungsrecht der MAV besteht bereits bei der **Vorbereitung der Einführung** und nicht erst bei der Inbetriebnahme der technischen Anlage. Dabei muss es das Ziel der MAV sein, anhand der im Mitbestimmungsverfahren vorzulegenden Unterlagen, insbesondere der Datenschutz-Folgenabschätzung und des Verzeichnisses von Verarbeitungstätigkeiten, zu prüfen, ob die geplante Verarbeitung von personenbezogenen Daten erforderlich ist.[167] Gleichzeitig ist mit Hinweis auf die Grundsätze der Datenverarbeitung darauf hinzuwirken, dass die Verarbeitung der personenbezogenen Daten auf das zur Erreichung des verfolgten Zwecks **erforderliche Maß beschränkt** wird. Ohne die Vorlage der DSFA und des Verzeichnisses durch die Dienstgeberin kann die MAV eine Beurteilung in der Regel nicht vornehmen. Das Mitbestimmungsverfahren ist deshalb so lange nicht ordnungsgemäß eingeleitet, bis die erforderlichen Unterlagen vorliegen.

658 **!** Fristen beginnen erst dann zu laufen, wenn alle erforderlichen Unterlagen vorgelegt worden sind.

---

[166] Eine umfangreiche Auflistung von Beispielen für technische Überwachungseinrichtungen findet sich u. a. bei Fitting, BetrVG, § 87 Rn. 244.

[167] Jüngst in Thiel / Fuhrmann / Jüngst, MAVO, § 36 Rn. 130

Mitarbeitende können bei nicht ordnungsgemäßer (ohne Zustimmung der MAV) Einrichtung der technischen Einrichtung ihre Arbeitsleistung verweigern, ohne arbeitsvertragliche Konsequenzen befürchten zu müssen.[168] 659

[168] Jüngst in Thiel / Fuhrmann / Jüngst, MAVO, § 36 Rn. 133

V. Schweigepflicht der MAV-Mitglieder

660 Die in § 20 MAVO geregelte Schweigepflicht für Mitglieder der MAV betrifft primär mitbestimmungsrechtliche Fragestellungen. Ein Verstoß gegen diese Vorschrift ist nicht zwingend auch ein Verstoß gegen Datenschutzgesetze. In den seltensten Fällen wird die **MAV als Gremium** gegen datenschutzrechtliche Vorschriften verstoßen. Dies wäre denkbar bei einer Veröffentlichung von Bruttolohnlisten zu dem Zweck, auf die unterschiedliche Bezahlung von Männern und Frauen hinzuweisen. Dass einzelne Mitglieder der MAV gegen datenschutzrechtliche Regelungen verstoßen, ist demgegenüber weit wahrscheinlicher.

661 **Beispiel**

Das ist beispielsweise der Fall, wenn Dritten mitgeteilt wird, wer sich auf eine ausgeschriebene Stelle beworben hat.

662 Ein Verstoß gegen die Schweigepflicht nach § 20 MAVO, der gleichzeitig einen Verstoß gegen das KDG darstellt, ist denkbar, wenn ein MAV-Mitglied personenbezogene Daten, die es im Rahmen seiner **Hinzuziehung zum BEM-Gespräch** erfahren hat, der MAV mitteilt. Die Besprechung personenbezogener Daten im BEM-Gespräch stellt zunächst eine nicht automatisierte Verarbeitung dar, die jedoch in einem Dateisystem (Personalakte) gespeichert werden soll. Die Hinzuziehung eines MAV-Mitglieds stellt aber **keine Beteiligung der MAV** dar, sondern soll Betroffenen nur die Möglichkeit einräumen, von einer fachkundigen Person ihres Vertrauens unterstützt zu werden. Die Offenbarung der in diesem Gespräch erfahrenen Daten an Dritte ist unzulässig im Sinn der MAVO und stellt eine unrechtmäßige Verarbeitung von personenbezogen Daten nach dem KDG dar.

663 Nach § 20 Satz 5 MAVO stellt eine **Verletzung der Schweigepflicht** in der Regel eine grobe Pflichtverletzung im Sinn von § 13c Nr. 4 MAVO dar. Der Verstoß gegen die Verschwiegenheitspflicht stellt damit keinen absoluten

Amtsenthebungsgrund dar, sondern das Kirchliche Arbeitsgericht hat zu prüfen, ob der Verstoß nach Art und Schwere die **Amtsenthebung** rechtfertigt.[169] Solche Verstöße können im Hinblick auf personenbezogene Daten von anderen Mitarbeitenden die Verbreitung von Kenntnissen sein, die die Intimsphäre von Mitarbeitenden empfindlich betreffen. Dazu gehören beispielsweise eine bestehende Schwangerschaft, die Vermögenslage, Gehaltsbezüge, Straf- oder Zwangsvollstreckungsmaßnahmen gegen Mitarbeitende.[170]

§ 20 MAVO entspricht weitgehend der Vorschrift des § 79 BetrVG. Eine Rege- 664
lung, wie sie § 99 Abs. 1 Satz 3 BetrVG enthält, in der Betriebsratsmitglieder ausdrücklich auf die Verpflichtung hingewiesen werden, über personenbezogene Daten Stillschweigen zu bewahren, die diese im Rahmen einer personellen Maßnahme erfahren haben, fehlt in der MAVO. Dementsprechend kann § 20 MAVO, der nicht primär die Interessen der Belegschaft betrifft, anders als § 99 Abs. 3 BetrVG nicht als **Schutzgesetz im Sinn des § 823 Abs. 2 BGB** verstanden werden. Eine Schadenersatzpflicht bei einem Verstoß gegen diese Vorschrift gegenüber Bewerbenden oder Mitarbeitenden scheidet insoweit aus. Ebenso scheidet eine **Bestrafung nach § 203 StGB** aus. Diese Vorschrift belegt in Abs. 2 Nr. 3 Personen mit Strafe, die Aufgaben oder Befugnisse nach dem Personalvertretungsrecht wahrnehmen, wenn sie unbefugt ein fremdes Geheimnis, namentlich ein zum persönlichen Lebensbereich gehörendes Geheimnis offenbaren. Aufgrund des **Analogieverbots im Strafrecht** ist eine Übertragung auf den Bereich der Mitarbeitervertretungen nicht zulässig.[171] Dasselbe gilt für eine analoge Anwendung von § 353b Abs. 1 Nr. 3 StGB.[172] Eine Haftung auf Schadenersatz einzelner MAV-Mitglieder kann aber auf § 50 Abs. 1 KDG gestützt werden, wenn das Mitglied personenbezogene Daten von Beschäftigten im Sinn des § 4 Nr. 24 KDG im eigenen Interesse rechtswidrig verarbeitet, also beispielsweise Dritten offenbart hat. Allgemein zur Haftung für Datenschutzverstöße ► Rn. 482 ff.

---

169 Thiel in Thiel / Fuhrmann / Jüngst, MAVO, § 20 Rn. 42

170 Fitting, BetrVG, § 79 Rn. 34

171 Fischer, Strafgesetzbuch, § 203 Rn. 29; eine analoge Anwendung von § 120 BetrVG scheidet schon deshalb aus, weil diese Vorschrift nur Verstöße gegen § 79 BetrVG betrifft.

172 Thiel in Thiel / Fuhrmann / Jüngst, MAVO, § 20 Rn. 44

VI. Datenschutzverstoß bei unterbliebener MAV-Beteiligung

665 § 36 MAVO regelt Tatbestände der Mitbestimmung im engeren Bereich. Ohne eine Zustimmung der MAV oder einen diese ersetzenden Spruch der Einigungsstelle kann die Dienstgeberin die Maßnahme gemäß § 33 Abs. 1 MAVO nicht vornehmen.[173] Wenn die Dienstgeberin **personenbezogene Daten** ohne die Beachtung von Beteiligungsrechten der MAV erhebt, ist die Maßnahme unzulässig. Die Beteiligung der MAV ist **Wirksamkeits- und Rechtmäßigkeitsvoraussetzung.**

666 Nach den Grundsätzen für die Verarbeitung personenbezogener Daten müssen diese gemäß § 7 Abs. 1 lit a) KDG **auf rechtmäßige Weise** verarbeitet werden. „Auf rechtmäßige Weise" im Sinn des KDG bedeutet, dass die Verarbeitung auf der Einwilligung der betroffenen Person oder auf einer anderweitigen Rechtsgrundlage beruht.[174] Danach erfordert die Rechtmäßigkeit jeder Verarbeitung, dass die Verarbeitung zusätzlich zu den anderen in § 7 Abs. 1 KDG geregelten Grundsätzen mindestens einem der in Art. 6 Abs. 1 KDG abschließend festgelegten Rechtsgründen genügen muss.[175] Weiterhin ist die Forderung nach Rechtmäßigkeit aber nicht auf datenschutzrechtliche Vorschriften beschränkt. Vielmehr ist erforderlich, dass die Datenverarbeitung mit der Rechtsordnung insgesamt übereinstimmt.

667 **Im Umkehrschluss** bedeutet dies, dass eine Verarbeitung personenbezogener Daten ausgeschlossen ist, wenn diese unter Verstoß gegen geltende Gesetze erhoben worden sind. Damit stellt eine Datenverarbeitung, die ohne die Zustimmung der MAV oder deren Ersetzung durch die Einigungsstelle erfolgt ist, einen Datenschutzverstoß dar. Für die MAV bedeutet dies, dass sie anstatt oder neben den kollektivarbeitsrechtlichen Möglichkeiten – Anrufung

[173] Jüngst in Thiel / Fuhrmann / Jüngst, MAVO, § 36 Rn. 1

[174] Herbst in Kühling / Buchner, DS-GVO, BDSG, Art. 5 Rn. 11

[175] Heberlein in Ehmann / Selmayr, Datenschutz-Grundverordnung, Art. 5 Rn. 8

der Einigungsstelle, Unterlassungsanspruch[176] – auch die Datenschutzaufsicht durch **Meldung eines Datenschutzverstoßes** auf dieses Problem aufmerksam machen kann.

Bei einer nicht ordnungsgemäßen, ohne Zustimmung der MAV, eingerichteten Kontrolleinrichtung nach § 36 Abs. 1 Nr. 9 MAVO sind Mitarbeitende berechtigt, ihre Arbeitsleistung zu verweigern, ohne deshalb arbeitsvertragliche Konsequenzen befürchten zu müssen.[177] Für Mitarbeitende, die durch Einführung einer solchen Einrichtung in ihren Persönlichkeitsrechten beeinträchtigt worden sind, kann dies unter Umständen zu einem **Schmerzensgeldanspruch** führen.[178] 668

1. Datenschutzrechtliche Prüfung durch die MAV

Bei Einführung von Maßnahmen nach § 36 Abs. 1 Nr. 9 MAVO ist die MAV bereits bei allen Maßnahmen zu beteiligen, die die geplante Anwendung vorbereiten und nicht erst dann, wenn die Einrichtung bereits vollständig installiert ist und vor der ersten Anwendung steht.[179] Die Vorschrift soll der MAV die Möglichkeit einräumen, mögliche **Gefährdungen für die Persönlichkeitssphäre Mitarbeitender** durch anonyme technische Einrichtungen zu verhindern oder zumindest einzudämmen.[180] Über dieses Mitbestimmungsrecht haben Mitarbeitervertretungen die Möglichkeit, den Beschäftigtendatenschutz zu gewährleisten. Dabei ist es herrschende Meinung, dass die Mitbestimmungsrechte bereits dann ausgelöst werden, wenn die Einführung von technischen Maßnahmen zur Kontrolle von Leistung und Verhalten **geeignet** sind, auch wenn die MAVO weiterhin davon spricht, die Maßnahmen 669

176 Jüngst in Thiel / Fuhrmann / Jüngst, MAVO, § 36 Rn. 207

177 Jüngst in Thiel / Fuhrmann / Jüngst, MAVO, § 36 Rn. 133

178 LAG Mainz, Urteil vom 23.5.2013, 2 Sa 510/12; LAG Hessen, Urteil vom 25.10.2010, 7 Sa 1586/09

179 Schmitz in Eichstätter Kommentar, MAVO, § 36 Rn. 96

180 Jüngst in Thiel / Fuhrmann / Jüngst, MAVO, § 36 Rn. 130

müssten zur Kontrolle „bestimmt" sein.[181] Die Erklärung einer Dienstgeberin, eine Kontrolle sei nicht gewollt oder die Versicherung, eine solche werde nicht stattfinden, kann dem Mitbestimmungsrecht nicht entgegengehalten werden.[182]

670 **!** Die MAV sollte aus datenschutzrechtlicher Sicht im Rahmen ihres Mitbestimmungsrechts eine Prüfung der geplanten Maßnahme vor dem Hintergrund des KDG durchführen.

671 **Die MAV hat zunächst zu fragen,** ob die dem Gesetz nach erforderlichen Unterlagen von der Dienstgeberin erstellt worden sind. Dazu wird regelmäßig ein Verzeichnis von Verarbeitungstätigkeiten gemäß § 31 KDG gehören. Darüber hinaus kann es für die Dienstgeberin vor der Umsetzung der Maßnahme erforderlich sein, eine Datenschutz-Folgenabschätzung gemäß § 35 KDG vorzunehmen. **Diese Unterlagen sind der MAV im Rahmen ihrer Beteiligungsrechte vorzulegen.** Obwohl die Dienstgeberin grundsätzlich nicht verpflichtet ist, Unterlagen für die MAV zu erstellen, die bei ihr nicht vorliegen, ist der Fall hier anders gelagert. Sollten diese Unterlagen von der Dienstgeberin nicht erstellt worden sein, hat die MAV hier einen Anspruch auf eine Erstellung, weil das Gesetz die Dienstgeberin dazu verpflichtet. Die MAV fordert also die Erfüllung bestehender gesetzlicher Vorschriften durch die Dienstgeberin.

672 Die Verarbeitung personenbezogener Daten setzt grundsätzlich zunächst für die Rechtmäßigkeit voraus, dass eine der **Bedingungen des § 6 Abs. 1 KDG** erfüllt ist. Werden personenbezogene Daten im Rahmen eines Beschäftigungsverhältnisses verarbeitet, richtet sich die Rechtmäßigkeit der Verarbeitung nach § 53 KDG. Anhand des Katalogs in § 31 Abs. 1 KDG kann die MAV prüfen, welche personenbezogenen Daten welcher Mitarbeitenden für welche Zwecke verarbeitet werden.

181 BAG, Beschluss vom 23.4.1985, 1 ABR 2/82; Schmitz in Eichstätter Kommentar, MAVO, § 36 Rn. 92; Jüngst in Thiel / Fuhrmann / Jüngst, MAVO, § 36 Rn. 120

182 Ebd.

Die MAV hat also weiterhin zu prüfen, 673

- ob die personenbezogenen Daten gemäß § 7 Abs. 1 lit b) KDG für festgelegte, eindeutige und legitime Zwecke erhoben werden,
- ob der benannte Zweck durch die Maßnahme erreicht werden kann,
- ob die Datenerhebung auf das für die Zweckerreichung erforderliche Maß beschränkt ist,
- welche Kategorie von Personen betroffen ist,
- welche Kategorien personenbezogener Daten erhoben werden,
- ob die Daten für ein Profiling genutzt werden,
- welchen Kategorien von Empfängern die Daten offengelegt werden,
- ob ein Löschungskonzept besteht und
- welche technisch-organisatorischen Maßnahmen nach § 26 KDG bestehen.

2. Fall aus der Praxis

Das folgende Fallbeispiel ist einer Beschwerdeakte entnommen und betrifft diesen Sachverhalt: 674
Die Hausleitung bittet die MAV um Zustimmung zur Installation von Videokameras entsprechend den Markierungen im Bauplan. Kameras sollen „an allen Ein- und Ausgängen" des Dienstgebäudes installiert werden. Die Aufzeichnungen sollen sieben Tage gespeichert werden. Monitore werden „u.a. im Empfangsbereich" eingerichtet. Die Kameras sollen einzig und allein der „Sicherheit der Mitarbeitenden" sowie der Patienten und Besucher dienen.

Aus datenschutzrechtliche Sicht stellt sich die Rechtslage wie folgt dar: 675
Für eine Videoüberwachung müsste der Zweck in einem Verzeichnis der Verarbeitungstätigkeiten dargestellt werden. Dieses Verzeichnis ist der MAV vorzulegen. Soll durch die geplante Videoüberwachung ein öffentlich zugänglicher Bereich überwacht werden? Dann handelt es sich um eine systematische umfangreiche Überwachung, für die eine Datenschutz-Folgenabschätzung (DSFA) gemäß § 35 Abs. 4 lit c) KDG zu erstellen ist. Diese ist ebenfalls der MAV vorzulegen.

676 Der **Zweck** wird mit der „Sicherheit der Mitarbeitenden u.a." angegeben. Fraglich ist, ob dieser Zweck eindeutig bestimmt ist. Es ist von der Dienstgeberin nicht dargelegt, warum die Sicherheit dieser Personen gerade an den Ein- und Ausgängen des Gebäudes gefährdet ist und diese deshalb einer Überwachung bedürfen. Soll die Sicherheit dadurch gewährleistet werden, dass das **Eindringen fremder Personen** an den Eingängen ausgeschlossen wird, um Mitarbeitende vor dem Zutritt Krimineller zu schützen, ist zu klären, ob es nicht andere Möglichkeiten gibt, diesen Zweck zu erreichen, ohne dass personenbezogene Daten verarbeitet werden. **Beispielsweise** könnte eine Sicherung durch Schlösser an den Ein- und Ausgängen erfolgen, zu denen nur autorisiertes Personal Zugang hat. Zu fragen ist auch, ob die vermeintliche Sicherheitsgefährdung während des gesamten Tages besteht oder nur außerhalb der Dienst- oder Besuchszeiten der Einrichtung.

677 Es ist auch zu prüfen, wie der Zweck, das Eindringen von Kriminellen zu verhindern, durch eine **Überwachung am Monitor** erreicht werden soll. Dies würde voraussetzen, dass die Monitore von einer Person permanent überwacht werden und eine sofortige Eingriffsmöglichkeit im Fall des Zutritts unberechtigter Dritter besteht. Ist eine solche Möglichkeit nicht gegeben, bedürfte es auch keiner Monitorkontrolle, da der Zweck damit nicht erreicht werden kann. Sollte der Zweck in der **Erleichterung der Strafverfolgung** bestehen, wäre es ausreichend, Aufzeichnungen anzufertigen, die ausschließlich nach Entdeckung einer Straftat ausgewertet werden könnten. Ist eine solche Straftat innerhalb von 72 Stunden nicht aufgedeckt worden, sind die Aufzeichnungen zu löschen.
Zu prüfen ist in jedem Fall der **Erfassungsbereich** der jeweiligen Kameras. Werden Arbeitsplätze von den Kameras erfasst? Werden nur die Ein-/Ausgänge erfasst oder auch weitere Bereiche in der näheren Umgebung, beispielsweise „Rauchertreffs" im Außenbereich? Als Empfänger der Aufzeichnungen wird nur „u.a. der Empfangsbereich" benannt. Die Kategorie von Empfängern wird damit nicht umfassend und konkret beschrieben. Es ist vielmehr erforderlich, darzustellen, wer über die Mitarbeitenden im Empfangsbereich hinaus über einen Monitor Einblick in die personenbezogenen Daten erhält. Weiterhin ist erforderlich, darzustellen, welche Kategorie von Empfängern Einblick in die Aufzeichnungen erhält. Dazulegen ist, warum es im Hinblick auf die Zweckerreichung **erforderlich** ist, dass die zu benennenden Kategorien von Empfängern Zugriff auf die Daten haben. Sollen durch die Videoüberwachung

auch nicht öffentlich zugängliche Bereiche überwacht werden, wie beispielsweise Personaleingänge, so ist vom Verantwortlichen darzulegen, warum die Datenverarbeitung für die Durchführung des Beschäftigungsverhältnisses gemäß § 53 Abs. 1 KDG erforderlich ist.

Dieses Fallbeispiel soll deutlich machen, dass eine Zustimmung der MAV ausschließlich aufgrund der dortigen Darlegungen der Dienstgeberin nicht erfolgen kann. **Die MAV muss im Rahmen ihrer Aufgaben weitere Angaben fordern.** Die Dienstgeberin belastet eine solche Anforderung nicht zusätzlich, da sie gegenüber der Aufsicht bzw. den Betroffenen ebenfalls zur Auskunftserteilung in demselben Umfang verpflichtet ist. 678

! Die verantwortungsvolle Aufgabenwahrnehmung durch die MAV ist somit ein Korrektiv für die Dienstgeberin. 679

VII. Haftung der MAV für Datenschutzverstöße

680 Bislang war unstreitig, dass Mitarbeitervertretungen der für sie zuständigen Datenschutzaufsicht unterstehen und diese auch berechtigt ist, erforderlichenfalls während der Betriebs- oder Geschäftszeiten **Prüfungen im MAV-Büro** vorzunehmen. Werden bei Prüfungen Datenschutzverstöße bei der MAV festgestellt, ist zu klären, wer für diese haftet. Zunächst ist richtig, dass die MAV innerhalb der Erfüllung ihrer betriebsverfassungsrechtlichen Aufgaben partiell vermögensfähig[183] ist. Dadurch wächst ihr aber nicht die Eigenschaft als eigene juristische Person zu.[184] Es handelt sich vielmehr bei der MAV um eine rechtlich unselbstständige Einrichtung.[185] Solche Einrichtungen können **nicht Verantwortliche** im datenschutzrechtlichen Sinn sein.[186] Eine deliktische Haftung der MAV ist damit ausgeschlossen.[187]

681 Die MAV-Mitglieder üben ihr Amt **ehrenamtlich** aus. Bei der Ausübung der MAV-Tätigkeit sind sie an keinerlei Weisung gebunden. Damit kann die Dienstgeberin keine direkten verbindlichen Weisungen an die MAV zur Handhabung des Datenschutzes im MAV-Büro erteilen. Dennoch kann es keinen datenschutzfreien Raum innerhalb einer Einrichtung oder bei einem Verantwortlichen geben.[188] Auch die MAV hat zur Wahrung der Persönlichkeitsrechte Dritter an-

---

183 Die MAV besitzt keine generelle Rechts- und Vermögensfähigkeit und kann daher nicht wie andere Personenvereinigungen / juristische Personen am allgemeinen Rechtsverkehr teilnehmen. Sie ist aber teilrechtsfähig im Rahmen des ihr gesetzlich übertragenen Wirkungskreises nach § 17 MAVO, vgl. Fuhrmann in Thiel / Fuhrmann / Jüngst, § 17 MAVO Rn. 21 mit Hinweis auf BAG, Beschluss vom 24.1.2001, 7 ABR 20/00. Die Möglichkeit der MAV, rechtsgeschäftlich verpflichtet zu werden oder sich selbst rechtsgeschäftlich zu verpflichten, ist auf diesen Bereich beschränkt.

184 Bott / Vogel, BB 2019, Seite 2100

185 Wedde in Däubler / Kittner / Klebe / Wedde, BetrVG, Einleitung Rn. 141; Fitting, BetrVG, § 1 Rn. 194; Richardi, BetrVG, Einleitung Rn. 111

186 Pötters / Gola, RDV 2017, Seite 281

187 Fitting, BetrVG, § 1 Rn. 210; Thüsing in Richardi, BetrVG, Vorbemerkung Rn. 8

188 Taeger / Rose, BB 2016, Seite 828; Pötters / Gola, RDV 2017, Seite 283; Kort, ZD 2017, Seite 6; Zieske, DANA 2018, Seite 89

gemessene und spezifische Maßnahmen vorzusehen.[189] Die Dienstgeberin ist deshalb verpflichtet, von der MAV ein „Datenschutzkonzept", in jedem Fall aber eine von der MAV verfasste Regelung abzuverlangen, aus der hervorgeht, dass die Grundsätze des Datenschutzes eingehalten werden.

! Für Datenschutzverstöße der MAV haftet die Dienstgeberin ebenso wie für die Datenschutzverstöße anderer Mitarbeitender. 682

Wenn die MAV als Gremium mangels Deliktsfähigkeit nicht sanktioniert werden kann, trifft dies auch für deren **Mitglieder** zu[190], jedenfalls solange sie im Rahmen der ihnen durch die MAVO zugewiesenen Rechte und Pflichten agieren. Insoweit gilt für die Mitglieder der MAV dasselbe wie für alle anderen Mitarbeitenden auch. 683

189 BAG, Beschluss vom 9.4.2019, 1 ABR 51/17 für den Bereich sensitiver Beschäftigtendaten. Der dort festgestellte Grundsatz ist aber auch für personenbezogene Daten zu verlangen.

190 Bott / Vogel, BB 2019, Seite 2100

Anhang

Gegenüberstellung KDG / DS-GVO / BDSG

Die folgende Gegenüberstellung von Regelungen des Gesetzes über den Kirchlichen Datenschutz (KDG) mit den vergleichbaren Artikeln der Europäischen Datenschutzgrundverordnung (DS-GVO) bzw. den Paragrafen des Bundesdatenschutzgesetzes (BDSG) soll die Auffindbarkeit der jeweils anderen Gesetzesvorschrift erleichtern. Damit wird auch der parallele Zugang zu der jeweils ergangenen umfangreichen Kommentarliteratur ermöglicht. Entsprechende Literaturhinweise können dem Literaturverzeichnis ab Seite 275 entnommen werden.

Kirchliches Datenschutzgesetz (KDG)	**Datenschutz-Grundverordnung (DS-GVO) / Bundesdatenschutzgesetz (BDSG)**
§ 1 KDG Schutzzweck	Artikel 1 DS-GVO Gegenstand und Ziele
§ 2 KDG Sachlicher Anwendungsbereich	Artikel 2 DS-GVO Sachlicher Anwendungsbereich
§ 3 KDG Organisatorischer Anwendungsbereich	Artikel 3 DS-GVO Räumlicher Anwendungsbereich
§ 4 KDG Begriffsbestimmungen § 4 Nr. 1 personenbezogene Daten	Artikel 4 DS-GVO Begriffsbestimmungen Art. 4 Nr. 1 personenbezogene Daten

Kirchliches Datenschutzgesetz (KDG)	**Datenschutz-Grundverordnung (DS-GVO) / Bundesdatenschutzgesetz (BDSG)**
§ 4 Nr. 2 besondere Kategorien personenbezogener Daten	Artikel 9 DS-GVO Verarbeitung besonderer Kategorien personenbezogener Daten zur Definition personenbezogener Daten besonderer Kategorie vgl. Art. 9 Abs. 1
§ 4 Nr. 3 Verarbeitung	Art. 4 Nr. 2 Verarbeitung
§ 4 Nr. 4 Einschränkung der Verarbeitung	Art. 4 Nr. 3 Einschränkung der Verarbeitung
§ 4 Nr. 5 Profiling	Art. 4 Nr. 4 Profiling
§ 4 Nr. 6 Pseudonymisierung	Art. 4 Nr. 5 Pseudonymisierung
§ 4 Nr. 7 Anonymisierung	keine Definition in der DS-GVO, vgl. aber Erwägungsgrund Nr. 26
§ 4 Nr. 8 Dateisystem	Art. 4 Nr. 6 Dateisystem
§ 4 Nr. 9 Verantwortlicher	Art. 4 Nr. 7 Verantwortlicher
§ 4 Nr. 10 Auftragsverarbeiter	Art. 4 Nr. 8 Auftragsverarbeiter
§ 4 Nr. 11 Empfänger	Art. 4 Nr. 9 Empfänger
§ 4 Nr. 12 Dritter	Art. 4 Nr. 10 Dritter
§ 4 Nr. 13 Einwilligung	Art. 4 Nr. 11 Einwilligung
§ 4 Nr. 14 Verletzung des Schutzes personenbezogener Daten	Art. 4 Nr. 12 Verletzung des Schutzes personenbezogener Daten
§ 4 Nr. 15 genetische Daten	Art. 4 Nr. 13 genetische Daten
§ 4 Nr. 16 biometrische Daten	Art. 4 Nr. 14 biometrische Daten
§ 4 Nr. 17 Gesundheitsdaten	Art. 4 Nr. 15 Gesundheitsdaten

Kirchliches Datenschutzgesetz (KDG)	**Datenschutz-Grundverordnung (DS-GVO) / Bundesdatenschutzgesetz (BDSG)**
§ 4 Nr. 19 Unternehmen	Art. 4 Nr. 18 Unternehmen
§ 4 Nr. 20 Unternehmensgruppe	Art. 4 Nr. 19 Unternehmensgruppe
§ 4 Nr. 22 Diözesandatenschutzbeauftragter	Art. 4 Nr. 21 Aufsichtsbehörde
§ 4 Nr. 24 Beschäftigte	§ 26 BDSG Datenverarbeitung für Zwecke des Beschäftigungsverhältnisses vgl. die Definition in Abs. 8
§ 5 KDG Datengeheimnis	keine ausdrückliche Festlegung, vgl. dazu aber § 5 BDSG alte Fassung
§ 6 KDG Rechtmäßigkeit der Verarbeitung personenbezogener Daten	Artikel 6 DS-GVO Rechtmäßigkeit der Verarbeitung
§ 7 KDG Grundsätze für die Verarbeitung personenbezogener Daten	Artikel 5 DS-GVO Grundsätze für die Verarbeitung personenbezogener Daten
§ 8 KDG Einwilligung	Artikel 7 DS-GVO Bedingungen für die Einwilligung Artikel 8 DS-GVO Bedingungen für die Einwilligung eines Kindes in Bezug auf Dienste der Informationsgesellschaft
§ 9 KDG Offenlegung gegenüber kirchlichen und öffentlichen Stellen	§ 25 BDSG Datenübermittlungen durch öffentliche Stellen
§ 11 KDG Verarbeitung besonderer Kategorien personenbezogener Daten	Artikel 9 DS-GVO Verarbeitung besonderer Kategorien personenbezogener Daten

Kirchliches Datenschutzgesetz (KDG)	**Datenschutz-Grundverordnung (DS-GVO) / Bundesdatenschutzgesetz (BDSG)**
§ 12 KDG Verarbeitung von personenbezogenen Daten über strafrechtliche Verurteilungen und Straftaten	Artikel 10 DS-GVO Verarbeitung von personenbezogenen Daten über strafrechtliche Verurteilungen und Straftaten
§ 14 KDG Transparente Information, Kommunikation und Modalitäten für die Ausübung der Rechte der betroffenen Person	Artikel 12 DS-GVO Transparente Information, Kommunikation und Modalitäten für die Ausübung der Rechte der betroffenen Person
§ 15 KDG Informationspflicht bei unmittelbarer Datenerhebung	Artikel 13 DS-GVO Informationspflicht bei Erhebung von personenbezogenen Daten bei der betroffenen Person
§ 16 KDG Informationspflicht bei mittelbarer Datenerhebung	Artikel 14 DS-GVO Informationspflicht, wenn die personenbezogenen Daten nicht bei der betroffenen Person erhoben wurden
§ 17 KDG Auskunftsrecht der betroffenen Person	Artikel 15 DS-GVO Auskunftsrecht der betroffenen Person
§ 18 KDG Recht auf Berichtigung	Artikel 16 DS-GVO Recht auf Berichtigung
§ 19 KDG Recht auf Löschung	Artikel 17 DS-GVO Recht auf Löschung („Recht auf Vergessenwerden“)
§ 20 KDG Recht auf Einschränkung der Verarbeitung	Artikel 18 DS-GVO Recht auf Einschränkung der Verarbeitung

Kirchliches Datenschutzgesetz (KDG)	**Datenschutz-Grundverordnung (DS-GVO) / Bundesdatenschutzgesetz (BDSG)**
§ 22 KDG Recht auf Datenübertragbarkeit	Artikel 20 DS-GVO Recht auf Datenübertragbarkeit
§ 23 KDG Widerspruchsrecht	Artikel 21 DS-GVO Widerspruchsrecht
§ 22 KDG Automatisierte Entscheidung im Einzelfall einschließlich Profiling	Artikel 22 DS-GVO Automatisierte Entscheidungen im Einzelfall einschließlich Profiling
§ 26 KDG Technische und organisatorische Maßnahmen	Artikel 32 DS-GVO Sicherheit der Verarbeitung
§ 27 KDG Technikgestaltung und Voreinstellungen	Artikel 25 DS-GVO Datenschutz durch Technikgestaltung und durch datenschutzfreundliche Voreinstellungen
§ 31 KDG Verzeichnis von Verarbeitungstätigkeiten	Artikel 30 DS-GVO Verzeichnis von Verarbeitungstätigkeiten
§ 32 KDG Zusammenarbeit mit der Datenschutzaufsicht	Artikel 31 DS-GVO Zusammenarbeit mit der Aufsichtsbehörde
§ 33 KDG Meldung an die Datenschutzaufsicht	Artikel 33 DS-GVO Meldung von Verletzungen des Schutzes personenbezogener Daten an die Aufsichtsbehörde
§ 34 KDG Benachrichtigung der betroffenen Person	Artikel 34 DS-GVO Benachrichtigung der von einer Verletzung des Schutzes personenbezogener Daten betroffenen Person

Kirchliches Datenschutzgesetz (KDG)	**Datenschutz-Grundverordnung (DS-GVO) / Bundesdatenschutzgesetz (BDSG)**
§ 35 KDG Datenschutz-Folgenabschätzung und vorherige Konsultation	Artikel 35 DS-GVO Datenschutz-Folgenabschätzung Artikel 36 DS-GVO Vorherige Konsultation
§ 36 KDG Benennung von betrieblichen Datenschutzbeauftragten	Artikel 37 DS-GVO Benennung eines Datenschutzbeauftragten
§ 37 KDG Rechtsstellung des betrieblichen Datenschutzbeauftragten	Artikel 38 DS-GVO Stellung des Datenschutzbeauftragten (vgl. auch § 38 BDSG in Verbindung mit § 6 Abs. 4 BDSG)
§ 38 KDG Aufgaben des betrieblichen Datenschutzbeauftragten	Artikel 39 DS-GVO Aufgaben des Datenschutzbeauftragten
§ 48 KDG Beschwerde bei der Datenschutzaufsicht	Artikel 77 DS-GVO Recht auf Beschwerde bei einer Aufsichtsbehörde
§ 50 KDG Haftung und Schadenersatz	Artikel 82 DS-GVO Haftung und Recht auf Schadenersatz
§ 51 KDG Geldbußen	Artikel 83 DS-GVO Allgemeine Bedingungen für die Verhängung von Geldbußen
§ 52 KDG Videoüberwachung	§ 4 BDSG Videoüberwachung öffentlich zugänglicher Räume

Kirchliches Datenschutzgesetz (KDG)	**Datenschutz-Grundverordnung (DS-GVO) / Bundesdatenschutzgesetz (BDSG)**
§ 53 KDG Datenverarbeitung für Zwecke des Beschäftigungsverhältnisses	Artikel 88 DS-GVO Datenverarbeitung im Beschäftigungskontext § 26 BDSG Datenverarbeitung für Zwecke des Beschäftigungsverhältnisses

Datenschutzaufsichten der katholischen Kirche in Deutschland

Für die Erzdiözese Hamburg, die Diözesen Hildesheim und Osnabrück und das Bischöflich Münstersche Offizialat in Vechta i. O.:
Katholische Datenschutzaufsicht Nord
Diözesandatenschutzbeauftragter: Andreas Mündelein
Unser Lieben Frauen Kirchhof 20, 28195 Bremen
Telefon: (0421) 330056–0
E-Mail: info@kdsa-nord.de

Für die (Erz-)Diözesen Berlin, Dresden-Meißen, Erfurt, Görlitz und Magdeburg:
Kirchliche Datenschutzaufsicht der ostdeutschen Bistümer und des Katholischen Militärbischofs
Diözesandatenschutzbeauftragter: Matthias Ullrich
Badepark 4, 39218 Schönebeck
Telefon: (03928) 7179018
E-Mail: kontakt@kdsa-ost.de
www.kdsa-ost.de

Für die (Erz-)Diözesen Aachen, Essen, Köln, Münster und Paderborn:
Katholisches Datenschutzzentrum
Diözesandatenschutzbeauftragter: Steffen Pau
Brackeler Hellweg 144, 44309 Dortmund
Telefon: (0231) 138985–0
E-Mail: info@kdsz.de

Für die (Erz-)Diözesen Freiburg, Fulda, Limburg, Mainz, Rottenburg-Stuttgart, Speyer und Trier:
Katholisches Datenschutzzentrum Frankfurt am Main
Diözesandatenschutzbeauftragte: Ursula Becker-Rathmair
Haus am Dom, Domplatz 3, 60311 Frankfurt/Main
Telefon: (069) 8008718800
E-Mail: info@kdsz-ffm.de

Für die (Erz-)Diözesen Augsburg, Bamberg, Eichstätt, München, Passau, Regensburg und Würzburg:

Datenschutzbeauftragter der Bayerischen (Erz-)Diözesen
Diözesandatenschutzbeauftragter: Jupp Joachimski
Schrammerstr. 3, 80333 München (Postfach 330360, 80063 München)
Telefon: (089) 21371796
E-Mail: JJoachimski@eomuc.de

Die Einrichtung des Gemeinsamen Ordensdatenschutzbeauftragten der Deutschen Ordensobernkonferenz (DOK) unterteilt sich in die drei folgenden regionalen Zuständigkeitsbereiche:

Gemeinsamer Ordensdatenschutzbeauftragter DOK Süd
Jupp Joachimski
Wittelsbacherring 9, 53115 Bonn
Telefon: (0173) 8467227 (dienstags 14 – 17 Uhr)
E-Mail: joachimski@orden.de

Gemeinsame Ordensdatenschutzbeauftragte DOK Mitte
Christine Haumer
Wittelsbacherring 9, 53115 Bonn
Telefon: (0170) 6305415 (dienstags 14 – 17 Uhr)
E-Mail: haumer@orden.de

Gemeinsamer Ordensdatenschutzbeauftragter DOK Nord
Dieter Fuchs
Wittelsbacherring 9, 53115 Bonn
Telefon: (0171) 4215965 (dienstags 14 – 17 Uhr)
E-Mail: fuchs@orden.de

Abkürzungen

Abs.	Absatz
AEUV	Vertrag über die Arbeitsweise der Europäischen Union
a. F.	alte Fassung
AGG	Allgemeines Gleichbehandlungsgesetz
ArbG	Arbeitsgericht
ArbGG	Arbeitsgerichtsgesetz
ArbMedVV	Verordnung zur arbeitsmedizinischen Vorsorge
ArbRAktuell	Arbeitsrecht Aktuell (Zeitschrift)
ArbSchG	Arbeitsschutzgesetz
ArbStättV	Arbeitsstättenverordnung
ArbZG	Arbeitszeitgesetz
Art.	Artikel
ASiG	Gesetz über Betriebsärzte, Sicherheitsingenieure und andere Fachkräfte für Arbeitssicherheit
AU	Arbeitsunfähigkeit
AÜG	Arbeitnehmerüberlassungsgesetz
AVR	Richtlinien für Arbeitsverträge in den Einrichtungen des Deutschen Caritasverbandes
BAG	Bundesarbeitsgericht
BB	Betriebsberater (Zeitschrift)
BDSG	Bundesdatenschutzgesetz
BeckOK	Beck'scher Online-Kommentar
BEM	Betriebliches Eingliederungsmanagement
BetrVG	Betriebsverfassungsgesetz
BGB	Bürgerliches Gesetzbuch
BGBl. I	Bundesgesetzblatt Teil I

BGH	Bundesgerichtshof
BMAS	Bundesministerium für Arbeit und Soziales
BSI	Bundesamt für Sicherheit in der Informationstechnik
BVerfG	Bundesverfassungsgericht
BVerwG	Bundesverwaltungsgericht
BYOD	Bring Your Own Device
BZRG	Bundeszentralregistergesetz
Corona-ArbSchV	SARS-CoV-2-Arbeitsschutzverordnung
CR	Computer und Recht (Zeitschrift)
DANA	Datenschutznachrichten (Zeitschrift)
DB	Der Betrieb (Zeitschrift)
DBK	Deutsche Bischofskonferenz
d. h.	das heißt
DMW	Deutsche Medizinische Wochenschrift
DOK	Deutsche Ordensobernkonferenz
DSFA	Datenschutz-Folgenabschätzung
DSG-EKD	Kirchengesetz über den Datenschutz der Evangelischen Kirche in Deutschland
DS-GVO	Europäische Datenschutzgrundverordnung
DuD	Datenschutz und Datensicherheit (Zeitschrift)
DVO	Kirchliche Dienstvertragsordnung
ebd.	Ebenda
EG	Europäische Gemeinschaft

EntgTranspG	Entgelttransparenzgesetz
EU	Europäische Union
EuGH	Europäischer Gerichtshof
f. / ff.	fortfolgend/fortfolgende
FeV	Fahrerlaubnisverordnung
gen.	genannt
GewO	Gewerbeordnung
GG	Grundgesetz
IDSG	Interdiözesanes Datenschutzgericht
IfSG	Infektionsschutzgesetz
IT	Informationstechnik
JArbSchG	Jugendarbeitsschutzgesetz
KAGH	Kirchlicher Arbeitsgerichtshof
KAGO	Kirchliche Arbeitsgerichtsordnung
KAVO	Kirchliche Arbeits- und Vergütungsordnung
KDG	Gesetz über den Kirchlichen Datenschutz
KDG-DVO	Durchführungsverordnung zum Gesetz über den Kirchlichen Datenschutz
KDO	Anordnung über den kirchlichen Datenschutz
KDR-OG	Kirchliche Datenschutzregelung der Ordensgemeinschaft päpstlichen Rechts

KSchG	Kündigungsschutzgesetz
KUG	Kunsturhebergesetz
LAG	Landesarbeitsgericht
LG	Landgericht
lit	Buchstabe
MAV	Mitarbeitervertretung
MAVO	Mitarbeitervertretungsordnung
MDM	Mobile-Device-Management
MuSchG	Mutterschutzgesetz
m. w. N.	mit weiteren Nachweisen
NachwG	Nachweisgesetz
NJW	Neue Juristische Wochenschrift
Nr.	Nummer
NStZ	Neue Zeitschrift für Strafrecht
NZA	Neue Zeitschrift für Arbeitsrecht
öAT	Zeitschrift für das öffentliche Arbeits- und Tarifrecht
OLG	Oberlandesgericht
RdA	Recht der Arbeit (Zeitschrift)
RDV	Recht der Datenverarbeitung (Zeitschrift)
Rn.	Randnummer

SGB	Sozialgesetzbuch
StGB	Strafgesetzbuch
StrlSchV	Strahlenschutzverordnung
StVG	Straßenverkehrsgesetz
TKG	Telekommunikationsgesetz
TTDSG	Telekommunikation-Telemedien-Datenschutz-Gesetz
TzBfG	Teilzeit- und Befristungsgesetz
u. a.	unter anderem
VG	Verwaltungsgericht
vgl.	vergleiche
VPN	Virtual Private Network
WRV	Weimarer Reichsverfassung
ZAT	Zeitschrift für Arbeitsrecht und Tarifpolitik in kirchlichen Unternehmen
z. B.	zum Beispiel
ZD	Zeitschrift für Datenschutz
ZMV	Die Mitarbeitervertretung (Zeitschrift)
ZPO	Zivilprozessordnung
ZRP	Zeitschrift für Rechtspolitik
ZUM	Zeitschrift für Urheber- und Medienrecht

Literaturverzeichnis

Auernhammer (Hrsg. Eßer / Kramer / von Lewinski), DSGVO / BDSG, Kommentar, 7. Auflage, Köln 2020

Bauer / Krieger / Günther, AGG / EntgTranspG, Kommentar, 5. Auflage, München 2018

BeckOK Datenschutzrecht, Hrsg. Wolff / Brink, 35. Edition, Stand 1. Februar 2021

Blobel / Koeppe, Handbuch Datenschutz und Datensicherheit im Gesundheits- und Sozialwesen, 4. Auflage, Frechen 2016

Däubler, Digitalisierung und Arbeitsrecht, 7. Auflage, Frankfurt am Main 2020

Däubler, Gläserne Belegschaften, 9. Auflage, Frankfurt am Main 2021

Däubler / Klebe / Wedde / Weichert, Bundesdatenschutzgesetz, 5. Auflage, Frankfurt am Main 2016

Däubler / Wedde / Weichert / Sommer, EU-DSGVO und BDSG, 2. Auflage, Frankfurt am Main 2020

Ehmann / Selmayr, Datenschutz-Grundverordnung, 2. Auflage, München 2018

Erfurter Kommentar zum Arbeitsrecht (Hrsg. Müller-Glöge / Preis / Schmidt), 21. Auflage, München 2021

Fischer, Strafgesetzbuch, Kommentar, 68. Auflage, München 2021

Fitting / Engels / Schmidt / Trebinger / Linsenmaier, Betriebsverfassungsgesetz, 30. Auflage, München 2020

Forgó / Helfrich / Schneider, Betrieblicher Datenschutz, 3. Auflage, München 2019

Gola, Handbuch Beschäftigtendatenschutz, 8. Auflage, Frechen 2019

Gola / Heckmann, Bundesdatenschutzgesetz, Kommentar, 13. Auflage, München 2019

Knittel, SGB IX, Kommentar, 10. Auflage, Köln 2016

Kühling / Buchner, DS-GVO, BDSG, 3. Auflage, München 2020

Küttner, Personalbuch 2021, 28. Auflage, München 2021

Leipziger Kommentar StGB, Strafgesetzbuch, 12. Auflage, Berlin 2006

Oxenknecht-Witzsch (Hrsg.), Eichstätter Schriften zum kirchlichen Arbeitsrecht, Band 6, Kirchliches Arbeitsrecht: Motor oder Bremse?, Waldmünchen 2020

Oxenknecht-Witzsch / Eder / Stöcke-Muhlack / Schmitz / Richartz (Hrsg.), Eichstätter Kommentar MAVO – KAGO, 2. Auflage, Waldmünchen 2018

Paal / Pauly, DS-GVO / BDSG, 3. Auflage, München 2021

Plath (Hrsg.), DSGVO / BDSG, 3. Auflage, Köln 2018

Richardi, Betriebsverfassungsgesetz mit Wahlordnung, Kommentar, 16. Auflage, München 2018

Schaffland / Wiltfang, Datenschutz-Grundverordnung / Bundesdatenschutzgesetz, Loseblattkommentar mit Aktualisierungen, Berlin 2021

Schaub, Arbeitsrechts-Handbuch, 18. Auflage, München 2019

Schönke / Schröder, Strafgesetzbuch, Kommentar, 30. Auflage, München 2019

Schröder, Datenschutzrecht für die Praxis, 4. Auflage, München 2021

Schwartmann / Jaspers / Thüsing / Kugelmann, DS-GVO / BDSG, Heidelberger Kommentar, 2. Auflage, Heidelberg 2020

Simitis, Bundesdatenschutzgesetz (a. F.), 8. Auflage, Baden-Baden 2014

Simitis / Hornung / Spiecker gen. Döhmann, Datenschutzrecht, Kommentar DSGVO mit BDSG, 1. Auflage, Baden-Baden 2019

Sydow, Europäische Datenschutzgrundverordnung, 2. Auflage, Baden-Baden 2018

Sydow, Kirchliches Datenschutzrecht, 1. Auflage, Baden-Baden 2021

Taeger / Gabel, DS-GVO / BDSG / TTDSG, 3. Auflage, Baden-Baden 2019

Thiel / Fuhrmann / Jüngst, MAVO, Kommentar, 8. Auflage, Köln 2019

Wedde, Handbuch Datenschutz und Mitbestimmung, 2. Auflage, Frankfurt am Main 2019

Weth / Herberger / Wächter / Sorge, Daten- und Persönlichkeitsschutz im Arbeitsverhältnis, 2. Auflage, München 2019

Wiegand, SGB IX Teil 2 Schwerbehindertenrecht, Handkommentar (Loseblattsammlung), Berlin 2017

Stichwortverzeichnis

Die Ziffern verweisen auf die jeweilige(n) **Randnummer(n)** der entsprechenden Textstelle.

Zum Autor

Matthias Ullrich

ist gelernter Industriekaufmann. Sein Abitur hat er auf dem zweiten Bildungsweg abgelegt. Danach studierte er Rechtswissenschaften an der Universität Augsburg, Theologie im Fernkurs an der Universität Würzburg und Personalentwicklung an der Technischen Universität Braunschweig. Es folgte die Fachanwaltsprüfung für Arbeitsrecht.

Nach seinem Berufseinstieg in ein Bundesunternehmen gründete Ullrich einen Betriebsrat, war Vorsitzender des Gesamtbetriebsrats und Arbeitnehmervertreter im Aufsichtsrat.

2007 wechselte er in den kirchlichen Dienst als Bereichsleiter im Bistum Magdeburg und zeichnete dort verantwortlich für Justiziariat, Finanzverwaltung und Personalverwaltung. Auch war er Mitglied in der Personalwesenkommission und der Finanzkommission des Verbandes der Diözesen Deutschlands (VDD) sowie Mitglied im Verwaltungsrat des VDD.

Seit 2016 ist Ullrich Diözesandatenschutzbeauftragter der ostdeutschen Bistümer und seit 2018 auch des katholischen Militärbischofs (www.kdsa-ost.de). Des Weiteren ist er Lehrbeauftragter an der Technischen Universität Braunschweig.

Seit 2018 veröffentlicht Ullrich regelmäßig Beiträge u. a. in der Fachzeitschrift „ZMV – DIE MITARBEITERVERTRETUNG“ und im Kompendium „Die AVR von A bis Z“ zum Thema Datenschutz. Er ist zudem einer der Autoren für einen Handkommentar zum Kirchlichen Datenschutzrecht.

KETTELERVERLAG
Fachverlag für kirchliches Arbeitsrecht
Serviceunternehmen der KAB

Für Mitarbeitervertretungen, Arbeitszeit- und Personalverantwortliche, Mitarbeitende und Dienstgeber im Bereich der AVR Caritas

Ein wertvoller Leitfaden für die Praxis

übersichtlich, lösungsorientiert, auf dem Punkt

Weber

Arbeitszeit und Dienstplanung

in Einrichtungen der Caritas

Das Handbuch erläutert aktuell und **aus verschiedenen Perspektiven** die Rahmenbedingungen für die Vereinbarungen zur Arbeitszeit zwischen Dienstgeber und Mitarbeitenden auf Grundlage der AVR Caritas und des Arbeitszeitrechts. Sie erhalten **verlässliches und umfassendes Wissen** zur Dienstplanung in caritativen Einrichtungen und **praktische Tipps** zur Arbeitszeitorganisation:

✓ Regeln für die Arbeitseinteilung durch den Dienstgeber und Mitbestimmung durch die MAV
✓ Einsatzmöglichkeiten bei besonderen Dienstformen (Bereitschaftsdienst, Schichtarbeit etc.)
✓ Ruhezeiten, Arbeitspausen und Urlaubsplanung
✓ Instrumente flexibler Arbeitszeitgestaltung (Teilzeit, Arbeitszeitkorridor etc.)
✓ Arbeitszeitvergütung
✓ Sonderregelungen für schutzbedürftige Personengruppen (Mutterschutz, Jugendarbeitsschutz etc.)
✓ Aktuelle Entwicklungen und praxisorientierte Beispiele
✓ Glossar und ausführliches Stichwortverzeichnis

2021, 200 Seiten, DIN A5, kart. • ISBN 978-3-944427-37-9 • Bestell-Nr. 608060 • **€ 34,90**
Weitere Informationen und Leseproben finden Sie unter www.ketteler-verlag.de

Nach den sehr erfolgreichen Büchern zur Arbeitszeit und Dienstplanung in caritativen Einrichtungen von 2009 und 2013 **das dritte Buch zu diesem Thema im KETTELER-Verlag.**

Bestellen Sie einfach online unter www.ketteler-verlag.de oder rufen Sie uns an, wir beraten Sie gerne!
KETTELER-Verlag GmbH, Niederlassung Waldmünchen, Schloßhof 1, 93449 Waldmünchen
Tel: 09972/9414-51, Fax: 09972/9414-55, kontakt@ketteler-verlag.de

Stand 1/2022